Olaf Jantz · Susanne Brandes

Geschlechtsbezogene Pädagogik an Grundschulen

Olaf Jantz · Susanne Brandes

Geschlechtsbezogene Pädagogik an Grundschulen

Basiswissen und Modelle

VS VERLAG FÜR SOZIALWISSENSCHAFTEN

Bibliografische Information Der Deutschen Nationalbibliothek
Die Deutsche Nationalbibliothek verzeichnet diese Publikation in der
Deutschen Nationalbibliografie; detaillierte bibliografische Daten sind im Internet über
<http://dnb.d-nb.de> abrufbar.

1. Auflage Oktober 2006

Alle Rechte vorbehalten
© VS Verlag für Sozialwissenschaften | GWV Fachverlage GmbH, Wiesbaden 2006

Lektorat: Stefanie Laux

Der VS Verlag für Sozialwissenschaften ist ein Unternehmen von Springer Science+Business Media.
www.vs-verlag.de

Umschlaggestaltung: KünkelLopka Medienentwicklung, Heidelberg
Druck und buchbinderische Verarbeitung: Krips b.v., Meppel
Gedruckt auf säurefreiem und chlorfrei gebleichtem Papier
Printed in the Netherlands

ISBN-10 3-531-15154-1
ISBN-13 978-3-531-15154-0

Vorwort

Zielgruppe und Praxisfeld dieses Lehrbuchs

Dieses Lehrbuch richtet sich an alle sozialen Fachkräfte in Praxis und Ausbildung (ErzieherInnen, SozialpädagogInnen, LehrerInnen) und an alle Interessierten an Möglichkeiten der *Förderung sozialer Kompetenzen* bei Mädchen und Jungen (z.b. auch an Eltern und Ehrenamtliche). Es bietet darüber hinaus eine grundsätzliche Einführung in die *Geschlechtsbezogene Pädagogik.* Allerdings sind die Praxisbeispiele aus dem Entstehungszusammenhang heraus an dem Feld der Grundschulen orientiert:

Dieser Band wurde im Rahmen des Modellprojekts „Unsere Schule ... – Soziale Schulqualität an Grundschulen" als Lehrbrief für Grundschullehrer und Grundschullehrerinnen entwickelt. Das Projekt „Unsere Schule ..." wird von 2004 bis 2007 vom Institut für angewandte Familien-, Kindheits- und Jugendforschung an der Universität Potsdam (IFK) und dem Institut für berufliche Bildung und Weiterbildung in Göttingen (ibbw) durchgeführt und vom Bundesministerium für Bildung und Forschung (BMBF) gefördert.

Dieses Lehrbuch richtet sich damit zunächst an Beschäftigte der Grundschulen. Da sich unser Erfahrungsschatz jedoch auf alle Schulformen bezieht, sind die Ausführungen sehr leicht auch auf die weiterführenden Schulen bis hin zu Berufsschulen übertragbar. Bei der Beschreibung weiblicher und männlicher Sozialisation werden besonders die Jugendphasen immer wieder angesprochen und ausgeführt.

Für den sinnvollen Einsatz dieses Lehrbuchs empfehlen wir, dass sich die Leser und Leserinnen ein Praxisfeld wählen, um die 10 Übungsaufgaben, jeweils am Ende jedes Kapitels, ausprobieren zu können. Wir sind der Ansicht, dass die Verbindung von Theorie (dieses Lehrbuchs) mit der Praxis (eigener Versuche in Mädchen- und Jungengruppen) das bestmögliche Ergebnis erzielt.

Schließlich sind sämtliche Ausführungen besonders auch für Studierende geeignet. Es kann hier ebenfalls sinnvoll sein, die gewonnenen Erkenntnisse in Form von Praktika und Hospitationen zu erproben.

Wir wünschen viel Erfolg und auch viel Spaß in der Arbeit mit Mädchen und Jungen!

Inhaltsverzeichnis

1 Einleitung: Das Dreieck von reflexiver Koedukation, Mädchenarbeit und Jungenarbeit an Grundschulen

Es zeigt sich in der Praxis an Grundschulen sowohl für Lehrer und Lehrerinnen als auch für andere PädagogInnen, dass der geschlechtsbewusste Blick den Alltag enorm erleichtern kann.

Werden die mädchen- und jungentypischen Verarbeitungen berücksichtigt, dann sind auch bessere Lernleistungen bei den meisten SchülerInnen beobachtbar. Es kann sogar so weit pointiert werden, dass eine Pädagogik, die das Geschlecht nicht berücksichtigt, einen großen Teil ihrer Wirksamkeit einbüßt, da sie die Widerstände bei Mädchen wie Jungen nicht überwinden kann. Dabei steht immer wieder die Lernkultur im Zentrum des Erfolgs von pädagogischen Bemühungen.

Ziel des geschlechtsbezogenen Ansatzes ist es, die Handlungsspielräume von SchülerInnen einerseits und von LehrerInnen andererseits zu vergrößern, sowie das Verständnis im Sinne einer konstruktiven Konfliktkultur aufzubauen. Wie können wir als PädagogInnen Mädchen und Jungen sich selbst entdecken lassen und dabei zugleich kritische und solidarische Unterstützung leisten? Und wie wird dadurch die Lernleistung der gesamten Gruppe gesteigert?

Die Autorin und der Autor haben ihre langjährigen Erfahrungen in Theorie und Praxis daraufhin überprüft, welche Erkenntnisse über das JungeSein und über das MädchenSein hilfreich für Lehrer und Lehrerinnen an Grundschulen sein können. An dieser Stelle möchten wir allen LehrerInnen Mut machen, sich auf das „Experiment eigener Weiterentwicklung" der bereits vorhandenen Fähigkeiten einzulassen. Aus der Fortbildungspraxis an Grundschulen haben wir immer wieder erfahren, dass sich LehrerInnen durch die Beschäftigung mit dem Feld der Geschlechtsbezogenen Pädagogik bereichert fühlen. Wenn Sie sich die Zeit nehmen, Ihre Kompetenzen mit diesen Zugängen weiterentwickeln zu lassen, dann sind sämtliche vorgestellten Methoden gut in den allgemeinen Schulalltag einbaubar. *Die Geschlechtsbezogene Pädagogik stellt damit Nicht eine Zusatzaufgabe für LehrerInnen dar, sondern soll nach dem vorliegenden Konzept den bereits stattfindenden pädagogischen Alltag ergänzen und erleichtern.* Der hier vorliegende Ansatz ist darüber hinaus hervorragend geeignet, um die neuerdings verstärkte Forderung nach sozialen Kompetenzen an Grundschulen praktisch zu erfüllen. Die an vielen Grundschulen eingeführte *Unterrichtsstunde soziale Kompetenz* ist besonders gut mithilfe der nachfolgend vorgestellten Zugänge der Geschlechtsbezogenen Pädagogik auszufüllen.

Aus der Fortbildungspraxis und aus der Praxis von geschlechtshomogener Mädchen- und Jungenarbeit ergibt sich jedoch die schlichte Tatsache, dass keine neuen „Wunderheilmethoden" gefragt sind, obwohl sich der eine oder die andere immer wieder eindeutige, pädagogische Rezepte wünscht. Vielmehr zeigt sich, dass der bewusste Blick, der sich auch auf das eigene Geschlecht der Lehrkraft richtet, die breite und praktisch wirksame Basis dieses Zugangs darstellt. Werden die Kinder weder geschlechtsneutral gesehen noch auf Stereotype reduziert, sondern in ihrer Unterschiedlichkeit zwischen den Geschlechtern, aber auch zwischen den unterschiedlichen Gruppierungen innerhalb eines Geschlechts wahrgenommen, dann tauchen Zugänge zu Schülern und Schülerinnen auf, die vorher noch nicht einmal erahnbar waren. Geschlechterkompetenz befördert die vermeintlich geschlechtsneutrale Pädagogik, insbesondere deren didaktischen Anteil, zu weitaus mehr Zielgenauigkeit im Alltag (nicht nur) der Grundschule. Deshalb nimmt der verständnisorientierte Anteil in diesem Lehrbuch auch den größten Teil ein. Über das Verständnis lassen sich dann, so die Erfahrung aus der Begleitung von GrundschullehrerInnen, die bekannten Methoden adäquat variieren und weiterentwickeln. Besonders die Elementarpädagogik verfügt bereits über sehr viel Methoden-Know-How, so dass sich die Frage stellt, welche Zugänge eher Jungen und welche eher Mädchen erreichen.

Der Begriff *Geschlechtsbezogene Pädagogik* wurde 1994 (erstmals in einem Modellversuch Ende der 1980er Jahre) von Glücks / Ottemeier-Glücks eingeführt[1], um zu betonen, dass sich die Arbeit auf das Geschlecht bezieht, ohne behaupten zu wollen, wie denn nun jeder Junge oder jedes Mädchen sei. Der Passus *geschlechtsbezogen* betont, dass wir uns darauf beziehen und gleichzeitig die Gefahr berücksichtigen, dass schon der bewusste Blick auf die Unterschiedlichkeit von Mädchen und Jungen bereits eine Festlegung bedeutet. Es gilt also das Paradoxon zu gewährleisten, dass wir Differenzen analysieren und behandeln, ohne sie festschreiben zu wollen. Sowohl aus der Sozialisationsforschung als auch aus unserer langjährigen Praxis ist zu erkennen, dass Mädchen und Jungen prinzipiell die gleichen Fähigkeiten aufweisen. Die Frage ist nun, warum sie dies in der Breite nicht zeigen, also warum sie sich unterschiedlich bezüglich enorm umfangreicher Phänomene entwickeln. Die Frage ist auch, ab wann Geschlechterunterschiede zu verzeichnen sind, da sich Babies doch sehr gleich

---

1   Vgl.: Glücks / Ottemeier-Glücks 1996

verhalten, erwachsene Männer und Frauen jedoch nicht. Wenngleich Mädchen wie Jungen die psychologische Fähigkeit der Unterscheidung männlich-weiblich bereits im Kindergartenalter erwerben, werden die sozialen Bedingungen für geschlechtstypisches Handeln in der Grundschule gefestigt und ausgebaut. (Die frühen Jahre bis ca. zur zweiten Klasse offenbaren zumeist große Variabilitäten bzgl. der Selbstdarstellungen aller Kinder.) Deshalb kommt der Lebensphase ab der zweiten Klasse in der Grundschule eine hervorgehobene Bedeutung zu. Für die Pädagogik bedeutet dies, dass in dieser Zeit mit vergleichsweise geringen Mitteln enorm viel erreicht werden kann. Dementsprechend verwundert es nicht, dass der größte Teil an Anfragen für geschlechtsbezogene Selbstbehauptungskurse in Form von Jungen- und Mädchenarbeit auf das Grundschulalter fällt.[2]

Von der Begriffsdefinition her ist es in diesem Zusammenhang wichtig, zwischen *spezifisch*, *typisch* und *bezogen* zu unterscheiden: Das *Spezifische eines Geschlechts* wäre das, was eindeutig an das Geschlecht gekoppelt ist. Nimmt man beispielsweise die Anatomie als Grundlage der dichotomen Unterscheidung[3] in Mann und Frau, dann ist der Penis oder der Uterus ein Geschlechtsspezifikum. Mit *geschlechtstypisch* ist all das gemeint, was gesellschaftlich und kulturgeschichtlich gewachsen an die soziale Kategorie Geschlecht gebunden wird, was also als typisch bei Jungen und was als typisch bei Mädchen beobachtet werden kann. Bei genauerem Hinsehen verbleiben nur sehr wenige Dinge, die wir als geschlechtsspezifisch titulieren könnten, und selbst mit diesen Merkmalen lassen sich nicht alle Menschen erfassen: Für intersexuell geborene Menschen bedeutet diese Dichotomie den Zwang, sich qua Operation kategorisierbar zu machen. Führen wir uns die Intersexualität vor Augen, dann scheinen selbst die scheinbar objektiv biologischen Unterscheidungen nicht mehr sinnvoll zu sein.

---

2 Wir haben sowohl bei mannigfaltig e.V. als auch bei MEDIUM e.V. ein eindeutiges Übergewicht an Anfragen von Grundschulen, gefolgt von Anfragen aus dem Berufsschulalter, obwohl die Geschlechtsbezogene Pädagogik ehemals für die Jugendhilfe und so genannte sozial benachteiligte Jugendliche entwickelt worden ist. (Vgl.: Glücks / Ottemeier-Glücks 1996, S. 11ff.) Ein Zeichen auch dafür, dass LehrerInnen die besondere Bedeutung des geschlechtsbewussten Blicks an Grundschulen erkannt haben. Für Angebote und Hintergrund siehe: www.MEDIUM-eV.de und www.mannigfaltig.de

3 *Dichotomie* bedeutet in der traditionellen, philosophischen Logik die zweigliedrige, sich gegenseitig ausschließende Bestimmung eines Begriffs durch einen ihm untergeordneten und dessen Verneinung (Seele: Bewusstes – Unbewusstes; hier: Geschlecht: männlich – weiblich; sexuelle Orientierung: hetero – homo, Kinder: Jungen – Mädchen). Das bedeutet, dass die Identität als Junge / Mann durch Abgrenzung von (angeblichen) Mädchen- / Frauenspezifika bestimmt ist und folgerichtig sämtliche „mädchen- / frauenhaften Eigenschaften" eindeutig ausschließt. Damit weist der Begriff Dichotomie auf eine polare und hierarchisierende Bestimmung von Geschlechtlichkeit in männlich und weiblich. Mischformen sind also nicht vorgesehen, noch nicht einmal denkbar.

Geschlechtsbezogen bringt dagegen lediglich zum Ausdruck, dass sich auf das Geschlecht bezogen wird, d.h. das eigene Handeln ist dann geschlechtsbezogen, wenn die Kategorien männlich und weiblich zur Herstellung einer inneren Ordnung benutzt werden. Ob es sich dabei um vermeintlich Spezifisches oder Typisches von Männlichkeit oder Weiblichkeit handelt, spielt dabei kaum eine Rolle. Geschlechtsbezogene Arbeit wäre demnach auf den realen Status Quo der geschlechtstypischen Darstellung von Identitäten – in all ihren Auswirkungen – bezogen, dadurch aber nicht eindeutig bestimmt. Deshalb verwerfen wir den traditionellen Titel der geschlechtsspezifischen Arbeit, da wir Jungen wie Mädchen eher in ihren Möglichkeiten fördern, als in ihren gelernten Defiziten stigmatisieren möchten. Vielmehr geht es darum, die *Stärken zu stärken*, also bereits vorhandene Kompetenzen bei Mädchen, Jungen und Pädagoginnen, Pädagogen auszubauen. Diese *ressourcenorientierte Sicht* offenbart sich im Alltag als schwierig, da pädagogisch Denkende gewohnt sind, eher die Schwächen wahrzunehmen und zu „behandeln". Die Ressourcen werden besonders in der schultypischen Förderlandschaft von der *Macht der Defizite* überdeckt. Es geht also nicht um Kompensationsprogramme i.s. einer klassischen Mädchenförderung oder einem Sozialtraining für jungentypische Defizite, sondern um das Entdecken und Fördern vorhandener Kompetenzen auf allen Seiten.

Aus der Praxis heraus können wir festhalten, dass genau diejenigen Ansätze an Grundschulen besondere Effizienz aufweisen können, die dabei diese ressourcenorientierte Haltung als Unterstützung gewährleisten. Als Wahl der *pädagogischen Räume* hat sich als hilfreich erwiesen, wenn gewährleistet wird, dass sowohl reine (geschlechtsgetrennte) Jungen- und Mädchengruppen in Form von Jungen- und Mädchenarbeit organisiert werden, als auch geschlechtsgemischte Arrangements *geschlechtsbewusst* koedukativ gestaltet werden. Letzteres bedeutet, dass sich alle Beteiligten der Geschlechtlichkeit bewusst werden und dass weder die SchülerInnen als neutrale Kinder, noch LehrerInnen als neutrale Lehrkörper betrachtet werden. Beziehen wir mit der geschlechtsbewussten Haltung unsere pädagogischen Bemühungen auf die Lerngewohnheiten von Mädchen und Jungen und setzen sie mit den Lehrfähigkeiten von Frauen und Männern in Bezug, dann entsteht eine geschlechtsbezogene Arbeit, die ihre KlientInnen weitaus besser erreicht.

Besonders hilfreich ist es, wenn in dieser Hinsicht auch die Eltern der SchülerInnen sowohl gemischt als auch getrennt zum Austausch angesprochen werden: z.B. in Form von Elternabenden, Väterabenden und Mütterabenden oder auch zu gesonderten Freizeitaktionen (Beispiel: Seifenkistenbau für Väter mit Jungen und Mütter mit Mädchen oder besonders irritierend gegengeschlechtlich: Väter mit Mädchen und Mütter mit Jungen). Denn wir wissen, dass im Grundschulalter die Vorbildfunktion von Vater und Mutter noch fast ungebrochen auf die Mädchen und Jungen wirkt.

So haben wir Mitte 2005 ein Großprojekt an einer Grundschule in der Nähe von Stade durchgeführt, das sämtliche Ebenen berücksichtigte: Väterabend, Mütterabend, geschlechtsgemischter Abend, LehrerInnenfortbildung durch eine Fachfrau zur Mädchensicht, LehrerInnenfortbildung durch einen Fachmann zur Jungensicht und eine Projektphase in geschlechtsgetrennten Gruppen jeder (!) Klasse der Schule. Bei einer Kreativität in der Zusammenarbeit mit Elternrat und LehrerInnen konnte die Finanzierung auch gut gewährleistet werden. Die Lehrkräfte berichteten drei Monate später, dass sich das gesamte Klima in der Schule positiv verändert hat, dass sie den Eindruck hätten, dass der Unterricht nun leichter und effektiver wäre.

Bei einer Durchführung im Dreieck zwischen *Jungen(gruppen)arbeit – Mädchen(gruppen)arbeit – geschlechtsreflexiver Koedukation* ist allen Beteiligten geholfen, das wird immer wieder deutlich. Rein männliche und rein weibliche Gruppen sind pädagogisch sehr hilfreich, da sich SchülerInnen auf dem Schulhof zumeist diese Form selber aussuchen. Doch der pädagogische Alltag an Grundschulen gestaltet sich im Unterricht geschlechtsgemischt. Werden sämtliche Gegebenheiten bzgl. der geschlechtstypischen Normalitäten berücksichtigt, wächst die „unbedarfte" und „ressourcenverschwendende" Koedukation zur qualitativ höherwertigen reflexiven Erziehung. *Doch was müssen LehrerInnen wissen, um dieses Dreieck gewährleisten zu können?*

Ausgehend von der These einer Grundschullehrerin *„Erfahrungen ohne Theorie sind blind, Theorien ohne Erfahrungen sind leer"*[4] halten wir die systematische Verknüpfung von Theorie und Praxis im Alltag für zentral wichtig. Dieses Lehrbuch sammelt auf der einen Seite wissenschaftliche Erkenntnisse zusammen, um stets einen Übertrag auf die Grundschule zu gewährleisten. Neben der Entfaltung eines theoretischen und modellhaften Zugangs zum geschlechtlichen Alltag an Grundschulen werden stets Praxisbeispiele angeführt, die verdeutlichen sollen, wie sich die getroffene Systematisierung im Alltag konkret niederschlägt. Anhand der jeweils abschließenden Übungsaufgaben können die Leser und Leserinnen die Triftigkeit in Ihrem Alltag nach und nach überprüfen.

Wir stellen nachfolgend sechs Zugänge vor, die sich in ihrer Ergänzung als hilfreich erwiesen haben. Im zweiten Kapitel werden zunächst diejenigen Erkenntnisse der letzten 30 Jahre zusammengefasst, die einen Aufschluss auf beobachtbare Geschlechterverhältnisse bieten. Dieser soziologische Zugang gibt einen

---

4   Vgl. sehr erhellend für GrundschullehrerInnen: Wigger in: nli-Berichte 65, S.17ff

Aufschluss über real existierende Unterschiede, so wie sie wissenschaftlich geprüft zu beobachten sind und nicht so, wie es die Alltagssicht behauptet. Auch wenn sich sehr viel aktuelle Populärliteratur mit den angeblichen biologischen Unterschieden beschäftigt, so zeigt die Metasicht auf die Breite der Sozialisationsforschung, dass Unterschiede v.a. in besonderen Einzelbereichen zu verzeichnen sind.

Die Begründung für Differenzen zwischen Mädchen und Jungen unterliegen einerseits der Entwicklungslogik (v.a. bis zum Grundschulalter). Deshalb werden wir uns in Kapitel 3 mit der Entwicklungspsychologie des Grundschulalters beschäftigen. Schon in der Entwicklung kognitiver Strukturen spiegeln sich Geschlechterverhältnisse wider, die sich im Kapitel 4 durch Beobachtungen geschlechtstypischen Verhaltens aufzeigen lassen. Obwohl Jungen und Mädchen eigentlich gleiche Kompetenzen zeigen könnten, beginnen sie spätestens ab dem Grundschulalter damit, geschlechtstypisches Handeln durchweg *rigider zu präsentieren, weil es sozial – oft im Gegensatz zur Kindergartenerziehung – erwünscht ist.* Sowohl der soziologische als auch der psychologische Zugang kann dabei jeweils eine Facette im Verständnis um die Geschlechterphänomene liefern.

In Kapitel 5 bieten wir ein Modell an, mit dessen Hilfe es leichter fällt, auch scheinbar irrationales Verhalten bei Jungen zu verstehen. Um die Ideologie von Männlichkeit herum entwickeln Jungen besondere Polaritäten heraus, die es zu berücksichtigen gilt. Als Pendant dazu wird in Kapitel 6 ein Modell des MädchenSeins vorgestellt, das die Mädchen in ihren Eigenarten verständlicher werden lässt. Diese beiden Modelle ergänzen sich und geben damit eine Vervollständigung im Verständnis von Mädchen, Jungen und von Geschlechterverhältnissen. Es kann besonders in anstrengenden Momenten des pädagogischen Alltags helfen, nicht auf einem *Irrgleis der Wahrnehmung* zu landen. Besonders die aktuellen Phänomene, wie etwa die Opferseite bei Jungen oder die gewalttätige Seite bei einigen Mädchen, können von hier aus derart verstanden werden, dass im Alltag neue Zugänge von Seiten der LehrerInnen gestaltet werden können.

Alle Kapitel schließen mit einem systematischen Übertrag auf die Praxis an Grundschulen.

Sämtliche Impulse werden anhand von Beispielmethoden im 7. Kapitel gebündelt. Die Tragkraft der methodisch-konzeptionellen Zugänge ergibt sich dabei aus der Kenntnis der Ausführungen in den vorangegangenen Kapiteln. Es ist jedoch auch möglich, zunächst nur ein Kapitel zu lesen, da jedes auch in sich abgeschlossen gestaltet ist. Über Querverweise kann einfach hinweg gelesen werden.

Übungsaufgabe 1:

Führen Sie eine kurze Bestandsaufnahme einer Klasse bzw. Gruppe Ihrer Wahl durch, indem Sie spontan auf einer DIN A 4 Seite auflisten, inwiefern Sie Jungen und Mädchen unterschiedlich wahrnehmen:

✓ **Was tun Jungen, was tun Mädchen in der Schule?**
✓ **Inwiefern beteiligen sich Mädchen am Unterricht, inwiefern Jungen?**
✓ **Welche Leistungen zeigen Jungen, welche Mädchen?**
✓ **Was ist in den Pausen zu beobachten?**

Es gibt dabei kein richtig oder falsch, sondern nur Ihre derzeitige Wahrnehmung / Erinnerung. Deshalb sollten Sie keinerlei Hilfsmittel wie Aufzeichnungen, Rückmeldungen von KollegInnen oder die spezielle Beobachtung im Alltag hinzuziehen!

Bitte bewahren Sie das ausgefüllte Blatt dann so auf, dass Sie es erst am Ende wieder betrachten können, nachdem Sie diesen gesamten Band durchgelesen oder sogar durchgearbeitet haben. Wir werden darauf zurückkommen.

2 Soziologischer Zugang: Geschlechterverhältnisse in der Schule

2.1 Mädchen ist nicht gleich Mädchen und auch Jungen sind NICHT alle gleich

Sowohl aus Einzelbeobachtungen durch PraktikerInnen an Schulen als auch aus wissenschaftlichen Untersuchungen zum Denken, Handeln und Leisten im und um den Unterricht lassen sich Unmengen an Einzelbefunden resümieren, die signifikante geschlechtstypische Ausprägungen offenbaren. Jungen zeigen sich im Schnitt aggressiver, bildungsferner und sozial auffälliger. Mädchen zeigen sich i.d.R. bildungsnäher, lernfähiger und dennoch mit weitaus weniger Selbstbewusstsein. Trotz deutlich besserer Bildungsabschlüsse gemäß der PISA-Ergebnisse erhalten Mädchen weitaus weniger Chancen auf dem Arbeitsmarkt, als ihre männlichen Altersgenossen.[5] Doch bei genauerer Betrachtung scheinen sich viele weitergehende und binnendifferenzierende Ergebnisse zu widersprechen. Nicht alle Jungen(gruppen) versagen in Lesetests, nicht alle Mädchen(gruppen) versagen beim Übergang von Schule in den Arbeitsmarkt. Das wird besonders deutlich, wenn wir uns die Erkenntnisse der IGLU-Studie verdeutlichen.[6]

Viel mehr noch scheinen sich bei der Betrachtung einer Metaanalyse breit angelegter und langjähriger Untersuchungen[7] sehr viele Erkenntnisse durch Gegensichten aufzuheben: Haben die Mädchen seit der großen Bildungsoffensive der endsechziger Jahre nicht enorm aufgeholt? Müssen Jungen heutzutage nicht ebenso viele soziale Kompetenzen zeigen, wenn sie in Schule und Arbeitswelt bestehen möchten? Können Jungen gerade in der Grundschule nicht hervorragend weinen? Gibt es nicht ebenso viele Mädchen wie Jungen, die privat einen Computer nutzen?

Nach einer eingehenden Sichtung einschlägiger, spezifischer Untersuchungen[8], die wir mit den eigenen Erfahrungen in der Geschlechtsbezogenen Pädagogik mit Jungen und Mädchen konfrontierten, können wir zunächst festhalten, dass

---

5   Zur fachlichen und politischen Einordnung der Ergebnisse vgl.: http://www.gew.de/PISA.html
6   Vgl.: http://www.erzwiss.uni-hamburg.de/IGLU/home.htm
7   Vgl. sehr erhellend: Cornelißen / Stürzer / Roisch / Hunze 2003
8   Siehe: Literaturverzeichnis

diese Verwirrung in der Interpretation v.a. deshalb entstanden ist, weil die polare Kategorie Mann-Frau bzw. Junge-Mädchen einfach zu grob gewählt wurde. Zu groß sind die Unterschiede innerhalb des einen Pols im Geschlechterverhältnis. So kann man fest halten, dass die Unterschiede bzgl. *jedes* beliebigen Kriteriums innerhalb der Gruppe der Mädchen bzw. der Gruppe der Jungen größer sind, als im intergeschlechtlichen Vergleich der Durchschnittwerte.

Praxisbeispiel aus der Fortbildungspraxis

Dieses Phänomen kann man sich anhand des eigenen Kollegiums verdeutlichen, indem man die mittlere Körpergröße der Lehrerinnengruppe mit derjenigen der Lehrergruppe (wenn vorhanden) vergleicht. Der Unterschied zwischen Männern und Frauen liegt zumeist zwischen 3 und 7 cm, während die Differenz unter Männern bzw. unter Frauen zumeist weit über 20 cm zu verzeichnen ist. Stellen wir also die Aufgabe, über eine 1,2 m hohe Barriere zu steigen, ohne diese zu berühren, können wir stets beobachten, dass selbst der 7 cm Unterschied zwischen Männern und Frauen kaum einen signifikanten Unterschied zwischen männlichen und weiblichen Erfolgen bzw. Misserfolgen ausmacht. Dies wird besonders deutlich, wenn wir diese Aufgabe einer körperlich gleichermaßen geschulten Gruppe (wie etwa in einer Fortbildung für SportlehrerInnen) geben. Wenn Unterschiede zu verzeichnen sind, dann eher darin, dass überproportional viele Frauen die hierfür unzweckmäßige Kleidung eines (Mini)Rocks tragen als ihre männlichen Kollegen und daher die Aufgabe nicht lösen möchten – oder aber wenn sich eine Gruppe von SchulleiterInnen weigert, überhaupt erst aufzustehen, da man die Aufgabe doch auch verbal lösen könne.

Differenzen sind in diesem Beispiel also nicht in der anatomen Unterschiedlichkeit der Größe zu finden, sondern vielmehr in der Einstellung und eben der geschlechtstypischen Kultur, wie etwa der Kleidung oder dem Konzept von eigener Körperlichkeit bzw. ihrer Darstellung. Und an diesem Punkt wird die Notwendigkeit einer geschlechtsbezogenen Analyse ertragreich:

Wenn Männer und Frauen prinzipiell das Gleiche können, warum zeigen sie dann immer wieder Unterschiedlichkeiten? Um hieraus ertragreiche Folgerungen ziehen zu können, kommen wir nicht darum herum, die Geschlechterverhältnisse feindifferenzierter zu betrachten.

Es muss also auch um Binnendifferenzierungen zwischen bestimmten Gruppen von Jungen bzw. Mädchen sowie Lehrern und Lehrerinnen gehen. Geschlechtsbewusstsein bedeutet also auch, das Verhältnis unterschiedlicher Mädchen(gruppen) zueinander und unterschiedlicher Jungen(gruppen) zueinander verstehen zu lernen. Die scheinbar untypischen Mädchen und Jungen bestätigen konstitutionslogisch die typischen Präsentationen von Weiblichkeit und Männlichkeit. Binnenunterschiede nivellieren und stützen gängige Geschlechterverhältnisse zugleich. Dies offenbart die eigentliche Komplexität heutiger Geschlechtlichkeit.[9]

2.2 Kernergebnisse einer 30-jährigen Forschung zu Geschlechterverhältnissen in der Schule

Waltraud Cornelißen, Monika Stürzer, Henrike Roisch und Annette Hunze haben im Auftrag des Deutschen Jugendinstituts (DJI) in München eine Metaanalyse der Geschlechterforschung seit den 1970er Jahren vorgenommen.[10] Nachdem viele Einzelfakten widersprüchliche Tendenzen offenbaren und andere Ergebnisse nicht so einfach interpretierbar sind, da sie sich z.B. nur auf Umstände in einem bestimmten Bundesland beziehen, können sie jedoch mit einigen detaillierten Fakten aufwarten, um sie sogleich mit den Erkenntnissen der allgemeinen Sozialisationsforschung in Bezug zu setzen. Wir wollen nachfolgend diejenigen zusammentragen, die u.E.n. eine besondere Relevanz für das Handeln an Grundschulen versprechen:

1. Die Geschlechterkonstellationen an deutschen Schulen haben einen *großen Wandel* in den letzten Jahren erfahren.
2. Dabei sind in den jüngeren Jahren in einigen Bereichen *Rückschritte* bei der Gleichberechtigung zu verzeichnen.
3. Neue Didaktiken, wie etwa der Einsatz von „Neuen Medien" wirken oftmals *kontraproduktiv* zur Bestrebung, die klassischen Methoden an Schulen (etwa die Lehrbücher) zu „entstereotypisieren".
4. Trotz der verbindlichen Regelungen im Bildungssystem, gemäß Gender Mainstreaming eine Dokumentation der Geschlechterverhältnisse vorzulegen, gibt es *kaum gesichertes Zahlenmaterial* über die Geschlechtersegregation bei Lehrkräften (in welchen Bereichen i.S. von Fächern, Kombinationen, Schulformen, Teilzeitbeschäftigung, übergeordnete Aufgaben der Beratung, Koordination, Curriculumsentwicklung usw. sind Frauen und in welchen sind Männer beschäftigt?).

---

9   Dies wird in den Kapiteln 5 und 6 anhand der Modelle von JungeSein und MädchenSein verdeutlicht werden.
10 Cornelißen / Stürzer / Roisch / Hunze 2003

5. Es gibt *kaum schulische Standards* bzgl. der geschlechtsbezogenen Beset-
    zung von Positionen und Aufgaben.
6. Nach wie vor werden *technische Fähigkeiten* vor allem Jungen und Män-
    nern zugeschrieben.
7. Nach wie vor erhalten Jungen 2/3 der *Aufmerksamkeit* ihrer Lehrkräfte.
8. Dennoch haben die PISA-Studien (und z.t. die IGLU-Studie auch) gezeigt,
    dass Mädchen im Durchschnitt in der Schule erfolgreicher sind.[11]

Wie lassen sich diese scheinbar widersprüchlichen Phänomene erklären?

Im Folgenden werden verschiedene Forschungsergebnisse vorgestellt, die die
zusammenführenden Thesen mit einem speziellen Blick auf die Grundschulen
belegen und darüber hinaus versuchen, eine Antwort auf diese Frage zu geben.

2.2.1 Geschlechtersegregation und Geschlechterhierarchien in der Schulorganisation

Der Lehrberuf gilt insgesamt eher als ein Frauenberuf. Die zahlenmäßige Relati-
on zwischen Lehrerinnen und Lehrern ist an Grundschulen besonders auffällig:
2002 waren 85 % der Lehrkräfte weiblich.[12] Allerdings resultiert daraus nicht,
dass Frauen 85 % des Unterrichts erteilen, da im Gegensatz zu ihren männlichen
Kollegen viele Lehrerinnen Teilzeitstellen innehaben. Dennoch wird der Unterricht an Grundschulen ganz eindeutig mehrheitlich durch Frauen erteilt. Grundschulen sind eine Frauendomäne.

In den *neuen* Bundesländern ist auch die Position der Schulleitung von Grundschulen überwiegend von Frauen besetzt, in Sachsen z.B. liegt der Anteil der
Grundschulleiterinnen bei 84%[13] und stimmt damit nahezu mit dem Frauenanteil
unter den Lehrkräften überein.

Demgegenüber steht eine gemessen an dem geringen Anteil an männlichen
Lehrkräften deutliche Mehrzahl an männlichen Schulleitern in den *alten* Bundesländern, die etwa 50-75 % beträgt.[14] Wir müssen also für Westdeutschland festhalten, dass ein großer Anteil der wenigen Männer, denen die Kinder an Grundschulen begegnen, die exponierte Position des Schulleiters einnimmt.

---

11 Vgl.: http://www.erzwiss.uni-hamburg.de/IGLU/home.htm und: http://www.gew.de/PISA.html
12 Der Anteil an Lehrerinnen an allgemeinbildenden Schulen insgesamt liegt 2002 bei 66%. Vgl.
    hier und im Folgenden: Cornelißen / Stürzer / Roisch / Hunze 2003, S. 217 ff
13 Vgl.: Roisch 2003, S.50
14 Vgl.: ebd. S.41

An weiterführenden Schulen setzt sich diese Hierarchie bundesweit fort: Zwar steigt hier der Anteil der männlichen Lehrkräfte hin zu einem fast paritätischen Verhältnis (insbesondere an Gymnasien), parallel dazu erhöht sich jedoch der Anteil männlicher Schulleiter in Sachsen auf fast 70 %,[15] in Niedersachsen auf über 80 %, in Bayern sogar auf über 90 %[16], wobei der Anteil der Schulleiterinnen von Mitte der 60-er bis Ende der 80-er Jahre aufgrund der Schließung zahlreicher (von Frauen geleiteter) Mädchengymnasien sogar deutlich gesunken ist.

Ein weiteres bundesweites Phänomen stellt die geschlechtsbezogene Wahl der Unterrichtsfächer bereits für LehrerInnen an Grundschulen dar: Der Frauenanteil im Fach Deutsch liegt hier bei 93,3%, im Fach Kunst bei 94,5 %, im naturwissenschaftlichen Bereich dagegen bei durchschnittlich 67 %.[17] Oder andersherum ausgedrückt: Der Anteil der Männer unter den Lehrkräften für Deutsch liegt bei 6,7 % (Kunst: 5,5%), angesichts der insgesamt sowieso äußerst geringen Zahl männlicher Grundschullehrer stellt ein Deutsch- oder Kunst-Grundschullehrer eine deutliche Ausnahme dar, dem die wenigsten Jungen und Mädchen in ihrer Schullaufbahn begegnen.

Wir müssen uns fragen, welche Folgen diese Phänomene für die Entwicklung von Frauenbildern und Männerbildern der Kinder haben.

2.2.2 Schulbücher und ihre Konstruktion von Geschlecht

Seit ca. 30 Jahren existiert eine geschlechtsrollenkritische Schulbuchforschung, deren Ziel die Verankerung eines Bewusstseins für Geschlechtsstereotype und Geschlechterhierarchien ist. Als Gesamtergebnis dieser Forschung lässt sich festhalten, dass es Verbesserungen hinsichtlich einer gleichberechtigten Darstellung von Mädchen und Jungen gibt.[18]

Doch angesichts der Tatsache, dass der Gleichstellungspassus von Mädchen und Jungen sowie Frauen und Männern bereits Anfang der 70er Jahre in die Zulassungskriterien von Schulbüchern aufgenommen wurde, lassen sich nach wie vor massive Kritiken an den Schulbüchern äußern. Ein kritisches Bewusstsein hinsichtlich eines gleichberechtigten Sprachgebrauchs fehlt vielerorts vollständig.

---

15 Vgl.: ebd. S.42, ausgenommen von diesem Trend sind hier jedoch die Förderschulen, wo es zu 70 % Schulleiterinnen gibt.

16 Vgl.: ebd. S.39. Interessant erscheint darüber hinaus der Umstand, dass der Anteil an Schulleiterinnen im Osten bei über 60 % liegt, an Mittelschulen und Gymnasien jedoch bei unter einem Drittel.

17 Vgl.: ebd. S.32

18 Vgl.: Hunze 2003 S.53ff

Nach wie vor wird der Plural überwiegend ausschließlich in der männlichen Form gebraucht und Frauen und Mädchen werden dabei „mitgemeint".

Die Präsenz von Mädchen und Frauen in Schulbüchern ist allerdings deutlich angestiegen, wobei Cornelißen u.a. (2003) jedoch betonen, „dass mit dem steigenden Bildungsanspruch einer Schulform eine gleichberechtigte Präsentation der Geschlechter eher abnimmt" (S.223). Mit anderen Worten: Die Schulbücher für Grund- und Hauptschule sind am stärksten geschlechterreflektiert, die Schulbücher für die gymnasiale Oberstufe am wenigsten. Dies stellt eine interessante und bedenkliche Analogie zu den Geschlechterhierarchien an den verschiedenen Schulformen dar: Der Anteil an Schulleiterinnen von Gymnasien liegt im bundesweiten Durchschnitt unter einem Viertel, in einigen Bundesländern sogar unter 10% (s.o.).

Um Aussagen über Geschlechterdarstellungen in Schulbüchern treffen zu können, ist es notwendig, über die zahlenmäßigen Verhältnisse hinaus geschlechtstypische Implikationen zu hinterfragen. So lässt sich beispielsweise von Mitte der 1970er bis Mitte der 1990er Jahre ein Anstieg in der Darstellung erwerbstätiger Frauen in Schulbüchern von 11% auf 31% verzeichnen, dieser stellt jedoch noch nicht einmal eine Abbildung der Frauenerwerbsquote von 45% dar und eröffnet darüber hinaus keine geschlechtsuntypische Vervielfältigung in der Darstellung berufstätiger Frauen. Die Berufstätigen Frauen werden überwiegend in frauenstereotypen Berufen dargestellt! Auch in der Darstellung von Männern im Bereich der Familie werden vielfach männerstereotype Bilder nachgezeichnet.[19]

Dennoch lässt sich insgesamt „eine gewisse Sensibilisierung für die ungleiche Präsentation der Geschlechter in Schulbüchern bei den Verantwortlichen in den Kultusministerien, bei Schulbuchverlagen und Gutachtern, bzw. Gutachterinnen im Zulassungsverfahren [...]"[20] festhalten.

Ein weit schlechteres Gesamtbild ergibt die Untersuchung der so genannten Neuen Medien: In Lernsoftwareprogrammen dominieren eindeutig Jungen, weibliche Hauptfiguren sind hier sehr selten und wenn es sie gibt, müssen sie zumeist „gerettet" werden.[21]

Bisher liegen erst wenige systematische Untersuchungen dieses Lernfeldes vor, erste Ergebnisse deuten jedoch deutlich auf eine mangelhafte Reflexion des Geschlechterverhältnisses in der Lernsoftware hin. „Mädchen und Frauen scheinen

---

19 Vgl.: Cornelißen / Stürzer / Roisch / Hunze 2003 S.224
20 Ebd. S. 225
21 Vgl.: Stürzer 2003, S.211 f

in der Lernsoftware deutlich rückständiger und diskriminierender präsentiert zu werden als in den aktuellen Schulbüchern."[22]
Einige positive Ausnahmen gibt es vor allem im Grundschulbereich. Es lohnt sich also, wenn LehrerInnen diesen Aspekt vor dem Einsatz von Softwarelernprogrammen genau prüfen.

2.2.3 Geschlechtsbezogene Computernutzung

Für viele Mädchen und Jungen ist der Umgang mit dem Computer ein fester Bestandteil ihres Alltags. Über 80 % der Jugendlichen ab zwölf Jahren bezeichneten sich 2001 in einer Befragung als „PC-NutzerInnen", wobei die Jungen nur um wenige Prozentpunkte vor den Mädchen lagen.[23] Allerdings zeigen sich in dieser Altersstufe hinsichtlich des Computerbesitzes erste Differenzen: 58 % der befragten Jungen, aber nur 40 % der befragten Mädchen verfügen über einen eigenen Computer.

Für die meisten GrundschülerInnen ist der Computer zumindest ein fester Bestandteil ihres Schulalltags: Einer bundesweiten Erhebung im Frühjahr 2002 zufolge sind 87 % der Grundschulen mit Computern für den Einsatz im Unterricht ausgestattet.[24] Wenngleich die meisten Studien zur Computernutzung mit Kindern / Jugendlichen ab 12 Jahren durchgeführt wurden, sind einige Ergebnisse auch für den Grundschulbereich zumindest als Perspektive von großem Interesse.

Jungen und Mädchen nutzen den Computer in den meisten Bereichen auffallend ähnlich, und zwar für:[25]

- Internet-Zugang, E-Mail (ca. 50%),
- Texte schreiben (42%),
- Arbeiten für die Schule (38%),
- PC-Lexikon nutzen (22%),
- Bild- und Viodeobearbeitung (18%),
- Zeichnen (17%),
- Lernsoftware (15%).

---

22 Stürzer 2003, S.212
23 Vgl.: Stürzer 2003, S.214 f
24 Vgl.: Ebd. S.215, Sekundarschulen sind dieser Erhebung zufolge zu 98 % mit Computern ausgestattet.
25 Vgl.: Stürzer 2003, S.190 ff

In drei Bereichen gibt es jedoch deutliche, geschlechtstypische Unterschiede:

	Mädchen	Jungen
Programmieren	6 %	16 %
Musik hören	26 %	43 %
Computer spielen	30 %	65 %

Tabelle 1: Computernutzung von Mädchen und Jungen im Vergleich

Die Nutzung des Computers für Spiele ist der signifikanteste Unterschied im Anwendungsprofil von Mädchen und Jungen. Für Jungen stellt das Spielen mit Abstand die häufigste Beschäftigung am Computer dar, während Spiele für Mädchen deutlich nach dem „Arbeiten für Schule" auf Platz 4 rangiert.

Damit einher geht eine geschlechtsbezogen deutlich verschiedene Motivationslage der Computernutzung bei Mädchen und Jungen:

Mädchen nutzen den Computer primär zum Arbeiten für die Schule (37%), aber auch, um mit anderen Jugendlichen in Kontakt zu treten (25%), seltener aus Langeweile (20%) oder Einsamkeit (8%).

Ganz anders sind hier die Angaben der Jungen: Ihre größte Motivation der Computernutzung ist nach eigenen Angaben: Langeweile (28%), gefolgt von der Kontaktaufnahme zu anderen (20%). Aber auch Einsamkeit benannten immerhin 14 % der Jungen als Motiv der Computernutzung. Das Arbeiten für die Schule motiviert nur 18 % der Jungen zur Nutzung des Computers.

Insgesamt scheinen Mädchen den Computer etwas pragmatischer und zweckgebundener zu nutzen. Uns ist es jedoch wichtig, an dieser Stelle noch einmal die vielen Parallelen zwischen den Geschlechtern aufzuzeigen.

Denn, so das Ergebnis einer Begleitforschung zum Einsatz Neuer Medien im Unterricht,[26] trotz der aktiven und erfolgreichen Nutzung Neuer Medien durch Mädchen schreiben weder die Mädchen sich selbst noch Jungen oder Lehrkräfte ihnen technische Kompetenzen zu. Die befragten LehrerInnen sahen in technischen Kompetenzen und Medienkompetenzen überwiegend die wesentlichen Stärken von Jungen, während sie soziale Kompetenzen und Zielorientierung als die besonderen Stärken von Mädchen benannten.

---

26 Vgl.: Stürzer 2003, S.212 f

82% der Jungen und sogar 83% der Mädchen schrieben technische Kompetenzen den Jungen zu. Die Begegnung von Mädchen und Technik findet offensichtlich in einem Umfeld der Entmutigung statt, die bis in das Selbstbild der Mädchen hinein starke Wirkung zeigt.

Die besondere Chance, dieser ungünstigen Entwicklung entgegenzusteuern, liegt unseres Erachtens insbesondere in einer geschlechtsbewussten Unterrichtsgestaltung in der Grundschule.

Praxisbeispiel

In einer Schulklasse ließen wir Jungen und Mädchen getrennt voneinander ein Computerspiel (Lernsoftware) bewältigen, in dem Figuren zueinander nach einem vorgegebenen System gruppiert werden müssen (etwa wie bei dem beliebten Klassiker „Tetris"). Dabei stoppten wir die Zeit, in der die Einzelnen die jeweilige Aufgabe lösten. Für eine schnelle Lösung sind folgende Fertigkeiten hilfreich: logisches Verständnis, räumliches Wahrnehmen (zweidimensional und z.T. auch dreidimensional), gute Auge-Hand-Koordination, Spontaneität, Entscheidungsfreudigkeit. Ohne das Ergebnis (Zeit und Anzahl der gelösten Runden) zu verkünden, fragten wir beide Gruppen, was sie denken, wer wohl besser abgeschnitten habe. Beide stimmten für die Jungengruppe. Nachdem wir ihnen mitteilten, dass drei Mädchen und dann erst ein Junge die besten Ergebnisse erzielten und der Mittelwert der Mädchen etwas besser wäre als derjenige der Jungen, betonten beide Gruppen jedoch einhellig, dass sie die Jungen für besser bei solchen Spielen hielten. Die besseren Leistungen der drei Mädchen lägen nur daran, dass Gaby eben eine Ausnahme sei, weil sie immer nur mit ihrem Vater spiele, Alice sowieso alles besser könne als alle anderen Kinder und das bei Sema eh nur Zufall sei. Interessant war, dass Mädchen wie Jungen hierbei sehr ähnlich argumentierten. Allerdings konnten sich die Jungen das schlechtere Durchschnittsergebnis eher damit erklären, dass ihre vier „Loser" den „tollen Schnitt" der Jungen immer runter ziehen, das sei beim Sport auch immer so. Die Mädchen hingegen schätzten sich untereinander als fast gleich kompetent ein, was den gemessenen Ergebnissen jedoch eindeutig widersprach. In diesem kleinen Versuch waren bereits sämtliche Fremd- und Selbstzuschreibungen bzgl. technischer Kompetenzen, hier der Umgang mit Computer, Logik und Schnelligkeit, gut zu beobachten. Erstaunlich fanden wir die Eindeutigkeit in der Wahrnehmung der meisten Mädchen und Jungen.

2.2.4 Geschlechtstypische Schulleistungen

Verschiedene Schulleistungsstudien kommen zu dem Ergebnis, dass Mädchen heute im Durchschnitt in der Schule erfolgreicher sind als Jungen.[27]

Allerdings wurden geschlechtsbezogene Leistungsunterschiede bisher in den großen Untersuchungen wie IGLU, LAU und PISA nur am Rande in kleinen Spezialuntersuchungen abgehandelt und nicht ins Zentrum des Interesses gestellt. Festzuhalten ist, dass es zu Schulbeginn keine signifikanten Unterschiede hinsichtlich der kognitiven Voraussetzungen von Jungen und Mädchen gibt.[28] Während der Grundschulzeit unterscheiden sich die Leistungen von Jungen und Mädchen hinsichtlich des Lesens (Lesenlernens) und Rechnens nur geringfügig voneinander. In der Rechtschreibung erbringen die Mädchen am Ende der Grundschulzeit durchschnittlich bessere Ergebnisse.

Im Sekundarschulbereich erlangen die Mädchen jedoch deutlich bessere Ergebnisse in den sprachlichen Fächern.

In weiterführenden Schulen konnten einige Untersuchungen (z.B. die internationale Schulleistungsstudie TIMSS II) darüber hinaus bessere Ergebnisse der Jungen in den Fächern Mathematik und Physik feststellen. Andere Untersuchungen (z.B. die LAU-Studie) bestätigten diesen Unterschied jedoch nicht.

Ein bemerkenswertes Ergebnis dieser Studie ist, dass die besten mathematischen Leistungen in Deutschland insgesamt von den Mädchen aus den neuen Bundesländern erbracht werden. Dieses Ergebnis unterstützt die These einiger ForscherInnen, dass die zum Teil festgestellten schlechteren Ergebnisse der Mädchen vor allem in Mathematik und Physik in ihrem negativen Selbstkonzept hinsichtlich ihrer mathematisch-naturwissenschaftlichen Kompetenzen begründet liegen. Möglicherweise wirkt im Osten Deutschlands diesbezüglich noch ein anderes Frauenbild, welches sich insbesondere dadurch auszeichnet, dass für westliche Verhältnisse frauenuntypische Tätigkeiten bzw. Berufe wie etwa Ingenieurinnen oder technische Facharbeiterinnen stärker und selbstverständlicher integriert sind.

Dies lässt sich sehr anschaulich mithilfe der Fragebögen zur Lebens- und Berufsorientierung nachweisen. Diese funktionieren nach der Selbsteinschätzung, welchen Beruf sich Mädchen und Jungen „für später" vorstellen können. Dabei füllen wir sie bei GrundschülerInnen für die Kinder aus (einige Berufe müssen erst erklärt werden) und befragen dann die Klasse, was sie glaubt, was z.B. Gaby und dann z.B. Thomas alles werden kann.

---

27 Vgl. hier und im Folgenden: Stürzer 2003, S.118 ff
28 Vgl.: Tiedemann / Faber 1994

Ein kurzer Auszug zur besseren Vorstellung:

Denniz aus der 3. Klasse füllte folgendermaßen aus:

	Eigeneinschätzung					Fremdeinschätzung				
Grad der Zustimmung:	0	1	2	3	4	0	1	2	3	4
Ich bin ... / er ist ...										
geduldig		x					x			
sportlich		x							x	
aggressiv	x					x				
beliebt	x								x	
hilfsbereit			x							x
handwerklich begabt		x							x	
gut in Deutsch	x								x	
gut in Rechnen	x							x		
...										

Tabelle 2: Eigen-Fremdeinschätzung Eigenschaften

Eigeneinschätzung: selbst ausgefüllt mithilfe des Teamers; Fremdeinschätzung: per Abstimmung durch die Jungen der Klasse; 0= absolute Verneinung, 4: absolute Zustimmung; die anderen sind Gradationswerte

Und im 2. Teil:

	Eigeneinschätzung					Fremdeinschätzung				
Grad der Zustimmung:	0	1	2	3	4	0	1	2	3	4
Ich / er könnte werden										
...										
Malermeister		x							x	
Sportler			x						x	
Lehrer		x							x	
Automechaniker			x						x	
Bäcker	x							x		
Versicherungsmann		x							x	
Bundeskanzler	x									x
Hausmann	x							x		
...										

Tabelle 3: Eigen-Fremdeinschätzung Berufe

Bedingungen wie oben, die Einschätzungen wurden jedoch begründet!

Besonders interessant dabei ist, dass sich die Einzelnen *beider* Gruppen selber weniger vorstellen können, als es sich die Klasse für ihn/sie kann. Mädchen geben weitaus mehr Möglichkeiten an, aber Jungen geben v.a. diejenigen Berufe an, die ein hohes Ansehen in dieser Altersklasse genießen. Auch hier sind also die Geschlechterstereotype und der benannte Ost-West-Unterschied (sowie eine migrationstypische Abweichung der Tendenzen) leicht nachweisbar.

2.2.5 Geschlechtsbezogene Interaktionen in der Schule

Als Ergebnis verschiedener Untersuchungen, deren Gegenstand die geschlechtsbezogene Aufmerksamkeitsverteilung von LehrerInnen gegenüber ihren Schüler Innen ist, lässt sich das „Zwei-Drittel-Aufmerksamkeits-Gesetz" festhalten: Lehrkräfte, und zwar Männer wie Frauen, widmen sich mit etwa zwei Dritteln ihrer Aufmerksamkeit den Jungen und nur zu einem Drittel den Mädchen.[29] Diese Aufmerksamkeitsverteilung bezieht sich sowohl auf den Frontalunterricht als auch auf Freiarbeitsphasen und ist den LehrerInnen in dem Ausmaß überwiegend nicht bewusst. Sobald LehrerInnen sich bemühen, diese Ungleichbehandlung zugunsten der Mädchen zu verändern, lösen sie damit Proteststürme bei den Jungen aus, die sich prompt massiv benachteiligt fühlen. Jungen lernen also in deutschen Schulen, dass sie stets zwei Drittel der Aufmerksamkeit bekommen und offensichtlich auch ein Anrecht darauf haben. Möglicherweise dienen einige Aspekte ihres auffallenden Verhaltens allein der Aufrechterhaltung dieser Aufmerksamkeitsverteilung.

Bezogen auf den Unterricht liegen einige qualitative Untersuchungen zur geschlechtsbezogenen Interaktion zwischen SchülerInnen und LehrerInnen vor: Eine Studie über den Mathematikunterricht kommt zu dem Ergebnis, dass die fragend-entwickelnde Form der Unterrichtsgestaltung dazu führt, dass Mädchen sich eher zurückziehen, insbesondere wenn offene, uneindeutige Fragen gestellt werden.[30] Auch begegnen dieser Studie zufolge LehrerInnen den Mädchen gegenüber häufig autoritärer, wenn diese nicht die gewünschten Lösungen formulieren, während sie gegenüber Jungen eher einen „argumentativen Einigungsprozess" anstrebten.

Systematische Beobachtungen von Freiarbeitsstunden an Grundschulen kommen zu dem Ergebnis, dass „auch hierbei [...] unmittelbar Geschlechterstereotype wirksam werden [können] und sich im Sinne einer Selbstsozialisation verstärken"[31]. Da sich Hilfestellungen und Zuwendungen in der Freiarbeit durch das individuelle Nachfragen der SchülerInnen regulieren, entsteht ein Kampf um die

29 Vgl.: Cornelißen u.a. 2003, S.233
30 Vgl.: Jungwirth 1990
31 Kaiser 1996, S.50

Aufmerksamkeit der Lehrkräfte, den in der Regel die Jungen „gewinnen". Die Forscherin kam zu dem Ergebnis, dass sich die Lehrkräfte in der Freiarbeit mit 80% ihrer Zeit den Jungen widmeten.[32] Die implizite Konkurrenz um die Gunst und Zuwendung der Lehrkräfte bei dieser Form der Unterrichtsgestaltung verstärkt Kaiser (1996) zufolge „dominierendes Jungenverhalten" und führt zu einem „Rückzug der Mädchen aus dem schulischen Geschehen"[33].

Demgegenüber stehen Untersuchungen an Grundschulen, die zwar die hohe Aufmerksamkeit für die Jungen bestätigen, jedoch mit einer weit weniger wohlwollend-positiven Zielsetzung: Bei der Aufmerksamkeit, die Jungen zuteil wird, handelt es sich wesentlich häufiger um Ermahnungen, während Mädchen eher zu inhaltlichen Fragen aufgerufen werden.[34] Das könnte bedeuten, dass Jungen stärker in ihrem auffälligen Verhalten, welches ihnen soviel Zuwendung einbringt, als in ihren Lernfähigkeiten unterstützt werden.

Folgerichtig geben Cornelißen u.a. (2003) zu bedenken, dass Jungen (nicht Mädchen) diejenigen sind, die größere Schulschwierigkeiten offenbaren.

> „Gemeinhin wird angenommen, dass die geringere Aufmerksamkeit, die Lehrkräfte den Mädchen zuteil werden lassen, eine Benachteiligung der Mädchen darstellt. Dies wäre differenzierter zu untersuchen, zumal Mädchen im Durchschnitt die besseren Schulleistungen erbringen. Es stellt sich also die Frage, was die geschlechtsspezifische Aufmerksamkeitsverteilung der Lehrkräfte tatsächlich bewirkt."[35]

Praxisbeispiel:

Gönnen Sie sich doch mal folgenden Selbstversuch: Wählen Sie eine typische Unterrichtsstunde in Ihrem Alltag aus und installieren sie eine Videokamera, die auf Ihre typische Position in der Klasse gerichtet ist. Stellen Sie sie am Besten schon eine Stunde vor der zu untersuchenden Stunde an, damit alle beteiligten die Anwesenheit vergessen! Nach der betreffenden Unterrichtsstunde notieren Sie sich kurz Antworten auf die folgenden Fragen: 1. Wen habe ich häufiger angesprochen? 2. Und womit? 3. Wen habe ich ermahnt? 4. Wen habe ich gelobt? 5. Wen habe ich wahrgenommen? 6. Wen habe ich übersehen? Vergleichen Sie dann Ihre persönliche Wahrnehmung mit dem objektivierten Befund der Videoaufnahmen.

---

32 Vgl.: Ebd., S. 44
33 Ebd., S.47
34 Stürzer S. 155f
35 Cornelißen / Stürzer / Roisch / Hunze 2003, S.234

Sämtliche LehrerInnen, die diesen Versuch auf unsere Anleitung hin durchführten, waren erstaunt, wie sehr sich ihre eigene Wahrnehmung von dem zu beobachteten Stand unterschied. Trotz emanzipatorischer Absicht und hohem Reflexionsgrad wurden alle in das System der Geschlechtstypik hineingezogen: Jungen wurden ermahnt, obwohl sie sich wirklich zum Unterricht äußern wollten, Mädchen wurden übersehen, obwohl sie sich minutenlang meldeten usw.

2.2.6 Zur Geschichte und Debatte um Koedukation

Bis in die 1960er Jahre hinein fand der Unterricht in der Bundesrepublik Deutschland in Anlehnung an die Praxis der Weimarer Republik überwiegend an reinen Jungen- und Mädchenschulen statt, also *monoedukativ*. Doch hatten sich bereits in der Weimarer Republik vor allem ReformpädagogInnen und SozialistInnen für eine gemeinsame Unterrichtung von Jungen und Mädchen, also für die Koedukation, stark gemacht. Entsprechend formulierte auch die DDR von ihrem Anbeginn an das Ziel einer einheitlichen Schule „für alle Kinder des Volkes"[36] und installierte flächendeckend die koedukative Unterrichtung der Kinder. In der Bundesrepublik führte erst der so genannte „Bildungsnotstand" in den 1960er Jahren dazu, Jungen und Mädchen vermehrt koedukativ zu unterrichten.

Wenngleich diese Entwicklung zunächst vor allem auch von diversen Vertreterinnen der zweiten deutschen Frauenbewegung begrüßt wurde, basierte die Koedukation hier keinesfalls auf einer pädagogischen Konzeption, sondern offenbarte vielmehr „die verwaltungstechnisch einfachste Gewährleistung gleicher Bildungschancen in Form der flächendeckenden Versorgung mit einem standardisierten Schulangebot"[37].

Doch die Freude über die Koedukation währte nicht lange: In den 80er Jahren wurde die Kritik laut, dass die Mädchen vielerorts unter der Koedukation zu leiden hätten, dass sie als „sozialer Puffer" im „alltäglichen Gegeneinander der Jungen" fungierten und zudem vor allem in naturwissenschaftlichen Fächern systematisch entmutigt würden. Untersuchungen zeigten, dass zum Beispiel Studentinnen im Fach Informatik zu fast 50 % von Mädchenschulen kamen, angesichts der wenigen verbliebenen Mädchenschulen eine bemerkenswerte Anzahl.[38]

---

36 Hempel 1994, S.57, nach Stürzer 2003, S.173
37 Knab 1990, S.819, zitiert nach: Stürzer 2003, S.174
38 Vgl.: Stürzer 2003, S.176

Darüber hinaus wurden „heimliche Lehrpläne" im Unterricht aufgedeckt, die der Reproduktion und Stabilisierung der Geschlechterhierarchie dienten. Teil eines heimlichen Lehrplans ist vielerorts, die Mädchen gezielt in ihren sozial-integrativen Fähigkeiten und die Jungen in ihrer Autonomie zu unterstützen.

Daraus ergab sich eine Diskussion, ob eine Rückkehr zur *Monoedukation* ein angemessener Ausweg für mehr Geschlechtergerechtigkeit sein könnte, was jedoch überwiegend skeptisch betrachtet wurde, da sich die Mädchen auf dem Arbeitsmarkt und in der Freizeit ebenfalls im gemischtgeschlechtlichen Setting behaupten müssen. Dennoch wurde deutlich, dass die auf Verwaltungsebene beschlossene Koedukation ohne eine pädagogische Konzeption weder den Bedürfnissen der Mädchen noch denen der Jungen Rechnung tragen konnte.

1991 eröffnete Hannelore Faulstich-Wieland in ihrer Veröffentlichung „Koedukation – enttäuschte Hoffnungen?" die Perspektive einer „reflexiven Koedukation". Damit ist eine Form der Koedukation gemeint, die das Miteinander von Mädchen und Jungen gezielt und systematisch in den Blick nimmt und insbesondere das eigene pädagogische Handeln hinsichtlich seines sexistischen Gehalts[39] reflektiert und ggf. verändert. Für das pädagogische Feld der Schule betrifft diese Reflexionsaufgabe zunächst vorrangig die LehrerInnen.[40]

LehrerInnen müssen sich ihrer eigenen Bilder über Frauen und Männer, Mädchen und Jungen bewusst werden, sie müssen sensibel sein für Prozesse, in denen auf der Grundlage von Geschlecht soziale Ungleichheiten produziert werden, und sich selbst diesbezüglich hinterfragen. Nur auf der Grundlage einer reflexiven Koedukation kann ein Miteinander der Geschlechter gelingen.

Darüber hinaus kann es dennoch in einigen Fächern sinnvoll sein, zumindest für bestimmte Phasen Mädchen und Jungen zu trennen. Einen sehr erfolgreichen Ansatz stellt hierbei das in Fachkreisen so genannte „Skandinavische Modell" dar, welches einen systematischen Wechsel aus koedukativen und monoedukativen Phasen beinhaltet und damit gleichermaßen geschlechtshomogene „Schonräume" und geschlechtsgemischte Begegnungsräume *wechselweise* eröffnet. So werden beispielsweise die naturwissenschaftlichen Fächer Biologie, Physik und Chemie im Drei-Jahres-Rhythmus jeweils wechselnd in zwei Fächern geschlechtshomogen und in einem geschlechtsgemischt unterrichtet. Hier können

---

39   Mit „sexistisch" ist hier gemeint, dass dem jeweils anderen Geschlecht eine stereotypisierende Eigenschaft mit dem Ziel der Abwertung zugeschrieben wird (z.B. „alle Mädchen sind feige", „Jungen sind alle brutal" usw.), dazu gehören jedoch auch vermeintlich positive Attributionen wie etwa „Mädchen können gut sauber machen", „Jungen können sich besser durchsetzen als Mädchen" usw.

40   Stürzer 2003, S.175

sich Mädchen wie Jungen zunächst im sicheren Raum des gleichen Geschlechts entwickeln, um anschließend das Erlernte auch gegenüber „den Anderen" behaupten zu lernen. Hiervon profitieren v.a. die Mädchen, aber auch die Jungen! Bei einer analogen Durchführung in den Fächern Deutsch, Englisch und Kunst dürfte es sich umgekehrt proportional verhalten, so dass v.a. die Jungen profitierten, aber die Mädchen eben auch.

2.2.7 Wege zu mehr Chancengleichheit: Ein erster Ausblick

Die PISA-Studie hat gezeigt, dass in keinem anderen Land Erfolg und Misserfolg in der Schule enger mit der sozialen Herkunft verknüpft sind als in Deutschland.[41] Besonders betroffen von dieser Chancenungleichheit sind Kinder mit Migrationshintergrund und hierbei wiederum insbesondere die Jungen. Wie können diese Jungen gezielt unterstützt werden? Und wo liegen ihre Stärken, an denen eine *ressourcenorientierte pädagogische Arbeit (s.o.)* ansetzen kann?

Die Leistungsrückstände von Jungen insgesamt, die ebenfalls ein wichtiges Ergebnis der PISA-Studie waren, werden häufig mit Konzentrations- und Disziplinschwierigkeiten der Jungen in Verbindung gebracht. Dennoch wird dieser Interpretation nicht Rechnung getragen, indem zum Beispiel mehr Freiräume für selbständiges Handeln und Lernen sowie Bewegungsräume geschaffen würden.[42]

Cornelißen u.a. (2003) betonen darüber hinaus den ungünstigen Einfluss verschiedener Männlichkeitsvorstellungen, die die Jungen unter Druck setzen und / oder ein auffälliges Verhalten nahe legen.

> „Die Disziplinprobleme von Jungen werden [...] nur selten als Folge problematischer Männlichkeitsbilder thematisiert. So bleibt in der Schule die Möglichkeit noch weitgehend ungenutzt, (sub-)kulturell verankerte Männlichkeitsbilder vielleicht auch mit den Eltern zu reflektieren und bei gefährdeten Jungen Selbstkonzepte anzuregen, die mit den schulischen Anforderungen eher kompatibel sind."[43]

Dabei sollte es jedoch nicht darum gehen, die Jungen einfach besser anzupassen, sondern vielmehr sie dort zu unterstützen, wo sie sich selbst oder wo ihre Vorstellungen von Männlichkeit ihnen im Weg stehen.

Für die Mädchen ist festzuhalten, dass sie ihre Leistungen insbesondere in geschlechtsuntypischen Bereichen deutlich unterschätzen und den Jungen oft größere Kompetenzen zuschreiben, obgleich sie objektiv keine schlechteren Leis-

---

41 Vgl. vertiefend zur Situation sozial benachteiligter Kinder in Deutschland z.B.: Beisenherz 2002
42 Vgl.: Cornelißen u.a. 2003, S. 239
43 Ebd.

tungen erbringen als ihre Mitschüler.[44] Es stellt sich die Frage, wie im Rahmen von Schule das Selbstbewusstsein von Mädchen gerade für geschlechtsuntypisches Verhalten und geschlechtsuntypische Interessen gefördert werden kann.

Bezüglich der ungleichen Aufmerksamkeitsverteilung gegenüber Schülerinnen und Schülern durch ihre Lehrkräfte stellt Astrid Kaiser als Ergebnis eines Modellversuches einer „jungen- und mädchengerechten Grundschule"[45] das Reißverschlussprinzip als „methodische Quotierung"[46] vor: in Unterrichtsgesprächen werden grundsätzlich abwechselnd Mädchen und Jungen aufgerufen und auch die Vergabe interessanter Aufgaben und Ämter verläuft nach diesem Muster. Dieses Vorgehen hat die untersuchte Grundschule erfolgreich eingesetzt. Allerdings betont die Autorin, dass auf diese Weise lediglich themenbezogene Wortbeiträge gleichberechtigter verteilt werden könnten, eine Verhinderung der Störungen durch die Jungen, die ja ebenfalls die Aufmerksamkeit der Lehrkräfte verlangen, resultiert hieraus nicht.[47]

Angesichts der geschlechtshierarchischen Strukturen der Schule, die mit steigendem Bildungsanspruch der Schulformen zunehmen, fehlen vielen Mädchen im Rahmen ihres Schulalltags vielerorts Modelle erfolgreicher Frauen, zum Beispiel als Schulleiterinnen.

Zum geschlechtsuntypischen Verhalten von Mädchen gehört aber gerade auch, die Verantwortung für das eigene Handeln übernehmen zu lernen. Mädchen sind keineswegs immer nur Opfer und es tut ihrer Entwicklung und ihrer Selbstbehauptung nicht gut, wenn sie dergestalt wahrgenommen werden.

Deshalb ist es hilfreich, die strukturelle Benachteiligung von Mädchen und Frauen als politische Dimension zu sehen und zu betonen, auf der pädagogischen Ebene jedoch eher die individuellen Fähigkeiten der Mädchen (und Jungen) zu stärken und im Sinne einer *Ressourcenaktivierung* ihre Kompetenzen zu unterstützen.

Über die Geschlechtergrenzen hinweg bleibt festzuhalten, dass soziales Lernen insgesamt zunehmend außerhalb der Familie und damit auch innerhalb von Schule gelernt werden muss. Viele Familien können aufgrund von Zerrissenheit, Zeit- und Geldnot und anderen existentiellen Schwierigkeiten sowie einer steten Abnahme von Mehrkinderfamilien kein hinreichendes Lernfeld hierfür anbieten.

---

44 Vgl.: Kapitel 2.2.3
45 Kaiser 2000, S.20 ff
46 Ebd., Titel des Artikels
47 Vgl.: Ebd., S.20

Eine moderne Grundschule muss sich diesen Schwierigkeiten stellen und diese konzeptionell verankern. Um die Kinder in dieser schwierigen gesellschaftlichen Situation angemessen unterstützen zu können, ist die systematische Berücksichtigung ihres Geschlechts dabei von herausragender Bedeutung.

2.3 Folgen für die Pädagogik an Grundschulen I: Geschlechtsbezogen und geschlechtstypisch statt geschlechtsspezifisch und die Last mit der Identität!

Aufbauend auf den Begriffsklärungen in der Einleitung dieses Lehrbuchs möchten wir Ihnen hier eine Sicht aus der aktuellen Geschlechterforschung anbieten. Sie hinterfragt die Basis dessen, was wir gelernt haben, als „normal" zu betrachten. Dieser Blick wendet sich vielmehr auf die Bedingungen, in denen Geschlechtlichkeit überhaupt erst gemacht wird. Besonders im Grundschulalter können wir beobachten, dass das Selbstverständnis von Mädchen und Jungen entscheidend davon abhängt, was das gesamte System Schule ihnen anbietet. Zu diesem System zählen die Schulorganisation in curricularen Bestimmungen wie Lehrplan und Lehrmittel, die Schulstruktur in Baulichkeit, in der Zusammensetzung der Lehrkräfte u.a. Beteiligter und in den Persönlichkeiten der einzelnen LehrerInnen (Motive, Engagement, Selbstdarstellungen). Außerdem ist das Zusammenspiel mit den außerschulischen Lebenswelten der SchülerInnen genauestens zu berücksichtigen: Herkunftsfamilien, Sportvereine, Feuerwehr u.a. Freizeiteinrichtungen sowie mögliche Erfahrungen mit städtischen bzw. staatlichen Einrichtungen wie Jugendamt, Sozialamt...

Die beobachtbaren Handlungsweisen von Jungen und Mädchen in der Schule stellen oftmals ein genaues Abbild dessen dar, was ihnen in der Erwachsenensphäre vorgelebt wird. Bei einer guten Reflexion der professionellen *und* geschlechtsbezogenen Haltung von LehrerInnen werden auch angemessene und „gesündere" Identitäten für Mädchen wie Jungen möglich. Diese Haltung hängt jedoch entscheidend von der *subjektiven Theorie* eines jeden Lehrers und einer jeden Lehrerin ab. Deshalb sollten sich auch GrundschullehrerInnen mit der *eigenen Theorie von geschlechtlichem Denken und Handeln* auseinandersetzen. Um diesem Anliegen entgegen zu kommen, gestalten wir diesen ersten Übertrag nicht als Praxisanleitung, sondern als theoretische Einordnung, die der Praxis das notwendige Fundament verschafft:

In den 70er, 80er und z.T. noch 90er Jahren rangierte die *Arbeit mit dem Geschlecht* immer unter dem Titel der *Geschlechtsspezifischen Pädagogik*, womit zu allermeist die bewusste und von Frauen geleistete Arbeit mit Mädchen gemeint gewesen ist. Dabei wurde i.d.r. davon ausgegangen, dass Jungen und Mädchen ein grundsätzlich anderes Wesen besäßen. Da die Praxis sowohl mit Mädchen als auch mit Jungen jedoch hervorbrachte, dass dies eher eine vereinfachende Reduktion bedeutete, wurde nach einem treffenderen „Titel" gesucht, der dem Umstand Rechnung trägt, dass auch viele Jungen angebliche Mädcheneigenschaften und Mädchen behauptete Jungeneigenschaften aufweisen. Nicht alle Jungen sind somit gleich, und auch nicht alle Mädchen sind gleich. Dennoch sind bestimmte Denk- und Handlungsweisen bei Jungen weitaus häufiger zu beobachten und umgekehrt. Sie scheinen im wahrsten Sinne des Wortes *typisch* zu sein. Es geht also darum, die ambivalente Erkenntnis in die Praxis mit Jungen und Mädchen zu integrieren, dass sie auf der einen Seite viel Gleiches zeigen und auf der anderen Seite sich an ihnen typischerweise vorgelebten Stereotypen orientieren, die hervorgehoben geschlechtlich, aber auch bildungstypisch, kulturtypisch und gemäß ihrer sozialen Schicht typisch sind.

Praxis der Theorie – Konstruktion von Identität und Geschlecht

Kinder lernen sehr früh, dass sie als Jungen und Mädchen gesehen werden. Sie müssen lernen, als Männer und Frauen zu handeln. Schon sehr früh verstehen Kinder, dass ihr Handeln je nach Geschlecht unterschiedlich bewertet wird. Die Entwicklung einer (geschlechtstypischen) Identität wird damit zur alltäglichen Nötigungsprozedur, da Erwünschtes verstärkt und Unerwünschtes abgeschwächt wird. So bilden Jungen und Mädchen je nach Förderung bzw. Blockierung durch die Menschen im sozialen Nahraum i.d.R. unterschiedliche Interessen, Neigungen und Fähigkeiten heraus. Im Kern ist damit die *Konstruktionspraxis von Weiblichkeit und Männlichkeit* als fremdbestimmt enttarnt. In der modernen Zwangslogik werden Identitäten allgemein folgendermaßen errichtet:

Eigenes Handeln wird stets vor dem Hintergrund kulturell-geschlechtlicher *Normalitäten* interpretiert und eingeordnet. Das bedeutet, dass Handeln genau dann sinnvoll erscheint, wenn es sich in Bezug zu einer realen, sozialen Gruppe setzen lässt. Die soziale Anerkennung des Begründungszusammenhangs eigenen Handelns bestärkt dabei die jeweilige Orientierung oder schwächt sie eben ab. Dabei ist es insbesondere für Jugendliche alltäglich, sich auch auf eine imaginäre Gruppe zu beziehen wie z.B. den jeweils aktuellen Castingstars, bekannten Rappern oder weiblichen Seriensternchen (v.a. wegen der entwicklungslogischen, sozialen Omnipotenzphantasien in der Adoleszenz). Eine (scheinbare) Identität konsolidiert sich darin einerseits positiv durch den Abgleich mit vermuteten und sozial verstärkten Anteilen des Selbst. Andererseits ist die personale Identität negativ bestimmt durch die eindeutig anmutende Abgrenzung von Anderen und Anderem. Je unsicherer das eigene Selbst erlebt wird, desto wichtiger werden eigene Identitätsbeweise. Die Richtigkeit der eigenen Identität wird genau durch den Habitus im alltäglichen Handeln bewiesen. Identitäten sind jedoch stets als sehr brüchig und als kurzweilige Erscheinungen vor dem Hintergrund eines temporär kohärenten Selbst zu interpretieren. Der jeweils individuell gefilterte Habitus ist gesellschaftlich bezogen (was wird in der Soziosphäre an Interpretationen angeboten und vorgelebt) und eben eindeutig überdeterminiert: *Jeder Habitus ist geschlechtlich, kulturell, altersgemäß und ökonomisch bedingt.*

Vor diesem Hintergrund lässt sich die *„geschlechtsspezifische Identität"* als eindeutig ideologisches Konstrukt entlarven. Vielmehr tritt durch die vorangegangenen Betrachtungen der normierende Charakter von Identitäten im Allgemeinen (über-)deutlich hervor. *Das emanzipatorische Potential der Geschlechtsbezogenen Pädagogik liegt unseres Erachtens darin, diese Zwänge verstehen zu lernen, damit jedes an ihr partizipierende Subjekt eigene Wege beschreiten kann. Daraus lässt sich dann, wie in den nachfolgenden Kapiteln angeboten, eine zielsichere Praxis ableiten.*

Übungsaufgabe 2:

Überprüfen Sie an Ihrer Schule oder in Ihrer Klasse, welche Schüler und welche Schülerinnen welche Medien nutzen und tragen Sie Ihre Beobachtungen in eine Tabelle ein. Dafür ein Beispiel, das je nach schulischen Bedingungen zu modifizieren ist:

Mediennutzung in der Schule:

Zunächst ein Beispiel (Auszug):

Klasse 4a 20.1.2006:	Laute Jungen	Laute Mädchen	Leise Jungen	Leise Mädchen
Schul PC	Peter, Murat, Hans, Ole, Sami, Torben, Eduart	Yevgenia, Sabine, Sara	Ersin, Harald	Hannah, Janine, Jasmine, Melanie
Gameboy	alle	keine	Finn, Oliver	keine
MP3 oder CD Player	Peter, Murat, Hans, Ole, Sami, Torben, Eduart, Per	??	Harald	keine
Eigenes Buch	Per, Cebrail, Peter	alle	Ersin, Harald, Neel,	Janine, Franka, Elz
CD-Player im Klassenraum	Murat	Sabine, Sara	keiner	keine

Tabelle 4:   Mediennutzung – Beispiel

Wählen Sie einen bestimmten Tag und Ihre „Hauptklasse" und tragen Sie ein:

	Laute Jungen	Laute Mädchen	Leise Jungen	Leise Mädchen
Schul PC				
Gameboy				
MP3 oder CD Player				
Eigenes Buch				
CD-Player im Klassenraum				
Bücher aus der Klasse (Bilder)				
Klangschale als Klassengong				
Handy				
?				
?				
?				

Tabelle 5:   Mediennutzung – Beispiel

3 Psychologischer Zugang I: Entwicklung im Grundschulalter

Bereits die Sichtung der Literatur macht deutlich, dass der Lebensabschnitt des Grundschulalters vergleichsweise wenig Beachtung findet: Während unter den Stichworten: „Entwicklungspsychologie im Kindergartenalter" und „Entwicklungspsychologie in der Adoleszenz" vielfältige Veröffentlichungen zu finden sind, lassen sich unter dem Stichwort „Entwicklungspsychologie im Grundschulalter" nur sehr wenige Einträge finden.[48]

Wie aber erleben Kinder diese Zeit, die die Psychoanalyse als *Latenzphase* bezeichnet und die im Vergleich zu den *stürmischen Gefühlen* von Kleinkindern und der *Identitätssuche* Jugendlicher als eine Phase der Ruhe und vor allem der kognitiven Entwicklung assoziiert wird.

Einige Untersuchungen deuten darauf hin, dass die ersten Schuljahre, und hierbei insbesondere die emotionalen Bindungen zu den pädagogischen BegleiterInnen, für den weiteren Erfolg der Kinder hinsichtlich ihrer gesamten Berufs -und Lebensplanung von herausragender Bedeutung sind.[49]

Wir werden daher im Folgenden zunächst die kognitive sowie die körperliche und motorische Entwicklung von Grundschulkindern kurz darstellen und darauf aufbauend den Schwerpunkt unserer Betrachtung auf die sozial-emotionale Entwicklung legen. Die Bedeutung des Geschlechts und Unterschiede zwischen Mädchen und Jungen werden dabei ausdrücklich betont. Wenn wir von „Kindern" sprechen, sind stets Mädchen und Jungen gleichermaßen gemeint.

3.1 Die kognitive Entwicklung:

Die sehr einflussreichen Untersuchungen zur Kognitionsentwicklung von Piaget[50] und dann zur Moralentwicklung nach Kohlberg[51] dürften den meisten Pä-

---

48 Hervorheben möchten wir die Veröffentlichungen von Rohrmann 2001, 2004, 2005
49 Vgl. z.B.: Mietzel 2002, S. 252 f
50 Piaget 1973
51 Kohlberg 1974, Tillmann 1993

dagogInnen bereits aus der Ausbildung bekannt sein. Im Zusammenhang dieses Lehrbuchs möchten wir an dieses (latente) Wissen anknüpfen, um die zentrale Bedeutung für die Entwicklung der Geschlechtsidentität im Grundschulalter herauszuarbeiten. Wenngleich triftige Argumente gegen einige Erkenntnisse der Kognitionspsychologie angeführt worden sind[52], haben neuere Untersuchungen ergeben, dass die Qualität der Kognitionsentwicklung erhellende Aufschlüsse für die Lernfähigkeit von Kindern und ihrer kognitiven Begrenztheit bieten kann. Gerade auch für das Erlernen von Weiblichkeit und Männlichkeit können aus dieser Sicht Denk- und Verhaltensweisen von Jungen und Mädchen grundlegend verstanden werden.

Konkret-operationales Denken

Etwa mit dem Eintritt ins Schulalter kann man eine qualitative Veränderung der kognitiven Fähigkeiten der Kinder festhalten: den Wechsel vom voroperationalen zum konkret-operationalen Denken.[53] Damit wird ein qualitativ höheres Niveau im Denken und in der Auffassungsgabe erreicht, was bei der Planung von pädagogischen Angeboten berücksichtigt werden muss, um die SchülerInnen weder zu unterfordern, noch zu überfordern. Dieses zeichnet sich durch folgende Kompetenzen aus:

- Invarianzverständnis

Die neue Qualität der kognitiven Kompetenz ist durch die Entwicklung eines Invarianzverständnisses geprägt: Dinge verändern sich nicht in ihrer Menge oder Anzahl (also in ihrem grundsätzlichen „Sein"), wenn sich ihre Form oder ihr Aussehen verändert. Das Invarianzverständnis entfaltet sich auf der Grundlage der so genannten *Objektpermanenz*, also der Einsicht, dass Objekte konstant bleiben, auch wenn sie sich bewegen, versteckt oder maskiert werden. Diese Fähigkeit sollten bereits Kleinkinder erworben haben. Das notwendige kognitive Niveau, die Konstanz des Geschlechts ein und derselben Person zu begreifen, wird durch die Fähigkeit zur Gewissheit von Invarianz und Permanenz von beobachtbaren Objekten beschrieben und daran getestet.

Das Invarianzverständnis wurde mit Hilfe verschiedener Experimente nachgewiesen, an dieser Stelle soll ein Beispiel genügen:

---

52 Vgl. schon früh: Flammer 1988
53 Vgl.: Piaget 1966, ebd. 1973

Forschungsbeispiel:

Schütte ich einen Liter Wasser von einem breiten, dicken Gefäß in ein hohes, schmales, so bleibt die Wassermenge gleich, obwohl der optische Wasserstand steigt. Gieße ich das Wasser zurück, so habe ich den ursprünglichen Wasserstand wieder hergestellt, die Wassermenge bleibt wiederum gleich.

Habe ich als Kind eine sichere Einschätzung darin, dass die Wassermenge jeweils gleich bleibt (und glaube ich beispielsweise nicht, dass sich mehr Wasser im schlanken Glas befindet), habe ich die Fähigkeit zum Invarianzverständnis erworben. Mir ist bewusst, dass das Wasser als Objekt permanent erhalten bleibt. Auch die Einsicht in die Umkehrbarkeit (*Reversibilität*) dieses Versuches erfordert die Kompetenz konkret-operationalen Denkens.

Das Verständnis von Invarianz und Objektpermanenz zeigt sich auch in der Wahrnehmung der Geschlechtlichkeit einer Person: Ein Mädchen bleibt ein Mädchen, auch wenn es die Haare ganz kurz schneidet und Hemd und Hosen trägt; ein Junge bleibt ein Junge, auch wenn er lange Haare hat und ein Kleid trägt. Kinder, die die Stufe des konkret-operationalen Denkens erreicht haben, sind sich dieser Einschätzung sicher. Kinder auf der Stufe des prä-operationellen Denkens wechseln ihre Einschätzung mit der jeweiligen Erscheinungsform (Äußerlichkeit) und sind sich ebenfalls sicher darin. Kinder zwischen den beiden Stufen, die das höhere Niveau noch nicht *sicher* erlernt haben, urteilen wechselhaft und unsicher. Das trifft auf Kinder zwischen drei und sieben Jahren zu, je nach Entwicklungsstand.

Wahrnehmungsübung

Das kann man selbst ausprobieren mit Puppen, die geschlechtsneutral genäht sind: Zieht man ihnen ein Kleid an, dann sagen die meisten Vorschulkinder, dass es sich um ein Mädchen handelt. Wechselt man zum Blaumann, dann „erkennen" dieselben das männliche Geschlecht derselben, vormals weiblich eingeschätzten Puppe. Kinder auf der präoperationalen Stufe ändern damit ihre Einschätzung, ob ein anderes Kind nun ein Mädchen oder Junge sei, je nachdem, *was sie sehen können*. Führt man denselben Versuch in der vierten Klasse durch, so kann man davon ausgehen, dass alle SchülerInnen die Invarianz der biologischen Geschlechtlichkeit akzeptieren und selber monieren, dass die Kleidung doch keinen Einfluss auf das Wesen der Puppe habe. Einmal als Junge etikettiert, bleibt es dann auch dabei. Bei Kindern noch in der ersten Klasse sind beide Phänomene gleichzeitig beobachtbar. Einige SchülerInnen sind gar völlig verunsichert und können es dann gar nicht mehr zuordnen.

Aufgrund des Fehlens der Invarianz können wir oft alltägliche Zweifel beobachten: Sobald Lena, die ganz kurze Haare hat, nicht mehr nackt ist, stellen die anderen Kinder ihr MädchenSein in Frage. Felix, eben noch nackt als Junge identifiziert, wird plötzlich doch als Mädchen eingeordnet, weil er einen Badeanzug angezogen hat. Die „sichere Einschätzung" kann sich also vom normalen Anblick mit Kleidung zum Schwimmbadbesuch fundamental ändern, wenn sich z.b. das fußballspielende Kind auf dem Bolzplatz, also „Junge", in ein Kind mit Vagina, also „Mädchen", wandelt, um schließlich am nächsten Tag in der Sporthalle wieder als Junge durchzugehen. Das erzeugt fundamentale Unsicherheiten bei Jungen wie Mädchen, da hier ihre *Orientierungsfähigkeit* bedroht zu sein scheint, wenn sie das jeweilige Geschlecht nicht eindeutig zuordnen können.

Insofern ist die Einsicht in die Invarianz erst einmal eine Entlastung, zumindest in einer Gesellschaft, die kompromisslos auf einer eindeutigen, bipolaren Zuordnung der Geschlechter beharrt: Ein Abweichen von Rollenklischees bedroht nicht länger die geschlechtliche Zuordnung. Und so erlangen viele Mädchen und Jungen vorübergehend etwas mehr Gelassenheit und die Fähigkeit der zunehmenden Differenzierung hinsichtlich dessen, was Mädchen- und JungeSein ausmacht.[54]

- Logische Ordnungen

Die Kinder erlangen in der Regel im Alter von fünf bis sechs Jahren die Fähigkeit, Systematisierungen und Ordnungen nach logischen Erwägungen vorzunehmen und dabei verschiedene Variablen zu berücksichtigen. Kinder im Vorschulalter haben oft noch Schwierigkeiten, verschiedene Merkmale gleichzeitig zu berücksichtigen, zum Beispiel Form *und* Farbe *und* Größe. Ebenso erfordert das Verständnis der Gleichzeitigkeit scheinbar widersprüchlicher Merkmale eines Gegenstandes die Fähigkeit zum konkret-operationalen Denken: Ball A ist größer als Ball B und kleiner als Ball C, also gleichzeitig größer und kleiner.[55]

Auch hierin offenbart sich eine Zunahme der Fähigkeit, komplexer und differenzierter zu denken. Wenn größer zu sein nicht ausschließt gleichzeitig kleiner zu sein, bedarf es, so unsere Hypothese, auch weniger Ausschlüsse dessen, was ein Mädchen, was ein Junge tun kann. Diese Hypothese liefert einen möglichen Erklärungsansatz für die in der Praxis zu beobachtende Ausdifferenzierung der geschlechtsbezogenen Zuschreibungen im Verlauf der Kindheit vom frühen

---

54 Dieser Effekt endet bei den meisten Mädchen und Jungen in der Adoleszenz, wenn die Frage nach einer geschlechtlichen Identität zentral wichtig wird. Vgl. z.B.: Flaake / King 1993
55 Vgl.: Mietzel 2002, S.257 f

Kindergartenalter bis zum Ende der Grundschulzeit. [56] Die sehr engen Rollendefinitionen vieler jüngerer Kinder (z.b. im Rollenspiel: *Prinzessinnen und Ritter*) erfahren bis zum Ende der Grundschulzeit eine stetige Ausdifferenzierung. [57]

Praxisbeobachtung:

Das Üben dieser logischen Ordnungen lässt sich bereits im Kindergartenalter beobachten. So hatten wir ein interessantes Gespräch mit einem vierjährigen Mädchen. Sie erzählte uns, dass sie eine Tochter ihrer Mutter und ihres Vaters sei. Außerdem habe sie eine Oma und noch eine. Ihre Mutter sei aber auch eine Tochter, denn sie habe ja auch eine Mutter. Wenn sie selbst dann später groß ist, dann werde sie auch Mutter. Und ihre Mutter werde dann Oma. Damit offenbarte dieses kleine Mädchen bereits alle logischen Zuordnungen, die hier von Belang sind. Auf unsere Frage hin, dass ihre Mutter ja nun Mutter und Tochter zugleich sei, verneinte sie das entschieden. Da die Frau ja nun offensichtlich eine Tochter, nämlich das junge Mädchen, und eine Mutter, nämlich die Oma des Mädchens, hatte, stellte unsere Frage lediglich die komplette Einordnung dar. Doch für das Mädchen waren die Erkenntnisse ausschließlich nacheinander zu erfassen, nicht jedoch gleichzeitig. Mutter und Tochter zugleich konnte sie sich einfach nicht vorstellen, obwohl sie die Kette unter angestrengter Überlegung immer und immer wieder rezitierte. Diese Ketten wird sie so lange üben, bis sie eines Tages, die gesamte Ordnung zu erfassen vermag, dann wird sie sich auch vorstellen können, dass sie in 20-30 Jahren möglicherweise selbst Mutter und Tochter zugleich sein wird, weil ihre Mutter immer Tochter ihrer Oma, sie selber aber immer Tochter ihrer Mutter, aber eben auch Mutter einer möglichen, späteren Tochter sein wird. Das kann auch für Erwachsene verwirrend sein, aber wir verfügen über die kognitive Kompetenz, dieses Verwirrspiel zu entschlüsseln. Und Kinder im Grundschulalter lernen dies z.b. anhand von gleich lautenden Rätseln.

- Hierarchische Klassifikationen

Ältere GrundschülerInnen sind darüber hinaus in der Lage, Klassifikationen zu hierarchisieren, zum Beispiel: „Unser Familienhund Alf ist ein Rottweiler, ein Rottweiler ist ein Haushund, ein Haushund ist ein Säugetier, ein Säugetier ist ein

---

56 Die Tiefenpsychologie liefert mit Irene Fast (1991) einen weiteren Erklärungsansatz, den wir im Folgenden noch vorstellen werden (siehe Kapitel 4.2).
57 Vgl. z..B.: Mietzel 2002, S.228 ff

Tier."[58] Diese Fähigkeit stellt eine Voraussetzung für die logische Operation mit Zahlen dar, ist also für die Lerninhalte der Grundschulzeit zentral.

Gleichzeitig beobachten wir in unserer Praxis, dass die Kinder parallel dazu eine steigende Wahrnehmungsfähigkeit und -sensibilität für gesellschaftliche Hierarchien haben. Insbesondere die Hierarchie der Geschlechter können Kinder ab der dritten Klasse deutlich benennen und sich selbst in ihr verorten. Wie sie diese Ordnung erleben, ob als gerecht oder als ungerecht, hängt dabei von ihren gelernten Einstellungen ab. Diese Einstellungen hängen auch von dem ab, was sie in der Schule als „Tor zur Welt" beobachten und verinnerlichen.

▪   Informationsverarbeitung

Im Verlauf der Grundschulzeit steigt die kindliche Fähigkeit, Informationen aufzunehmen und zu verarbeiten, kontinuierlich und signifikant an. Dabei lernen Kinder eine stete *Äquilibration* zwischen *Akkomodation* und *Assimilation* der Erfahrungen zu leisten: Informationen, die angefügt werden können, weil bereits Vorinformationen hierzu vorliegen, werden assimiliert, also eingebaut in das eigene Weltbild. Informationen jedoch, die an keine eigene Struktur anknüpfen können, werden uminterpretiert (oder gar verdrängt), also akkomodiert. Das Gleichgewicht aus Einbau und Uminterpretation wird als die gesunde Balance der Äquilibration verstanden.[59]

Hat ein zwei- bis dreijähriger Junge z.B. die Vorstellung, dass alle Menschen Kinder gebären können, erfährt er nun, dass nur Mütter das biologische Potential aufweisen, Kinder zur Welt bringen zu können, dann entwickelt er in diesem Alter die feste Vorstellung, dass er später Mama werden will. Die Information wird umgedeutet, nach dem Schema, das er bereits erworben hat (Akkomodation): „Wenn ich auch ein Kind haben möchte, dann muss ich eben Mama werden." Ist seine Auffassungsgabe gereift, dann wird er als vier- bis fünfjähriger Junge lernen, dass er biologisch anders als Mama geschaffen ist und dass viel eher ein Papa aus ihm werden kann. Ihm wird bewusst, dass er anders ist, eben ein Junge, aus dem später ein Mann werden wird. Also kann er die Information genauer einordnen und seine Schlüsse sind realitätsnäher. Dabei wird die Trennung in Männer und Frauen als Ordnungskriterium zu einem neuen Schema erweitert, die Information ist assimiliert: „Gut, Mama kann ich nicht werden, mal sehen, was ich sonst werden kann." Hier werden Rollenspiele besonders wichtig, in denen er eindeutig männliche Modelle nachspielen kann: den Feuerwehrmann,

---

58   Vgl.: Mietzel 2002, S.259
59   Vgl. systematisch zusammenfassend: Flammer 1988

den König oder den eigenen Vater. In der Zwischenphase pendeln die Einschätzungen jedoch: „Klar, ich werde dann wohl eher Papa, aber vielleicht gelingt es mir ja dennoch, ein Kind zu gebären." Das spielt er dann vermutlich mit Teddys oder Kuscheltieren. Hier pendelt die innere Gewissheit zwischen den beiden Polen der Assimilation und Akkomodation.

Die Kinder entwickeln in dieser Äquilibration ein so genanntes „Konstruktives Gedächtnis"[60], das heißt, sie erlernen, neues Wissen in Vorinformationen zu integrieren und zu systematisieren und damit sinnvoll und nachhaltig im Gedächtnis zu verankern, ohne dass es der Realität, wie wir Erwachsene sie sehen, eindeutig entsprechen müsste. Bereits im Alter von ca. elf Jahren jedoch entspricht das Niveau der kindlichen Informationsverarbeitung demjenigen eines Erwachsenen.[61]

Dabei müssen wir uns vor Augen halten, dass die systematische Integration neuer Inhalte in bereits bestehende Erkenntnisse immer auch eine Reduktion der Inhalte bedeutet, da die Inhalte, indem sie sinnlogisch angeknüpft werden, Teile ihre Komplexität verlieren. Teilweise werden die Inhalte dabei nicht nur reduziert, sondern auch dergestalt verzerrt, dass sie sich in die bestehenden Erkenntnisse einfügen lassen.

Wenngleich eine solche Reduktion sinnvoll ist, indem sie der Bewältigung der Informationsflut dient, führt sie doch dazu, dass auch Kinder zunehmend in festen Bahnen denken. Kompetent zeigen sich Menschen, wenn sie feste Strukturen aufbauen, aber bei widersprüchlichen Erfahrungen auch bereit sind, ihr Schemata zu verändern: Welche / welcher nur assimiliert wird innerlich unsicher, da nichts dauerhaften Bestand zu haben scheint. Auf der anderen Seite: Welche / welcher nur akkomodiert lernt nichts Neues dazu, da sämtliche Informationen vor dem Hintergrund des bereits vorhandenen Weltbildes uminterpretiert werden. Hilfreiche Lernumgebungen in der Grundschule offenbaren sich genau dann, wenn Kindern die Sicherheit ihrer Einschätzung gelassen wird, aber gleichzeitig neue Erfahrungen gewährt werden, bis sie in der Lage sind, diese auch adäquat einordnen zu können. *Eine gewisse Geschlechtsrigidität ist somit als entwicklungstypisch normal zu akzeptieren. Gleichzeitig brauchen Mädchen wie Jungen binnendifferenzierende Angebote.*

---

60 zu den Grundlagen der Konstruktion von Wissen vgl.: Mietzel 2002, S. 259ff
61 Vgl.: Kail, 1990, S.260f

Praxisübertag auf Erwachsene

Dieses Prinzip gilt auch für die erwachsene Äquilibration, also auch für Sie als Leserin und Leser: Bzgl. der Geschlechterthematik haben sie in den bisherigen Ausführungen unterschiedliche Informationen erhalten und werden noch weitaus mehr verarbeiten müssen, wenn Sie die Lektüre beenden. Diese Informationen konnten Sie sicherlich zu einem Teil in Ihr bisheriges Wissen einbauen. Ein anderer Teil wird Ihnen einfach entgangen sein, was Sie bei einer erneuten Lektüre entdecken können. Ein dritter Teil wird Sie irritieret haben, da er nicht zu Ihrer bisherigen Wahrnehmung / Deutung zu passen scheint. Die Frage ist nun, ob Sie diesen Teil einfach als gegeben hinnehmen und lernen (*assimilieren*) oder ob Sie es umdeuten (*akkomodieren*) oder aber ob Sie es als neue Sichten an die alten anfügen können (*äqulibrieren*). Unsere Absicht ist es nun, dass Sie einerseits die *Sicherheit ihrer grundsätzlichen Wahrnehmung* behalten. Andererseits versuchen wir Sie immer wieder mit *qualitativ neuen Perspektiven* auf den Alltag mit Jungen und Mädchen zu irritieren. Doch wenn die Aussagen oder die Form Sie nicht anspricht, also zu weit weg ist von Ihnen, dann werden Sie dieses Buch einfach weglegen. Wenn es Sie anspricht und Sie alles 1:1 übernehmen, dann versuchen Sie es als Rezept einfach zu assimilieren. Dagegen ist unsere Hoffnung nun, dass Sie die dargestellten Erkenntnisse folgendermaßen produktiv nutzen können:

Das bedeutet in diesem Zusammenhang, dass Sie die Irritationen zu einer neuen Stufe der Äquilibration befördern können. Das könnte folgendermaßen funktionieren:

Das, was Sie bereits wissen, also wahrnehmen und einordnen können, wird im Kern bestätigt, aber in den Details zuweilen irritiert. Diese Irritationen ergeben eine neue Chance der Interpretation, da sie das Dilemma zwischen der Akzeptanz der vorgestellten Erkenntnisse und dem Bestätigungswunsch Ihres bisherigen Denkens aufheben möchten. Damit erzeugen Sie eine vertiefte und realitätsnähere Wahrnehmung Ihres Schulalltags. Ihr Wissen wird genauer. Dieses erweiterte Wissen verändert durch den Perspektivwechsel Ihre innere Haltung zu den Chancen und Grenzen aller Beteiligten. Scheinbar unlösbare Widersprüche erscheinen nun bearbeitbar und aufhebbar. Diese zunächst kognitive Kompetenz lässt die pädagogischen Angebote quasi zwangsläufig zielsicherer werden. Dies wird Ihnen, so alles gelingt, auch in der Praxis gespiegelt werden, indem Sie die Mädchen und Jungen besser erreichen. Schließlich wird sich damit auch das Bild von Mädchen und Jungen grundsätzlich verändern, so zumindest unsere Erfahrung bei PädagogInnen, die sich auf den Prozess der Geschlechtsbezogenen Pädagogik eingelassen haben, die also weder rein akkomodieren noch rein assimilieren müssen.

3.2 Die körperliche Entwicklung

Zunächst einmal lässt sich festhalten, dass Kinder zum Zeitpunkt ihrer Einschulung in der Regel einen ersten Gestaltwandel erlebt haben: Die „Kleinkindform" mit dem vergleichsweise übergroßen Kopf, dem runden Bauch und den kurzen Armen und Beinen wandelt sich etwa im sechsten Lebensjahr zur „Schulkindform": der kindliche Körperbau streckt sich und wirkt insgesamt deutlich schlanker. Die frühere Hypothese[62], dieser Gestaltwandel signalisiere zugleich die kognitive und seelische Schulreife, hat sich jedoch nicht bestätigt.[63]

In den nun folgenden Jahren bis zum Beginn der Pubertät verändert sich der Körper vergleichsweise langsam. Das Größenwachstum beträgt im Durchschnitt sechs Zentimeter im Jahr und die Gewichtszunahme im selben Zeitraum liegt durchschnittlich bei 2-3,5 kg.[64]

Zwei Aspekte sind jedoch bemerkenswert: Erstens gibt es erhebliche individuelle Unterschiede hinsichtlich der körperlichen Entwicklung, und zwar nicht nur bezüglich Größe und Gewicht, sondern auch hinsichtlich des Einsetzens der Pubertät. Mögliche psychische und soziale Folgen dessen sind in der pädagogischen Praxis zu beachten.

Zweitens übertreffen Mädchen in der zweiten und dritten Klasse ihre Mitschüler an durchschnittlicher Körpergröße. Dieses Phänomen endet bereits wieder mit dem vorpubertären Wachstumsschub bei den Jungen und tritt im weiteren Lebenslauf nicht wieder auf.

Insgesamt sind sich daher Mädchen und Jungen im Grundschulalter körperlich noch recht ähnlich, was eine Gleichbehandlung v.a. bzgl. körperbezogener Anforderungen sehr erleichtert.

3.3 Die motorische Entwicklung

Die relative Ruhe der körperlichen Entwicklung (sog. Latenzphase) eröffnet den Kindern die Möglichkeit, ihre motorischen Fähigkeiten systematisch auszubauen. Die meisten können bei Schuleintritt gut laufen, klettern, hüpfen und springen.[65] „Sehr bald nach dem Eintritt in das Grundschulalter werden sie auch das

---

62 Vgl.: Zeller 1952, S.252.
63 Vgl.: Mietzel 2002, S.252 f
64 Vgl.: Mietzel 2002 S.294 ff
65 Mietzel 2002, S.294

Werfen, Fangen und Stoßen mit dem Fuß hochgradig beherrschen."[66] Für viele
Kinder wird die regelmäßige sportliche Betätigung, gerade auch in Vereinen,
besonders wichtig. Gute körperliche Fähigkeiten führen zu einer Steigerung des
Selbstwertgefühls und fördern die Beliebtheit in der Gleichaltrigen-Gruppe.[67]

Beobachtet man GrundschülerInnen beim Spielen, so fällt auf, dass sie sehr wild
spielen, sie balgen sich und schreien und lachen laut. Dieses so genannte „rough-
and-tumble-play" lässt sich Humphreys / Smith (1984, S.241 ff.) zufolge kultur-
übergreifend beobachten und scheint folglich ein integraler Bestandteil kindlicher Entwicklung zu sein. Im Schonraum des Spiels lernen Kinder sich und ihre
Grenzen kennen.

Oswald (1999, S.179 ff.) befürchtet, die Diskussion um eine Zunahme von Gewalthandeln an Schulen könne zu einer Zunahme von Restriktionen gegen dieses
entwicklungspsychologisch bedeutsame kindliche Verhalten führen.

> „Die Gewaltdebatte lässt die verantwortlichen Erzieher und Lehrer manches als Ge-
> walt wahrnehmen, was zur Lebenswelt der Kinder, zur eigenständigen Kultur der
> Gleichaltrigenwelt dazu gehört. In dieser Welt gibt es Interaktionssequenzen, die als
> gewaltförmig erscheinen und doch andere Bedeutungen in sich tragen." (Ebd., S.179)

In Anlehnung an Goffman (1977) sieht Oswald den besonderen Wert des „rough-
and-tumble-play" im Erlernen komplexer Signalsysteme, ohne die die kindlichen
Kampfspiele nicht möglich wären.[68] Allerdings räumt er ein, dass diese Kampfspiele auch „kippen" können. In diesem Fall nähmen die Erwachsenen nur den
eskalierten Kampf wahr, ohne den Hintergrund zu erkennen und vertun damit
möglicherweise die Chance einer vergleichsweise einfachen Deeskalation.[69]

Beispiel aus der Praxis mit Jungen

In der Jungenarbeit begegnen uns immer wieder Jungen, die in der Pause den
Kampf üben. Hierbei treten, boxen, schubsen sich die Jungen gegenseitig und
deuten zuweilen extreme Gewaltanwendung an. Manchmal wird ein Junge
auch getroffen, was ihn sogar verletzen kann. Auf jeden Fall tut es ihm weh.
Einige schreien und weinen auch. Betrachtet man dieses Geschehen als Au-
ßenstehende, dann mutet es zuweilen wie echte Brutalität an, die besonders
von Lehrerinnen sanktioniert wird. Jungen wird dann oftmals jegliche Grob-
motorik, die dem Kämpfen ähnelt, verboten. Befragen wir als externe Pädagogen die Jungen danach, was sie da tun, dann legen sie ihre Phantasien gerne

---

66 Ebd.
67 Vgl.: Cratty 1986, S.295, nach: Mietzel 2002, S.295
68 Vgl.: Oswald 1999, S.192 f
69 Vgl.: Oswald 1999, S.194

offen dar: Es sei Wrestling, und sie versuchen, so gut wie Hulk Hogan zu sein. Das ist interessanterweise ein Wrestling-Star der sehr „gehobenen Alterklasse". Jungen spielen also selbstbewusst den Kampf. Weder Zerstörungswille noch Unterdrückung Anderer motiviert sie, sondern grobmotorisches Bedürfnis und die „spielerische Show". Wo ist also Handlungsbedarf?

Im Gespräch darüber, ob sie glauben, dass der Hulk Hogan den anderen Männern wirklich auch auf Bauch, Beine und Arme springt oder anderen immer wieder mit einem Holzkeil auf die Stirn haut, fällt die Einschätzung der Jungen sehr unterschiedlich aus: Der größte Teil weiß, dass es sich dabei immer nur um die Show geht, die nur als Spaß inszeniert wird. Ein kleiner Teil ist sich dessen jedoch nicht ganz sicher, sie hätten gehört, dass einem schon mal dabei der Arm abgetrennt wurde. Einzelne behaupten jedoch fest, dass alles echter Kampf sei. Und in diesen Phantasien und in der Vermischung von Mediendarstellung und Realität lauert der eigentliche Interventionsbedarf. Das Spiel des Kämpfens allein ist nicht problematisch, auch wenn sich Jungen gelegentlich aus Versehen gegenseitig wehtun. Doch die Koppelung mit den Machtphantasien kann bei Jungen im Grundschulalter sehr verzerrte Wahrnehmungen von Männlichkeit erbringen. Also nutzen wir dieses Spiel der Jungen, um ihre Vorstellungen gemeinsam zu erkunden. Schließlich dürfen sie wieder kämpfen, wenn sie sicher sind, dass sie die anderen wirklich nicht bekämpfen, sondern mit ihnen spielen möchten.

Besonders in Grundschulen muss Mädchen wie Jungen genügend Raum zur Bewegung gegeben werden. Viele LehrerInnen gehen deshalb dazu über, dass es besonders wilden Kindern erlaubt ist, auch im Unterricht aufzustehen, sich sogar in eine Spielecke zu begeben, um von dort aus dem Unterricht zu folgen. Sie machen die Erfahrung, dass die Kinder mit dieser Bewegungsfreiheit weitaus mehr lernen, als wenn sie zur Disziplin des Sitzens gezwungen werden. Auch kennen die SchülerInnen das unterschiedliche Bedürfnis nach Bewegung und sind gerne bereit zu akzeptieren, dass Hans in der Ecke spielen darf, während Inge am Tisch sitzen bleibt und die Aufgabe noch mal schriftlich wiederholt. Und dabei gibt es eine klare Unterschiedlichkeit zwischen Jungen und Mädchen: Weitaus mehr Jungen erhalten deshalb auch die Diagnose des Syndroms des Aufmerksamkeitsdefizits mit Hyperaktivtät (ADHS) (oder eben der Hyperaktivität) als Mädchen.

3.4 Die sozial-emotionale Entwicklung

3.4.1 Selbstkonzept

Am Ende des zweiten Lebensjahres, zwischen dem 21. und dem 24. Lebensmonat, realisieren Kinder, denen man ihr eigenes Spiegelbild zeigt, dass das Kind im Spiegel sie selbst sind.[70] Somit entdecken die Kinder, dass sie unabhängig von ihrer Umwelt existieren und erwerben damit die Grundvoraussetzung eines Konzeptes über das Selbst.[71]

Kinder im Vorschulalter beschränken ihre Selbstbeschreibungen überwiegend auf beobachtbare Aspekte, wenngleich sie dabei einen starken Hang zur Selbstüberschätzung haben.[72]

Eine umfassende Einschätzung der eigenen Person unter Einbeziehung psychologischer Aspekte (Gedanken über Gefühle, Vorstellungen, Fähigkeiten, besondere Kennzeichen) gewinnt erst im Grundschulalter zunehmend an Bedeutung.[73]

3.4.2 Selbstwertgefühl

Ein positives Selbstwertgefühl von GrundschülerInnen hängt im Wesentlichen von zwei Aspekten ab:[74]

1. Akzeptanz, Anerkennung, Zuspruch durch eine wichtige Person (Eltern, Peers, LehrerIn), und zwar rein auf die Person bezogen, also auch unabhängig von erbrachten Leistungen.
2. Erfolge in hoch bewerteten Tätigkeitsbereichen. Die Bewertung einzelner Tätigkeitsbereiche ist dabei individuell und familien- und peergruppenabhängig und kann sehr verschieden sein, z.B. beliebt sein, gut in der Schule sein, sportlich sein, familienverantwortlich sein.

Beide Aspekte bedingen einander und können grundlegend verschiedene Bewertungstypen eigener Erfolge und Misserfolge mit sich bringen: Bewältigungsoptimistische Kinder und hilflose Kinder.[75]

---

70 Vgl.: Asendorpf / Warkentin / Baudonniere, 1996, S.313 ff
71 Zum Begriff des Selbstkonzepts vgl. z.B.: Stahlberg / Gothe / Frey 1994, S.680 ff
72 Vgl.: Stipek / Hoffmann 1980, S.912 ff
73 Vgl.: Mietzel 2002, S.295f
74 Vgl.: Harter 1987, 1990 nach Mietzel 2002, S. 296 ff
75 Vgl.: Mietzel 2002, S. 301 ff

- *Bewältigungs-optimistische Kinder* verfügen über ein gutes Selbstwertgefühl. Erfolge erklären sie durch ihre hohen Fähigkeiten, Misserfolge durch mangelnde Anstrengung. Um Misserfolgen zu begegnen, entwickeln sie eine hohe Ausdauer, ihre Leistungserwartung ist entsprechend hoch.
- *Hilflose Kinder* führen ihre Erfolge auf Glück zurück, Misserfolge dagegen auf mangelnde Fähigkeiten. Bei Misserfolgen resignieren sie deshalb schnell, ihre Leistungserwartung ist insgesamt gering.

Die besondere Schwierigkeit westlicher Schulsysteme besteht diesbezüglich darin, dass die Leistungen der Kinder weniger an ihrer individuellen Entwicklung und mehr im Vergleich zu den MitschülerInnen gemessen werden. Misserfolge unter Wettbewerbsbedingungen können zu erheblichen Selbstabwertungen führen. Das „Zusammengehen von negativen Gefühlen und der erlebten Abwertung der eigenen Begabung ist [...] die typische Reaktion eines Kindes auf Misserfolge unter Wettbewerbsbedingungen. [...] Misserfolge unter Wettbewerbsbedingungen wirken sich demnach ‚verheerend' aus, sie ebnen geradezu den Weg in die Hilflosigkeit."[76]

Bei Misserfolgen unter individuellen Arbeitsbedingungen und individuellen Leistungsbewertungen dagegen steigern Kinder ihre Bemühungen um Erfolg, die negative Koppelung des Misserfolges an das Selbstwertgefühl findet nicht statt.

Praxis der Politik

Leider wurden in den jüngsten politischen Entscheidungen besonders diese Erkenntnisse nicht berücksichtigt. Wir können uns leicht vorstellen, wie kontraproduktiv die Entscheidung wirken wird, dass nicht die sechsjährige Grundschule eingeführt wurde, sondern die für alle gemeinsame Orientierungsstufe wie 2004 in Niedersachsen abgeschafft worden ist. Damit kommen die SchülerInnen unter einen enormen Leistungsdruck, wenn sie auf eine höhere Schule gehen möchten. Und den GrundschullehrerInnen der vierten Klassen kommt die nicht beneidenswerte Aufgabe zu, Empfehlungen für die verfrühte Wahl der weiterführenden Schule auszusprechen. Darüber hinaus wurde in einigen Bundesländern die Benotung ab der ersten Klasse (wieder) eingeführt. Obwohl PraktikerInnen wissen, dass man insbesondere im Grundschulalter viel mehr erreichen kann, wenn persönlichkeitsorientierte Feed-backs gegeben werden, erhalten nun auch die Jüngsten von Anfang an klassifizierende Noten. Eine die persönlichen Ressourcen stärkende, den eigenen Selbstwert fördernde und gegenseitig wertschätzende Arbeit wird damit zumindest enorm erschwert. Nicht nur in diesen Beispielen muss die Grundschulpädagogik verfehlter Politik entgegenarbeiten.

---

76 Mietzel 2002, S.302

3.4.3 Die Bedeutung des Erziehungsstils (Schule und Elternhaus) hinsichtlich des Selbstvertrauens der Kinder

Ermutigung und Unterstützung sind folglich zentral bedeutsam für den (schulischen) Erfolg eines Kindes, während großer Druck und Erniedrigung einen Teufelskreis der Selbstabwertung und damit des Versagens in Gang setzen. Auch kann es sehr entlastend wirken, Leistungsschwächen des Kindes nicht so stark zu betonen und nicht so hoch zu bewerten, damit die Koppelung an das Selbstwertgefühl entfällt (Ressourcenorientierung).

Und schließlich sollte das Hauptaugenmerk bei der Beurteilung der Leistungsfähigkeit eines Kindes auf seiner individuellen Leistungssteigerung liegen. Wichtig sind die Lernerfolge des (eigenen oder betreffenden) Kindes und nicht die des Nachbarkindes.

Ein wachstums- und leistungsfördernder Erziehungsstil muss durch Wertschätzung geprägt sein.

> „Wertschätzung. Damit ist gemeint: In dem, was der Sender sagt, bringt er zum Ausdruck, dass er den Empfänger als achtenswerte, vollwertige, gleichberechtigte Person ansieht und dass er ihm Wohlwollen entgegenbringt. Dazu gehören Höflichkeit und Takt und *Reversibilität* im Sprachverhalten. Reversibilität heißt soviel wie ‚Umkehrbarkeit'. Damit ist gemeint: Der Sender spricht zum Empfänger in einer Weise, wie der Empfänger auch umgekehrt zum Sender sprechen dürfte, ohne die Beziehung zu gefährden. Dieses Untermerkmal ist besonders in hierarchischen Beziehungen von Bedeutung, so in der Beziehung Eltern – Kind, Lehrer – Schüler, […].“[77]

Wertschätzung bedeutet also nicht, dass ich mein Gegenüber „bewahre", es ist durchaus wertschätzend, jemanden ehrlich mit Schwierigkeiten seines Verhaltens zu konfrontieren. Doch auch Auseinandersetzungen über scheinbar unvereinbare Positionen müssen auf der Grundlage gegenseitigen Respekts und ohne Ausdruckformen der Geringschätzung geführt werden, die da wären: Behandeln „als minderwertige Person – abweisend, herabsetzend, demütigend, emotional kalt, von oben herab […], nicht ernst nehmen, lächerlich machen, beschämen, Abneigung zeigen."[78] Auch typisch für eine von Geringschätzung geprägte Kommunikation ist die „Irreversibilität": Der übergeordnete Sender einer Nachricht verhält sich in einer Weise, die sich der Empfänger umgekehrt keinesfalls erlauben dürfte, zum Beispiel Anschreien oder Bloßstellen des Gegenübers.

Mit Hilfe eines Koordinatensystems stellt Schulz von Thun (2001 (1), S.162 ff.) einen groben diagnostischen Rahmen zur Beschreibung des Beziehungsaspektes

---

77   Schulz von Thun 2001 (1), S.162
78   Schulz von Thun 2001 (1), S.162

zwischenmenschlicher Kommunikation dar. Und wir betonen, dass damit ausdrücklich auch die Kommunikation zwischen Erwachsenen und Kindern gemeint ist. Jede Interaktion lässt sich in diesem Koordinatensystem verorten, deren Eintragungen Idealtypen eines Erziehungsstiles darstellen:

- *Autoritärer Stil*: „stark dominierend, einengend, gleichzeitig gering schätzende und herabsetzende Behandlung des Empfängers" (Schulz von Thun 2001 (1), S.163).
- *Patriarchalisch-fürsorglicher Stil*: „viel Wertschätzung [...], gleichzeitig aber lenkend, bevormundend und kontrollierend" (Ebd.)
- *Laisser-faire-Stil*: wenig Achtung, Ausdruck von Abneigung, gleichzeitig wenig Lenkung, Kontrolle, Bevormundung. „Nach dem Motto: ‚Mach, was du willst!' " (Ebd.)
- *Partnerschaft-sozialintegrativer Stil*: Die andere Person wird als vollwertige Person behandelt, wertschätzend, ohne Bevormundung.[79]

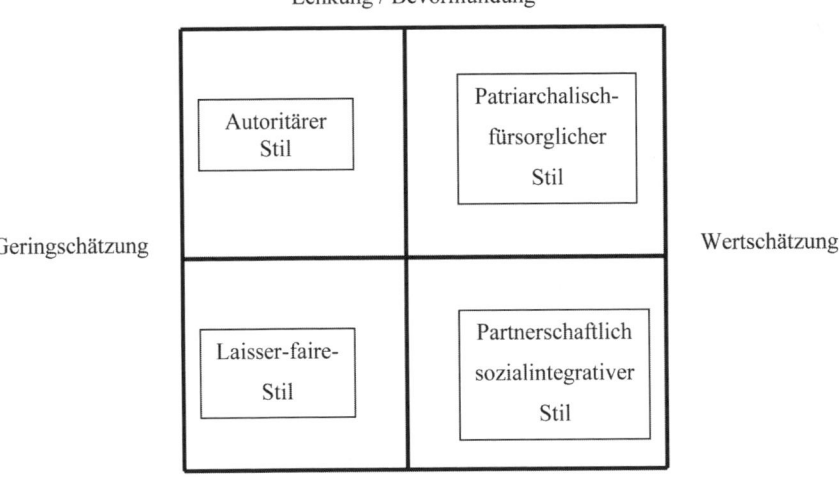

Lenkung / Bevormundung

	Autoritärer Stil	Patriarchalisch-fürsorglicher Stil	
Geringschätzung			Wertschätzung
	Laisser-faire-Stil	Partnerschaftlich sozialintegrativer Stil	

(Selbstüberlassung)

Abbildung 1:   Koordinatensystem: „Zwei wichtige Dimensionen auf der Beziehungsseite der Nachricht: die emotionale und die Lenkungsdimension."[80]

---

79 Vgl.: Schulz von Thun 2001 (1), S.164
80 Abbildung: Schulz-von-Thun 2001 (1) S.164 [visualisiert und ergänzt: S.B. + O.J.]

Ein wertschätzender Erziehungsstil ist für die gesunde und erfolgreiche Entwicklung von Kindern grundlegend. Mit zunehmendem Alter der Kinder ist zudem eine kontinuierliche Abnahme lenkenden Verhaltens erforderlich, damit Kinder zu selbstverantwortlichen Individuen heranwachsen können.

Dennoch müssen sich Eltern und LehrerInnen darüber im Klaren sein, dass sie mit ihrem Verhalten und mit ihren Haltungen keinen umfassenden Einfluss auf die Kinder ausüben. Die Einstellungen der Gleichaltrigen gewinnen für Grundschulkinder immer mehr an Bedeutung und dabei vor allem die von Freundinnen und Freunde.

3.4.4 Definition und Bedeutung von Freundschaften

Für Vorschulkinder ist Freundschaft eher so etwas wie eine Spielpartnerschaft.[81] Viele dieser Beziehungen ergeben sich durch das nachbarschaftliche Wohnen oder das gemeinsame Interesse an einem attraktiven Spiel. Wenngleich manche Kinder auch über einen längeren Zeitraum dieselben SpielpartnerInnen haben, sind sie sich in der Regel nicht darüber im Klaren, dass ihre Gegenüber eigene Wünsche und Bedürfnisse haben. Mietzel (2002) bezeichnet diese frühe Beziehung daher noch nicht als Freundschaft.[82]

Vorschul- und Grundschulkinder (ca. 6 - 12 Jahre) sind demgegenüber bereits in Lage, die Bedürfnisse ihres Spielpartners / ihrer Spielpartnerin wahrzunehmen. Sie haben bereits gelernt, dass Freundschaften zu haben, ein Geben und Nehmen bedeutet, und zwar auch einmal dann, wenn es nicht ganz leicht fällt.

Dennoch wünschen sie überwiegend, dass die anderen ihre eigenen Interessen und Wünschen teilen. Selmann (1981) spricht in diesem Zusammenhang von Freundschaft als einer „Gut-Wetter-Beziehung".[83] Bei Konflikten wird die Freundschaft kurzerhand beendet, im Folgenden durch Versöhnung jedoch durchaus wieder ins Leben gerufen.

Erst im Alter von etwa neun Jahren, also ab der dritten Klasse, (er-)leben Kinder Freundschaft als eine „stabile Vertrauensbeziehung"[84], die durch Vertrautheit und Verlässlichkeit gekennzeichnet ist. Ein Konflikt führt nun in der Regel nicht mehr dazu, die Freundschaft zu beenden, sondern zu einem gemeinsamen Arbeiten an einer Lösung. Dieser Bedeutungswandel von Freundschaft geht mit einer

---

81 Vgl.: Selman 1981, S.242 ff
82 Vgl.: Ebd. 2002, S.313
83 Ebd., S.242 ff
84 Vgl.: Mietzel 2002, S.314

Zunahme der Wichtigkeit von Freundschaften für die Stabilisierung und Steigerung des eigenen Selbstwertgefühles einher. Dabei kommen zwei Aspekte zum
Tragen: Erstens realisieren die Kinder zunehmend ihre eigene Position in sozialen Gruppen und bemessen ihren Selbstwert auch an ihrer Beliebtheit. Zweitens
nehmen sie verstärkt auch die sozialen Positionen der anderen wahr und suchen
die Freundschaft zu Kindern, die Eigenschaften und Fähigkeiten präsentieren,
die sie selbst als bedeutsam bewerten.

3.4.5 Die Trennung der Geschlechter

Kinder im Kindergarten- und Grundschulalter separieren sich vielfach selbst auf
der Grundlage ihrer Geschlechtszugehörigkeit.

Rohrmann (2004), der dem aktuellen Forschungsstand „zum Ausmaß und zur
Bedeutung der Geschlechtertrennung in der Kindheit"[85] systematisch nachgegangen ist, konstatiert:

> „Die Tendenz zur Geschlechtertrennung scheint im Grundschulalter so ausgeprägt
> zu sein, dass sie in vielen Untersuchungen selbstverständlich vorausgesetzt wird.
> Auch Untersuchungen, die gezielt Begegnungen der Geschlechter in den Blick neh-
> men, tun dies zum Teil unter der Voraussetzung, dass die beiden Geschlechtergrup-
> pen bereits etabliert sind und daher Interaktionen zwischen Jungen und Mädchen als
> „Überschreiten der Geschlechtergrenze" zu verstehen sind („Borderwork", vgl.
> Thorne, 1986, 1993)."[86]

Eine Schweizer Studie, in der die Kinder aus zwanzig vierten Klassen hinsichtlich ihrer Gleichaltrigenkontakte erforscht wurden, kommt zu dem Ergebnis,
dass die Trennung der Geschlechter in dieser Altersspanne seinen Höhepunkt
erreicht.[87] Soziometrische Befragungen der Kinder kamen durchgängig zu dem
Ergebnis, dass der Anteil derjenigen Kinder des jeweils anderen Geschlechts, die
die Mädchen und Jungen ablehnten, zwischen 50-60% lag. Gleichzeitig wählten
nur 14,5% der Jungen und 17,5% der Mädchen eine/n andersgeschlechtliche
PartnerIn bei einem geselligen Anlass.[88]

Demgegenüber steht unter anderem eine (allerdings mit drei beteiligten Klassen
wesentlich kleinere) Untersuchung von Kauke (1995), die zu dem Ergebnis

---

85 Untertitel seines Werkes
86 Rohrmann, 2004, S.18
87 Stöckli 1997 nach: Rohrmann 2004, S.21
88 Vgl.: Rohrmann 2004, S.22. Ist der Anlass der Gruppenfindung nicht auf die Geselligkeit be-
    schränkt, sondern leistungsbezogen, wählten 22% der Jungen ein Mädchen und 29,6 der Mäd-
    chen einen Jungen für die Zusammenarbeit. (Vgl.: ebd.)

kommt, dass sich in den untersuchten Grundschulklassen „gemischt- und gleichgeschlechtliche Interaktionen [...] die Waage hielten".[89]

Befragungen von Kindern im Alter von 9-14 Jahren kommen zu dem Ergebnis,
dass 28% der Jungen eine *beste Freundin* und 32% der Mädchen einen *besten
Freund* haben.[90] Krappmann (2002) bemerkt jedoch einschränkend, dass jüngere
Kinder Kontakte möglicherweise überschätzen.[91]

> „Gelegentlich handele es sich um Kinder, „die in ihrer eigenen Geschlechtsgruppe
> keinen guten Stand haben und dortige Misserfolge zu kompensieren versuchen"
> (ebenda, S.271)."[92]

Hier folgen wir der kritischen Frage von Rohrmann (2004, S.21), „ob die For-
scher möglicherweise dem normativen Zwang der geschlechtshomogenen Gruppe erliegen [...]". Wir weisen die Interpretation Krappmanns zurück, weil sie
eine generelle Abwertung der Beziehung zwischen Jungen und Mädchen als
„Notlösungen" beinhaltet. Wir sollten vielmehr die Frage nach der besonderen
Wertigkeit von Gender-Dialogen auch bei Kindern und Jugendlichen fragen.

Zumindest im Bereich der körperlichen Kontakte, und zwar sowohl positiv zärt-
liche als auch negativ aggressive scheinen die Begegnungen zwischen Mädchen
und Jungen vom sechsten bis zum zwölften Lebensjahr deutlich abzunehmen.[93]

Rohrmann (2004) betont, dass das Ausmaß der Geschlechtertrennung erheblich
von der Raumstrukturierung und dem Materialangebot beeinflusst wird.[94]

> „In Schulen sind geschlechtsgetrennte Gruppen vor allem in den Pausen zu beobach-
> ten und oft sogar die Regel. Dabei ist die Gestaltung von Schulfluren und Pausenhö-
> fen ein zentraler Faktor. So werden offene Flächen und gerade, lange Flure oft von
> Jungen für grobmotorische, wilde Aktivitäten genutzt, was raumgreifendes Verhal-
> ten nahe legt und verstärkt und auch zu mehr Unfällen führt. Mädchen – und manche
> Jungen – ziehen sich dagegen oft an die sicheren „Ränder" der Spielbereiche zurück.
> Wie Barbara Koch-Priewe (2004, pers. Mitteilung) berichtet, verändern Maßnahmen
> zur Umgestaltung von Fluren und Freiflächen (z.B. kleinräumigere Gliederung, ge-
> wundene Wege, Fühlnischen, Gesundheitsparcours) nicht nur das Bewegungsverhal-
> ten von Kindern, sondern verringern auch die Geschlechtertrennung."[95]

---

89 Kauke, 1995, S.68, zitiert nach Rohrmann 2004, S.19
90 Krappmann 2002, S.270, nach Rohrmann 2004, S.21
91 Vgl. weiter oben: zur Bedeutung und Definition von Freundschaften im Grundschulalter.
92 Rohrmann 2004, S.21
93 Vgl. Oswald u.a. (1986 und 1988)
94 Vgl. Rohrmann 2004, S.45. Zum Beispiel in spielzeugfreien Kindergärten und Waldkindergärten
    sei ein weit geringeres Ausmaß der Geschlechtertrennung beobachtbar.
95 Rohrmann 2004, S.45f

Auch ist die Trennung der Geschlechter abhängig vom Grad der Vertrautheit der Umgebung: je unbekannter eine Situation ist, desto häufiger wählen Kinder gleichgeschlechtliche SpielpartnerInnen.[96] *Die Kategorie des Geschlechts scheint hier also der Herstellung von Sicherheit in unsicheren Situationen zu dienen.*

Insgesamt lässt sich jedoch kein einheitliches Bild vom Ausmaß der selbst initiierten Geschlechtertrennung an Grundschulen festhalten.[97] Rohrmann (2004) konstatiert, „dass die meisten Mädchen und Jungen nicht oder zumindest nicht nur in „getrennten Welten" leben"[98]

Praxisbeispiel

Während der Jungengruppenarbeit an einer Grundschule in Süddeutschland berichtete der Neunjährige Timo, dass er sehr traurig sei, weil er nicht zum Geburtstag seiner besten Freundin Jennifer eingeladen war. Er konnte das gar nicht verstehen, weil sie doch schon immer befreundet waren. Sie stammen aus derselben Straße im selben Dorf. Jennifer brachte dieselbe Geschichte in der Mädchengruppe zur Sprache, dass es sie belastete. Wir fragten beide, ob wir vermitteln dürften, beide bejahten. Also ließen wir beide in einem Dreiersetting (Pädagoge, Timo, Jennifer) berichten. Jennifer betonte, dass Timo immer noch ihr bester Freund sei, aber dass wahrscheinlich viele Mädchen nicht kommen werden, wenn sie Timo als einzigen Jungen einladen würde. Sie zeigte damit das Dilemma zwischen der Werbung um die Mädchen und der Treue zu ihrem Freund. Dabei spielte es keine Rolle, ob die anderen Mädchen betonten, dass sie dennoch kommen würden. Jennifers Angst davor, bei den anderen Mädchen in der Gunst zu fallen, war so groß, dass sie uns zunächst untersagte, die anderen Mädchen dazu zu befragen. Dann bot sie Timo lieber an, noch mal „extra zu feiern", so dass er zum Familienteil kommen dürfe. Das war für Timo in Ordnung und er wirkte sichtlich erleichtert, dass Jennifer ihn immer noch als Freund verstand. Und die Familiennähe begriff er sogar als besondere Ehre! In der nachfolgenden Gruppenarbeit präsentierte Timo nun das Ergebnis der „Schlichtung". Daraufhin berichtete Mauritz, ein anderer Neunjähriger, dass er diesem Dilemma auswich, indem er seine Geburtstage wechselweise ausschließlich mit Mädchen und dann ausschließlich mit Jungen durchführte. Das ginge schon seit fünf Jahren so. Zunächst waren seine Jungenfreunde irritiert. Nachdem sie jedoch die Regel verstanden hatten („jedes Jahr im Wechsel"), war das für alle in Ordnung und auch Mauritz wurde zu fast allen Geburtstagen der anderen Jungen eingeladen. Bei den Mädchen hingegen sei er nur ab und zu eingeladen worden.

---

96 Vgl. Rohrmann 2004, S.45
97 Vgl. umfassend: Rohrmann 2005
98 Vgl.: Rohrmann 2004, S.37

3.4.6 Das Miteinander von Mädchen und Jungen

Lässt man Grundschulkinder den Begriff der Freundschaft erläutern, so präsentieren diese auffallend „geschlechtsneutrale" Beschreibungen.[99] Dennoch offenbaren nur etwa ein Fünftel der Kinder feste gegengeschlechtliche Freundschaften.[100] Kontakte zwischen Jungen und Mädchen gestalten sich häufig als „Spiele an der Grenze" der Geschlechter[101] in Gestalt eines gegenseitigen Ärgerns und Neckens. Diese Form der Interaktion gestaltet sich häufig durch eine Reproduktion geschlechtsstereotyper Verhaltensweisen, die jedoch durchaus derart übersteigert werden kann, dass sie diese eher karikiert und dadurch ad absurdum führt.

Dieser neckende Kontakt trägt wesentlich zur Verständigung von Jungen und Mädchen bei, da die Kinder spielerisch lernen, zwischen „harmlosem Ärgern" (mit dem Ziel des gemeinsamen Spaß-Habens) und „verletzendem Ärgern" (physische und psychische Gewalt zu „Unterhaltungszwecken") zu unterscheiden.[102]

Einen Ausschluss von Kindern aus Spielsituationen aufgrund ihrer Geschlechtszugehörigkeit lehnt eine Mehrheit von etwa zwei Dritteln der Kinder ab, wobei sie moralisch im Sinne der Fairness argumentieren.[103]

3.5 Zusammenfassung: Folgen für die Pädagogik an Grundschulen II

Es hat sich gezeigt, dass viele Anforderungen von Schule an den kindlichen Bedürfnissen nach Bewegung und Laut-Sein vorbeigehen, wobei den Mädchen offensichtlich eine Anpassung leichter gelingt. Aus pädagogischer Sicht erscheint es jedoch angemessener, die Schuldidaktik den Bedürfnissen und der Entwicklung der Kinder statt die Kinder den Bedürfnissen der Schule anzupassen. Damit ist keinesfalls gemeint, dass es keine klaren Regeln und Strukturen mehr geben soll. Ein Blick in die Klassenzimmer vieler deutscher Grundschulen zeigt jedoch, dass ein Festhalten an vormals bewährten didaktischen Zugängen zunehmend seltener zum Erfolg führt. Hierfür gibt es verschiedene Ursachen, denen pädagogisch begegnet werden kann:

99 Vgl.: Leidinger 2003, S.229 nach Rohrmann 2004, S.37
100 Vgl.: Preuss-Lausitz, 1999, S.180 ff
101 Vgl.: Rohrmann 2004, S.40
102 Vgl. Krappmann / Oswald 2000, S.3 ff
103 Vgl:: Theimer, Killen, Stangor 2001, S.22, nach Rohrmann 2004, S.42

a. Das entwicklungspsychologisch für Grundschulkinder typische Bedürfnis nach Bewegung und Laut-Sein kann aufgrund städtebaulicher und familienbezogener Ursachen zunehmend weniger außerhalb der Schule ausagiert werden. Hinreichende Bewegung stellt jedoch eine Voraussetzung für Phasen der Entspannung und Konzentration dar. Darüber hinaus fördert Bewegung die Körperwahrnehmung und damit eine weitere Grundlage konzentrierten Arbeitens: Nur wer sich selber spürt, kann auf einem Stuhl sitzen bleiben; Kinder, die im Unterricht über Tische und Bänke gehen, tun dies zumindest teilweise zur Steigerung ihrer Selbstwahrnehmung. Ein erfolgreicher Unterricht in der Grundschule muss diese unbefriedigten Bedürfnisse aufgreifen. LehrerInnen können Übungen zur Anspannung und Entspannung in ihren Unterricht integrieren. Darüber hinaus sollten sie dafür Sorge tragen, dass die Kinder in den Pausen hinreichend Bewegung erlangen und ggf. eine Umgestaltung des Pausenhofes initiieren. Hier können manche Jungen von Mädchen (und „speziellen" Jungen) lernen, sich auf „feinere" rsp. sensibilisierende Übungen einzulassen.

b. Dies wäre auch eine Unterstützung für die Kommunikation der Geschlechter. Kinder im Grundschulalter haben eine starke Neigung, sich in geschlechtshomogenen Gruppen zusammenzufinden. Wäre dies allein ein Ausdruck ihrer Bedürfnisse, gäbe es zunächst keinen Anlass, hier pädagogisch zu intervenieren. Es hat sich jedoch gezeigt, dass die Trennung der Geschlechter häufig vor dem Hintergrund deutlichen Gruppendrucks stattfindet. So sind es vor allem besonders beliebte Kinder, die die Geschlechtergrenzen regelmäßig überschreiten, also Kinder, die sich non-konformes Verhalten im Sinne der peer-group eher erlauben können. Aus den obigen Ausführungen wird deutlich, dass das Ausmaß der Geschlechtertrennung darüber hinaus eng mit den räumlichen Gegebenheiten zusammenhängt: Zunächst lässt sich zusammenfassen, dass sich gleichgeschlechtliche SpielpartnerInnen umso stärker zusammentun, je unbekannter und damit unsicherer die Umgebung ist. Außerdem ist zu betonen, dass die typischen Bauformen von Schulen raumgreifendes, eher rücksichtsloses und grenzverletzendes Handeln vor allem von Jungen fördern. Mädchen ziehen sich dann eher an den Rand des Schulhofes zurück, insbesondere wenn in der Mitte des Schulhofes Fußball (oder andere eher grobmotorische Spiele wie etwa das Kämpfen mit Stöcken) gespielt wird, was für alle Nicht-FußballspielerInnen (bzw. Nicht-KämpferInnen) auch als unsichere Umgebung erlebt werden kann.[104] Eine sinnlich anregend gestaltete Umgebung unterstützt

---

104 Allerdings können wir in unserem derzeitigen Projekt an Grundschulen im Raum Springe gut beobachten, dass auch sehr viele Mädchen mit Ballspielen Raum auf dem Schulhof ergreifen. Das wirkt vom Gesamtbild sehr gleichberechtigt zwischen Mädchengruppen und Jungengrup-

neben der Kontaktaufnahme gerade auch eine bewusster wahrgenommene Bewegung.

c. Grundschulkinder nehmen Hierarchien in jeder Form sehr genau wahr. Im Sinne eines positiven Modells sollten Lehrer und Lehrerinnen ihre Kommunikation untereinander kritisch reflektieren: Werden hier Geschlechterhierarchien reproduziert und präsentiert, vielleicht auch, ohne dass die Beteiligten das intendieren? Wie kann die Präsentation eines anderen Modells realisiert werden? Auch Brüche in der Darstellung und Ausgestaltung des eigenen Geschlechts, zum Beispiels ein offener Umgang mit Ängsten seitens eines Lehrers oder eine eher als männlich attribuierte Körpersprache einer Lehrerin können für die SchülerInnen gleichermaßen anregend und entlastend wirken.

d. GrundschullehrerInnen sehen sich immer wieder mit der Situation konfrontiert, solche Kinder mit Migrationshintergrund unterrichten zu müssen, die nicht gut genug deutsch sprechen, um ihrem Unterricht folgen zu können. Gleichzeitig ist der Ausbau der eigenen Denkfähigkeit gerade im Grundschulalter von großer Wichtigkeit. Wissensinhalte werden organisiert und systematisiert. Diese Lernprozesse machen einen sicheren Umgang mit der deutschen Sprache (oder wenigsten mit der jeweiligen Muttersprache) unerlässlich. Ohne eine systematische Sprachförderung (möglichst gleichzeitig deutsch und Muttersprache) kann eine Grundschule zumindest in den Städten nicht mehr funktionieren. Hierfür haben sich unserer Erfahrung nach Theaterprojekte besonders bewährt, die erstens auch mit Kindern weitestgehend ohne Sprachkenntnisse starten können und zweitens dem Entwicklungsstand von Grundschulkindern angemessen sind und ihren Bedürfnissen nach Spiel und spielerischer Selbstinszenierung entgegen kommen. Darüber hinaus leisten sie einen wichtigen Beitrag zur Steigerung des Selbstwertgefühls der Kinder. *Damit können (auch die schulischen) Stärken sowohl von Mädchen als auch von Jungen gefördert werden.*

e. GrundschullehrerInnen befinden sich in dem Dilemma, einerseits zunehmende Aspekte der Erziehungsarbeit übernehmen zu müssen. Viele Kinder werden eingeschult und können vielleicht sogar schon lesen, haben jedoch wenige Erfahrungen im sozialen Miteinander. Die stetige Abnahme von Mehrkindfamilien sowie die hohe Arbeitsbelastung vieler Eltern mögen hierfür mögliche Gründe sein. Andererseits sind auch GrundschullehrerInnen in der Pflicht, die Leistungen ihrer SchülerInnen zu bewerten, und zwar – und das ist das besondere Problem – im Vergleich der SchülerInnen un-

---

pen, leider nicht so sehr zwischen den Spielenden und den Zurückgezogenen, nur dass sich beide Gruppe aus beiderlei Geschlechtern zusammensetzen.

tereinander. Mit anderen Worten: Der individuellen Leistungssteigerung eines Kindes kann dieses auf Konkurrenz orientierte Bewertungssystem schwerlich Rechnung tragen. Angesichts der sozialen Schwierigkeiten, die viele Kinder mit in die Schule bringen, erscheint ein Konkurrenz (statt Integration) förderndes System wenig angemessen. Entwicklungspsycholog-Innen betonen zudem, dass Misserfolge unter diesen Bedingungen sich extrem negativ auf das Selbstwertgefühl der Kinder auswirken und sie in die Resignation und Hilflosigkeit drängen. „Hilflose Kinder" führen ihre Erfolge auf Glück und Misserfolge auf mangelnde Fähigkeiten zurück, sie resignieren schnell und haben geringe Leistungserwartungen.

f.   So entstandene Teufelskreise lassen sich nur durch eine systematische Steigerung des Selbstgefühls der betroffenen Kinder stoppen. Diese kann in verschiedenen Projekten unterstützt werden, insbesondere durch explizite und geschlechtsgetrennte Selbstbehauptungskurse. Mädchen lernen, ihre Stärken auch gegenüber Anderen zu behaupten und Jungen lernen, ihre Stärken zu differenzierten. Grundlegend ist jedoch vor allem auch die Haltung der LehrerInnen den Kindern gegenüber: Ihr Erziehungs- und Unterrichtsstil sollte unbedingt von Wertschätzung geprägt sein und auch im Ärger frei von Abwertungen der Kinder. Grundlegend für eine gewaltfreie Kommunikation ist ihre Umkehrbarkeit: So wie wir mit den Kindern sprechen, müssen sie auch mit uns sprechen dürfen (und umgekehrt).

Übungsaufgabe 3:

Beobachten Sie an Ihrer Schule zwei unterschiedliche Räume / Orte, an denen sich SchülerInnen ohne Erwachsene aufhalten. Wählen Sie dabei einen weiten und langen Bereich und einen Raum, der eher als Nische einzuschätzen ist. (Das kann jeweils ein Flur, die Pausenhalle, der Schulhof oder auch ein separater Raum sein) Halten Sie schriftlich fest, wen Sie dort z.B. in der Pause, vor und nach dem Unterricht beobachten können und was die betreffenden SchülerInnen dort tun. Versuchen Sie dann eine Systematisierung bzgl. der beobachteten Personen inkl. ihrer Handlungen vorzunehmen: Wer zeigt expressives und wer zeigt zurückgezogenes Verhalten? Gibt es Unterschiede zwischen Jungen und Mädchen? Gibt es Unterschiede bezüglich der kulturellen Herkunft der Kinder? Gibt es bestimmte Jungengruppen? Gibt es bestimmte Mädchengruppen?

Übungsaufgabe 4:

Lesen Sie den SchülerInnen Ihrer Klasse bzw. Gruppe folgende Geschichte vor:

„Als ich gestern in den Schulbus stieg, sind mir diese beiden aufgefallen. Sie haben sich lauthals gestritten und als sie mich erblickten, haben sie mich gemeinsam beschimpft. Auf einmal waren sie ein Herz und eine Seele. Als ich versuchte, mich bei den Größeren zu verstecken, haben sie mich dann noch geschubst, aber keiner hat mir geholfen. Und dann als ich dachte, dass alles wieder vorbei war, haben sie mich bei der Haltestelle an der Königsallee einfach aus dem Bus geschubst und haben mich nicht wieder rein gelassen. Der Busfahrer ist einfach weitergefahren, als hätte er nichts bemerkt. Jetzt habe ich meine Hausaufgaben nicht mit, weil mein Ranzen im Bus geblieben ist." (Möglicherweise sollte der Text den Bedingungen an Ihrer Schule angepasst werden, v.a. in der Sprache und den Details.)

Lassen Sie Jungen und Mädchen getrennt darüber abstimmen, welches Geschlecht die einzelnen Akteure / Akteurinnen in der Episode haben könnten. Tauschen Sie dann wechselweise das Geschlecht der Akteure in der Episode aus und lassen Sie sich erklären, was das für die SchülerInnen jeweils bedeuten würde: Ist die Geschichte dann jeweils noch realistisch? Was wären das für Mädchen, die prügeln? Usw.

Achten Sie dann auf die Begründung der Jungen im Vergleich zu derjenigen der Mädchen und halten Sie die Kernelemente ihrer Argumentation an der Tafel fest:

Notieren Sie,

a) was Ihnen besonders auffällt;

b) ob es Geschlechterunterschiede in der Begründung gibt;

c) inwiefern Unterschiede in der Einschätzung zu beobachten sind, wie das Handeln bewertet wird, wenn es sich um Jungen oder um Mädchen handeln würde.

4 Psychologischer Zugang II: Geschlechtstypisches Verhalten

Es gibt eine Vielzahl von Ansätzen, die der Erklärung geschlechtstypischen Verhaltens dienen. Wir beschränken uns im Folgenden auf die Darstellung jener Ansätze, die sich für unsere pädagogische Praxis als besonders hilfreich erwiesen haben.

4.1 Geschlechtstypisches Verhalten aus lernpsychologischer Sicht

Im Gegensatz zu tiefenpsychologischen Ansätzen, auf die wir im Folgenden noch eingehen werden, geht es lernpsychologischen Modellen nicht um die Erklärung innerpsychischer Prozesse, die einem Verhalten zugrunde liegen, sondern vielmehr um die äußeren Bedingungen, die als ursächlich für ein bestimmtes Verhalten festzuhalten sind. Zwei Formen des Lernens sind hierbei als wesentlich festzuhalten: Instrumentelles Lernen und Lernen am Modell.

▪ Instrumentelles Lernen

Das Instrumentelle Lernen beschreibt Verhaltensveränderungen aufgrund belohnender oder bestrafender Konsequenzen. Beide Aspekte, Belohnung wie Bestrafung, können dabei als Verstärkung wirken. Wenn ein Kind beispielsweise um Aufmerksamkeit kämpft und deshalb Regeln übertritt, so hat es diesen „Kampf" auch im Falle einer bestrafenden Reaktion auf sein Verhalten für sich gewonnen.

> „Mit dem instrumentellen Lernen der Geschlechterrolle – auch differentielle Sozialisation genannt – ,ist jede Form der Andersbehandlung von Jungen und Mädchen durch ihre Umwelt zu verstehen, jeder Ansatz zu einem geschlechtsgebundenen Muster von Belohnungen und Bestrafungen' (Schenk 1979, S.85)."[105]

Wenn also beispielsweise Mädchen überwiegend für ihr hübsches Äußeres und ihre freundliche Art und Jungen dagegen für ihre Energie und Fantasie gelobt

---

105 Tillmann 1993, S.79

werden, so trägt dies zur Stabilisierung geschlechtsstereotyper Verhaltensmuster bei. Als alleinige Erklärung dieser komplexen Thematik eignet sich der Ansatz jedoch bei weitem nicht.

- Lernen am Modell

Lernen am Modell bedeutet Lernen durch Identifikation und Imitation. Die dabei gewählten Modelle sind im Vorschulalter oft die Eltern oder Erwachsene im sozialen Nahraum, was mit zunehmendem Alter durch visuelle und mediale Vorbilder ergänzt wird. Mediale Vorbilder sind vor allem für jene Jungen bedeutsam, die in ihrem Alltag keinen Mann als spürbares Gegenüber haben. „Die Plausibilität dieses theoretischen Ansatzes steht und fällt aber mit der Frage, ob schlüssig erklärt werden kann, warum das Mädchen die Mutter, warum der Knabe den Vater imitiert."[106]

Lerntheoretiker gehen davon aus, dass die Jungen und Mädchen ein Modell imitieren, das ihnen ähnlich ist. Da sie bereits gelernt haben, für welches (geschlechtstypische) Verhalten sie belohnt, für welches sie bestraft werden, und sie ihr Verhalten zumindest in weiten Teilen diesen Erwartungen angepasst haben, erkennen Mädchen eine Ähnlichkeit zur Mutter und Jungen zum Vater. Auf der Grundlage dieser Ähnlichkeit wählen die Kinder ihr Modell. Das können wir besonders gut beobachten, wenn ein Sohn den Haarschnitt und den Kleidungsstil seines Vaters und eine Tochter den Haarschnitt und den Kleidungsstil ihrer Mutter wählt und beide damit ihrem gleichgeschlechtlichen Elternteil ähnlich sehen.

In dem Prozess der *Identifikation* werden die Kinder jedoch zunehmend unabhängig von der externen Belohnung oder Bestrafung.[107] Dabei ist darauf zu verweisen, dass das Modell nicht einmal real sein muss. Kinder suchen sich Medienbilder und idealisieren sie. Werden diese belohnt, dann fühlen sich auch die Kinder belohnt und verstärken ihre eigenen Schemata, die sie darüber entwickelt haben. Diese stellvertretende Verstärkung ist sehr einflussreich, da sie sich schlechter im Alltag überprüfen lässt. Wenn Papa z.B. die Barbie doof findet, sie aber offensichtlich so viel Erfolg hat, dass sogar ein Spielfilm mit ihr gedreht wird (und alle diesen loben), dann ist es nicht kritisch, was Barbie darstellt, sondern es zeigt dem Mädchen, dass Papa eben kein Mädchen ist und als Mann den

---

106 Tillmann 1993, S.82

107 Inwieweit diese „Ähnlichkeitshypothese" greift, ist jedoch insbesondere bei jüngeren Kindern fraglich. In Untersuchungen konnte sie nicht eindeutig bestätigt werden. (Vgl. Tillmann 1993, S.83.) Dennoch haben wir das Lernen am Modell hier aufgegriffen, da wir uns als pädagogische BegleiterInnen ebenfalls als Modell anbieten und damit auch einen Beitrag zu den Einstellungen und Bildern der Kinder über Männer und Frauen leisten.

echten Wert in Mädchenwelten nicht richtig erkennen kann (oder denjenigen Wert von „weiblich-schlanker Körperdarstellung" für viele Jungenwelten nur zu gut versteht). Jungen bleiben z.b. bei Kämpfern als Vorbilder, nicht obwohl, sondern gerade weil Mama sie blöd findet.[108] Hiermit gelingt es dem Jungen, eine Abgrenzung von der Mutter zu demonstrieren. Ihre Ablehnung bestärkt geradezu den Erfolg des Modells, wodurch der Junge an Identität gewinnt.

4.2 Kognitionspsychologie und Psychoanalyse: ein integrierendes Modell

Die US-amerikanische Psychologieprofessorin Irene Fast erarbeitete auf der Grundlage umfassender klinischer Beobachtungen einen Ansatz über die Entwicklung der Geschlechtsidentität bei Mädchen und Jungen, indem sie psychoanalytische Annahmen mit entwicklungspsychologischen Erkenntnissen (vor allem in Anlehnung an Piaget) verknüpfte.[109] Dies ist um so bemerkenswerter als der kognitionspsychologische Ansatz sich „frontal gegen psychoanalytische Vorstellungen [wendet]"[110]:

> „Die ‚Entstehung einer konstanten Geschlechtsidentität [ist] nicht ein einzigartiger, durch instinktive Wünsche und Identifikationen determinierter Prozess' (Grabrucker 1985, S.359), sondern Teil des allgemeinen Prozesses der Entwicklung der kognitiven Fähigkeiten."[111]

Diesen aktiven, kognitiven Prozess der Kinder betont auch Fast (1991). Darüber hinaus stellt sie einen Zusammenhang zwischen den kognitiven Fähigkeiten und den innerpsychischen Prozessen, die aus der Erkenntnis der zweigeteilten Geschlechterordnung resultieren, her.

Zentrale Impulse ihres Ansatzes fassen wir im Folgenden zusammen und konkretisieren sie für die Lebenswelten von Mädchen und Jungen:

- Erstes und zweites Lebensjahr

Säuglinge und Kleinkinder bis ca. 18-24 Monaten haben kein Bewusstsein über die Existenz und die Bedeutung des Geschlechts. Sie verfügen noch nicht über

---

108 Vgl. zum Zusammenhang von Jungen und Computerspielen: Jantz 2004
109 Fast 1991: Von der Einheit zur Differenz. Psychoanalyse der Geschlechtsidentität.
110 Tillmann 1993, S.95
111 Ebd.

eine grundsätzliche Abgrenzung ihrer Person von ihrer Umwelt, haben also noch keine „Ich"-Identität entwickelt.

Sie erleben sich als „Ganzheit". Fast bezeichnet diese Phase als „ursprüngliche Matrix".[112]

▪ Ende zweites und drittes Lebensjahr

Mit knapp 2 Jahren entwickeln Kinder ein Bewusstsein über die Existenz des Geschlechts, ohne ihm jedoch eine Bedeutung beizumessen. Wenn sie sich selbst als Junge oder Mädchen bezeichnen, verwenden sie diese Begriffe wie Namen. Sie gehen davon aus, alles werden zu können, auch gleichzeitig Vater und Mutter. („Ich bin Lara, ich bin ein Mädchen und wenn ich groß bin, werde ich Papa!")

▪ 3 Jahre bis 11 Jahre

Ab der zweiten Hälfte des dritten Lebensjahres entdecken Kinder die Geschlechterdifferenz als Ausschlusskriterium, was zugleich die Anerkennung der eigenen geschlechtsspezifischen Grenzen erfordert. Ein Mädchen zu sein bedeutet nun, kein Junge sein zu können und umgekehrt. Dies stellt für Mädchen und Jungen gleichermaßen einen Verlust dar: „Ich kann nicht alles werden!" [113] *Ein Mädchen, das sich einen Penis wünscht, hat demzufolge „nicht den Wunsch, männlich anstatt weiblich zu sein, sondern grenzenlos statt weiblich".[114]*

Nun entstehende Vorstellungen von „Männlichkeit" und „Weiblichkeit" werden auf den männlichen, bzw. weiblichen Körper bezogen, das bedeutet, aus der wahrgenommenen biologischen Verschiedenheit resultiert nun eine soziale Differenzierung.

Dabei führt der Verlust der „anderen Seite des Seins" zunächst häufig zu massiven Abwehrreaktionen gegenüber dem jeweils anderen Geschlecht und zu starrer Rollenausfüllung. In diesem Alter (insbesondere von 4-8 Jahren) können wir Mädchen und Jungen beobachten, die so deutliche Geschlechterstereotype erfüllen, wie sie in der Erwachsenenwelt kaum mehr existieren. *Um den Schmerz über den Verlust der eigenen „Ganzheit" zu verarbeiten, wird das andere Geschlecht abgewehrt und abgewertet.* Da Kindergartenkinder, wie weiter oben

---

112 Fast 1991, S.6 ff

113 Eine Untersuchung von Hoeltje (1996) in Kindertagesstätten hat die wichtige These von Fast bestätigt, dass die Kinder ihr geschlechtliches und damit nicht „umfassendes" Sein als schmerzliche Erkenntnis erfahren.

114 Fast 1991, S.30. Damit grenzt sich Fast deutlich von den Vorstellungen Freuds an.

ausgeführt, jedoch noch nicht über die kognitive Erkenntnis der *Objektpermanenz* verfügen, erscheint ihnen das Geschlecht der anderen Kinder, welches sie anhand äußerer Merkmale identifizieren, veränderbar. Doch trotz dieser Unsicherheiten hinsichtlich der Zuordnung beginnen die Kinder ab drei Jahren zunehmend, ihre Welt gemäß der Geschlechterdualität zu unterscheiden. Hierarchische Unterschiede zwischen den Geschlechtern nehmen sie dabei sehr bewusst wahr.[115]

Mit Erlangen des kognitiven Stadiums der konkreten Operationen (s.o.) im Alter von fünf bis sieben Jahren realisieren die Kinder die Unumkehrbarkeit des Geschlechts. In dieser Phase ist ihre Abwehr und Abwertung des jeweils anderen Geschlechts am ausgeprägtesten und die Identifikation mit Gleichgeschlechtlichen gewinnt stark an Bedeutung.[116]

Idealerweise gibt es jedoch im Verlauf der folgenden Jahre eine zunehmende Ausdifferenzierung, auch anhand angebotener Medien(vor)bilder: „Ich kann zwar nicht zugleich Mama und Papa werden, aber dennoch als Junge ein einfühlsamer Balletttänzer[117] oder als Mädchen eine robuste KFZ-Mechanikerin[118] sein ...“

Wenngleich Jungen und Mädchen die Geschlechterdifferenz gleichermaßen als Verlust ihrer „Ganzheit“ erleben, gibt es bedeutende geschlechtstypische Unterschiede:

- *Mädchen* im Vor- und Grundschulalter finden verschiedene Frauen als Identifikationsmodelle in ihrem Alltag: als Mutter, Erzieherin, Grundschullehrerin, Verkäuferin ... Dies ist grundsätzlich sehr positiv und stabilisiert die Mädchen in ihrer Identitätsentwicklung. Es sei jedoch angemerkt, dass die Frauen, die ihnen begegnen, in frauentypischen Bereichen tätig sind. Dies ist unvermeidbar, solange die Versorgung und Betreuung jüngerer Kinder als „Frauensache“ betrachtet (und entsprechend gering vergütet) wird.
- *Jungen* dagegen finden kaum greifbare, spürbare Männer als Identifikationsmodelle. Ihre Väter sind in der Mehrzahl in der Rolle des Familienernährers oder sogar komplett abwesend. In Kindergarten und Grundschule

---

115 Vgl.: Tillmann 1993, S.96
116 Vgl.: Tillmann1993, S.97
117 Z.B. wie Billy Elliot in dem populären Film „Billy Elliot - I will dance“
118 Etwa wie die Rolle der Paula Rapf in der beliebten Vorabendserie „Gute Zeiten - schlechte Zeiten“ – (GZSZ), wenngleich sie für ihr Vordringen in die Männerdomäne sogleich einen sexuellen Missbrauch durch ihren Chef zu erleiden hat. Aber das stellt das aktuelle Geschlechterverhältnis u.E. treffend dar.

begegnen ihnen selten Männer, und wenn doch, so überwiegend in Führungspositionen[119] und damit wiederum für die Jungen (und Mädchen) wenig greifbar. Das wird dadurch verstärkt, dass der gesamte soziale Nahraum von Kindern weiblich geprägt ist: Die Bäckerin, Fleischerin, Käseverkäuferin an den Theken, Frauen an der Kasse usw.

Da die Erkenntnis der Zweiteilung der Welt, so wie sie sich in westlichen Gesellschaften gestaltet, jedoch gleichgeschlechtliche Identifikationsmodelle verlangt, greifen Jungen (wie Mädchen) deshalb häufig auf mediale Vorbilder zurück (s.o.). Diese transportieren vielfach massive Geschlechterstereotype und unterstützen Omnipotenzphantasien des „unverwundbaren Mannes" (und der „immerhübschen Frau"). Ihre Begründung finden männliche Identitäten nicht in sich selbst, sondern in der Abgrenzung von „Weiblichkeit", es handelt sich also eher um eine „Nicht-Identität".[120] („Nicht ängstlich, nicht so emotional, nicht auf andere angewiesen ...")". Dagegen haben Mädchen viele gleichgeschlechtliche Modelle, was ihnen eine Art der Überidentifikation mit „dem Weiblichen" nahe legt. Dabei geraten die Weiblichkeitsbilder weitaus differenzierter als die Männlichkeitsbilder, schon schlicht aus der Tatsache, dass sie sich in der Realität vielfältiger zeigen.[121]

- ab 12 Jahren:

Zentrale Entwicklungsaufgaben in der Adoleszenz aus entwicklungspsychologischer Sicht sind unter anderem die Erarbeitung einer harmonischen Geschlechtsidentität (einschließlich der sexuellen Orientierung) sowie die Entfaltung einer Berufs- und Lebensplanung.[122] Die Adoleszenz wird dabei als eine zweite Chance angesehen, auch bisher nicht erreichte Entwicklungsschritte nachzuholen und erlittene Verletzungen produktiv zu bewältigen.

Auf der Grundlage der kognitiven Fähigkeit des formalen Operierens erlangen die Jugendlichen die Fähigkeit, Werte und Prinzipien zu reflektieren und eigene Standpunkte zu entfalten.

Für Fast dagegen stellt die Entwicklung einer Geschlechtsidentität eine Beschränkung dar, da sie nur vor dem Hintergrund des bipolaren Geschlechterverhältnisses aufgebaut werden kann. Die Abgrenzung des jeweils anderen Geschlechts – und genau das bedeutet Geschlechtsidentität – hat Fast als Reaktion auf den schmerz-

---

119 Vgl.: Stürzer / Roisch / Hunze / Cornelißen 2003, S. 21ff
120 Vgl.: Ottemeier-Glücks 1996 und vertieft: Kapitel 5: Jungenmodell
121 vgl. vertiefend: Kapitel 6: Mädchenmodell
122 Vgl: Blos 1973

lichen Verlust der geschlechtsbezogenen Ganzheit beschrieben. Demzufolge ist der Aufbau einer (geschlossenen) Geschlechtsidentität keine produktive Aufgabe, sondern ein *psychologischer Abwehrmechanismus*. Die Adoleszenz sollte eher die Chance einer weiteren Vervielfältigung individueller Möglichkeiten und Interessen offenbaren.

Ob und inwieweit diese Chance von den Jugendlichen genutzt werden kann, hängt sowohl von individuellen als auch von sozialstrukturellen Faktoren, und dabei insbesondere auch von der Geschlechtszugehörigkeit, ab:

- *Mädchen* erfahren als Jugendliche nach wie vor einen sozialen Abstieg dadurch, dass sie Frauen werden und alle ihre Handlungsweisen daran gemessen werden, was einem Mädchen erlaubt ist und was nicht. Typische Mädchentätigkeiten wie etwa der gesamte Bereich der Reproduktion erfahren eine geringere Anerkennung als typische Jungentätigkeiten, die etwas schaffen (Produktionsbereich). Selbst gleiche Leistungen werden unterschiedlich eingeordnet: Sportlicher Erfolg von Jungen ist angeblich schwieriger als derjenige von Mädchen und erhält daher auch mehr Beachtung. Wenn die Frauen im Fußball Weltmeisterinnen werden, ist das ja schon beachtenswert und wird somit mittlerweile auch im Fernsehen übertragen. Doch den wirklichen Anstieg an nationaler Identität erfahren wir erst dann, wenn die Männer 2006 in Deutschland ins Halbfinale gelangen. Und so erhält jedes Freundschaftsspiel der Männer noch immer höhere Einschaltquoten als das Endspiel bei der Europameisterschaft der Frauen. Mädchen lernen, dass sie sich als männlich etikettierte Eigenschaften zu eigen machen müssen, um anerkannt zu werden. Im Vergleich zu früheren Zeiten ist dies dann heutzutage zunehmend möglich, allerdings mit dem Preis, andere Eigenschaften verkümmern zu lassen.

Dieser empfundene Abstieg als Mädchen geht bei vielen Mädchen mit einem drastischen Verlust ihres Selbstwertgefühls einher. Stärker als in der Kindheit entzweien sich Mädchen und Jungen als Angehörige verschiedener sozialer Gruppen.

Für viele Mädchen erlangt die äußere Erscheinung ungeachtet ihres Bildungshintergrundes zentrale Bedeutung. Die verzerrte Selbstwahrnehmung als „zu fett" ist dabei extrem verbreitet und begünstigt autoaggressive Verhaltensweisen wie Bulimie und Magersucht.[123] Insgesamt ist autoaggressives Verhalten nach wie vor ein mädchentypisches Verhalten, wenngleich

---

123 Vgl: Flaake / King 1993

dieses zunehmend durch offene Aggressivität und auch körperliche Gewalttätigkeit ergänzt wird.

Die Berufs- und Lebensperspektiven verändern sich im Vergleich zu ihren Kindheitsträumen: Die Mehrheit der Mädchen beschränkt sich in ihren beruflichen Zielen, weil sie die Vereinbarkeit von Familie und Beruf bereits bedenken und zudem als ihr alleiniges Problem betrachten.[124]

• *Jungen* erfahren zunächst einen sozialen Aufstieg dadurch, dass sie Männer werden. Dieser „Aufstieg" geht jedoch oft mit einer massiven Selbstunsicherheit einher. Das Bild der „männlichen Überlegenheit" setzt Jungen massiv unter Druck. Räume und Situationen, in denen Jungen ebenso klein und schwach sein dürfen, wie sie sich möglicherweise fühlen, gibt es immer weniger. Stattdessen sehen sie sich mit der Anforderung konfrontiert, ihren Körper zum Symbol ihrer Stärke und Überlegenheit auszustaffieren und dabei immer wieder eigene Grenzen zu übergehen.

Hinsichtlich ihrer beruflichen Träume beschränken sich Jungen nicht in der Weise, wie die Mädchen, sie fühlen sich jedoch in ihrer antizipierten Rolle als Familienernährer stark unter Druck. Angesichts von Massenarbeitslosigkeit und der desolaten Ausbildungsplatzsituation stellt diese Haltung eine massive Gefährdung des Selbstwertgefühles von Jungen dar.

Mädchen und Jungen gleichermaßen leiden unter einer zunehmenden Orientierungslosigkeit und den widersprüchlichen Erwartungen an sie, z.B. zugleich familienorientiert und unabhängig sein zu sollen. Hierbei fällt es Mädchen offensichtlich leichter, ihren Handlungsspielraum zugunsten vermeintlich jungenspezifischer Kompetenzen zu erweitern als umgekehrt, da bestimmte soziale Kompetenzen als weiblich – und damit als unmännlich. – assoziiert und bewertet werden. Mädchen erfahren mit der Präsentation „männlicher Fähigkeiten" eine *soziale Aufwertung* und Jungen zumindest in ihren Jungenwelten mit ihren „weiblichen Eigenschaften" i.d.R. eine *interpersonelle Abwertung*.

Während der Arbeit an Grundschulen konnten wir immer wieder erfahren, dass gerade Jugendliche als Vorbilder für Jungen und Mädchen dienen. Viele Jungen wollen so werden wie ihr großer Bruder oder ein bestimmter Cousin. Das Modell des Vaters wird damit z.T. abgelöst. Viele Mädchen haben neben dem Modell der Mutter gerade jugendliche Mädchen aus der Umgebung als Vorbilder erkoren. Deshalb sind auch die Stereotype, die Jugendliche den Kleineren vorleben, sehr entscheidend für deren Selbst- und Fremdbild. Jugendliche Männlichkeit und Weiblichkeit scheinen für sie erreichbar zu sein, mehr noch als unsere erwachsene Präsentation von Geschlechtlichkeit. *Deshalb hilft es auch den Grund-*

---

124 Vgl.: z.B. Hagemann-White 1993, Bilden 1991, S.279ff

schülerInnen, wenn sich PädagogInnen die jugendtypische Identitätsdarstellung verdeutlichen.[125]

4.3 Geschlechtstypisches Erleben von Gewalt

Mädchen wie Jungen erleben verschiedene Formen von Gewalt in geschlechtstypisch verschiedener Ausprägung:

- Körperliche Gewalt (Treten, Schlagen, Beißen ...)
- Seelische Gewalt (Beleidigen, Ausgrenzen, Ignorieren, Mobben ...)
- Sexuelle Gewalt (durch Blicke, Worte, Küsse, Berührungen)
- Strukturelle Gewalt (Leistungsdruck, Konkurrenz, sehr schlechte räumliche Bedingungen ...)

4.3.1 Mädchen als Opfer von Gewalt

Die zahlenmäßig und zumeist auch seelisch-emotional wahrscheinlich massivste Gewalterfahrung und Bedrohung für Mädchen ist die sexualisierte Gewalt. Mit zunehmendem Alter häufiger werden Mädchen (im Vergleich zu Jungen) Opfer sexualisierter Gewalt. Aufgrund verschiedener Definitionen des Begriffs „Sexuelle Gewalt" sowie unterschiedlicher Methoden der Datengewinnung klaffen die Ergebnisse weit auseinander. „Die Opferraten liegen bei Frauen zwischen 9% und 33% ..."[126] , das bedeutet, dass vermutlich fast jede dritte Frau im Verlauf ihrer Kindheit oder Jugend mindestens einmal Opfer sexueller Gewalt wurde. Besonders verheerend für die weitere Entwicklung der Mädchen dabei ist, dass Mädchen und junge Frauen den sexuellen Angriff oft nicht als Normbruch, sondern als „Normverlängerung von Männlichkeit" erleben.[127] Sie erleben, dass Jungen und Männern das Recht eingeräumt wird, Mädchen- und Frauenkörper zu bewerten und in einem abgesteckten Rahmen legitim über sie zu verfügen. Zum Teil lernen sie von ihren Müttern, dass ihre eigenen Bedürfnisse nicht entscheidend seien, dass sie vielmehr die Bedürfnisse anderer zu befriedigen hätten.

---

125 Vgl. ausführlich: Kapitel 5 und 6
126 Vgl.: Wetzels 1997, S.55
127 Vgl.: Heiliger / Engelfried 1995, für diesen Zusammenhang auch: Jantz 2003c

Darüber hinaus werden nach Schätzungen des Sozialisationsforschers Hurrel-mann „10-15% der Kinder und Jugendlichen [Mädchen und Jungen gleicherma-ßen] Opfer seelischer Gewalt und Vernachlässigung".[128]

Mädchen werden auch Opfer körperlicher Gewalt, jedoch bei Gewalt unter Kin-dern und Jugendlichen wesentlich seltener als Jungen (s.u.). Im häuslichen Rah-men werden Mädchen und Jungen gleichermaßen misshandelt, wobei die schwersten Misshandlungen gegenüber Jungen erfolgen.[129]

Strukturelle Gewalt gegen Mädchen hat viele Gesichter. Zunächst führt die Ges-taltung öffentlicher Räume, insbesondere der Schulen, vielerorts dazu, dass Mäd-chen keinen Raum haben.[130] Wenn sie in Klassenzimmern zwischen die lautesten Jungen gesetzt werden, weil sie selber so schön ruhig und aufmerksam sind, so ist das auch eine Form struktureller Gewalt. Unter dem Leistungsdruck, der aus unserem selektiven Schulsystem resultiert, leiden Jungen und Mädchen gleich-ermaßen. Doch wenn aus dem Druck und der Perspektivlosigkeit auf dem Arbeitsmarkt ein Zurückdrängen von Mädchen (und Frauen) in Hilfsarbeiten und Reproduktionstätigkeiten erfolgt, so handelt es sich um mädchenspezifische strukturelle Gewalt.[131]

4.3.2 Mädchen als Täterinnen

Sowohl in den Medien als auch im Bereich der Jugendhilfe geraten Mädchen zunehmend als Täterinnen körperlicher Gewalt in den Fokus des Interesses. Einige Mädchen agieren mit einer derartigen Brutalität, dass hegemoniale Vor-stellungen von Mädchen und Frauen als „einfühlsamer und friedlicher" ins Wan-ken geraten. Es ist jedoch festzuhalten, dass „Gewaltbereitschaft bei Mädchen durchaus kein neues Phänomen ist."[132] Aggressivität und Gewalttätigkeit bei Mädchen sei bisher jedoch marginalisiert und tabuisiert worden.[133] Wir gehen davon aus, dass die lange Tabuisierung von Mädchengewalt den Eindruck einer dramatischen Zunahme gewaltbereiter Mädchen unterstützt. Dennoch stimmen wir den Beobachtungen aus der Praxis der Mädchenarbeit zu, dass „nach außen

---

128 Lenz 2000, S.26
129 Vgl.: Lenz 2000, S.26
130 Vgl.: Kap.2
131 Leider gibt es noch unzählige weitere Aspekte struktureller Gewalt gegen Mädchen, so dass hier einige Beispiele genügen müssen.
132 Heiliger 2002, S.107 in Anlehnung an: Pankofer 1996
133 Pankhofer 1996, S. 161, nach Heiliger 2002, S. 107

gerichtete Aggressivität bei Mädchen zu den vorherigen, primär autoaggressiven hinzugekommen sind ..."[134]

Ob die Zunahme körperlich-gewalttätigen Handelns bei Mädchen als Ausdruck von Emanzipation angesehen werden kann, wird in der Literatur sehr kontrovers diskutiert.[135] Insgesamt scheint gewalttätiges Handeln jedoch nicht in einem Widerspruch zu geschlechtsstereotypen Vorstellungen der Mädchen zu stehen.[136]

Darüber hinaus erleben wir Mädchen häufig als Täterinnen seelischer Gewalt, was von verletzenden Bemerkungen bis hin zu Mobbing reicht. Insbesondere die (auch massenmedial geführte) Auseinandersetzung über Mobbing hat dazu beigetragen, dass die große Brutalität und die zum Teil drastischen Folgen seelischer Gewalt Bestandteil eines öffentlichen Diskurses wurden. Dieser hat zu einer allgemeinen Differenzierung des Gewaltbegriffes beigetragen. Aus diesen Gründen halten wir eine Täterinnenschaft nicht für zentral in der weiblichen Identitätsfindung, sondern würden eher von *Treibenden und Getriebenen im geschlechtlichen Gewaltverhältnis* sprechen und ihre Verantwortung darin aus dieser Position heraus bearbeiten.[137]

Praxisbeispiel

Wenn wir das Thema Gewalt in Mädchengruppen bearbeiten, fällt den Mädchen meistens als erstes das Verhalten der Jungen ein. So pointierte die achtjährige Sophie: „Gewalt ist, was die Jungen machen." Als nächstes denken sie an Formen von Gewalt, die ihnen in verschiedenen Medien begegnet sind. Seelische Gewalt nehmen sie erst nach einigem Nachhaken in den Blick. Dann allerdings räumen sie auch ein, dass dies eine Form von Gewalt ist, die unter Mädchen sehr verbreitet ist. Nun können einige Mädchen auch eher zugeben, dass sie durchaus auch körperliche Gewalt ausüben. Oft wird in diesem Prozess der Verantwortungsübernahme für das eigene Handeln deutlich, dass sich viele der Mädchen zuvor noch nicht in der Rolle einer „Täterin" wahrgenommen haben.

---

134 Diewald 2001 S.58 ff nach Heiliger 2002, S.109 f
135 Vgl.: Heiliger 2002, S.110 ff
136 Vgl.: Heiliger 2002, S. 108 ff
137 Vgl. ausführlich: Kapitel 6: Mädchenmodell

4.3.3 Jungen als Täter und Opfer von Gewalt

Eine zentrale Erkenntnis der Jungenarbeit ist es, dass Täter- und Opferseite nicht völlig getrennt voneinander betrachtet werden können![138]

Es ist mittlerweile zur pädagogischen Binsenweisheit geworden, dass körperliches Gewalthandeln zum allergrößten Teil Jungen trifft: Täter bei Schlägen, Prügeleien, „Abzocken", körperliche Bedrohungen usw. sind Jungen. Opfer von *körperlicher* Gewalt sind aber zumeist auch Jungen. In Selbstbehauptungskursen an Grundschulen berichten uns Jungen beispielsweise stets, dass sie an bestimmten Ecken „nicht mehr lang dürfen", da hier bestimmte größere Jungen auf sie lauern. Jeder Junge muss einen Weg für sich finden, um mit der Bedrohung durch Gewalt und mit eigenen Frustrations- und v.a. Ohnmachtsgefühlen umzugehen. Unserer Erfahrung nach gehören Kräftemessen und Machtdemonstrationen zum Alltag von allen Jungen.

Auch sexualisierte Gewalt trifft Jungen. Bis zum Eintritt in die Pubertät könnten fast ebenso viele Jungen als Opfer betroffen sein wie Mädchen. (Hierbei handelt es sich um Praxiserfahrungen aus geschlechtshomogenen Jungen- und Mädchenseminaren. U.a. aufgrund der Unvereinbarkeit von Männlichkeit und Opfererfahrung ist es extrem schwierig, selbst eine Schätzung der Dunkelziffer zu wagen.[139]

Ab der Pubertät jedoch nimmt die Zahl an männlichen Opfern stark ab, während diejenige an weiblichen drastisch zunimmt. Scheinbar geschlechtsneutrale kleine Jungen werden in der Pubertät zu (jungen) Männern, so dass für Männer als Täter der Verdacht eigener homosexueller Vorlieben auftauchen könnte, da sie dann ja eindeutig „sexuellen Verkehr" mit dem *gleichen* Geschlecht hätten. Kleine Jungen erscheinen ihnen hingegen noch weiblich zu sein. Kleine Mädchen werden zu (jungen) Frauen, die besonders attraktiv für Männer werden, da sie ihre „sexuellen Reize als Frau" entwickeln, aber gleichzeitig „leichter zu bekommen" sind, da sie sich in Abhängigkeit von Erwachsenen befinden. Als verstärkt auftretende Konstellation müssen wir darüber hinaus berücksichtigen, dass es auch sexualisierte Übergriffe bis zur manifest sexualisierten Gewalt von Frauen gegenüber Jungen gibt.[140] Auch diese bezieht sich in hervorgehobenem Maß auf jüngere Jungen, aber vereinzelt auch, über die Delegation als Partnerersatz, auf ältere Jungen. Damit sind sämtliche Gewaltformen zumindest potentiell stets ein Thema und ein Anliegen von Jungen in der Jungenarbeit und auch im Unterricht, wenn wir die Lernfähigkeit genauer berücksichtigen. Deshalb ist es

---

138 Vgl. ausführlich: Kapitel 5: Jungenmodell
139 Zur Einführung in die Thematik ist immer noch sehr empfehlenswert: Bange / Deegener 1996
140 Vgl. vertiefend: Nitsch 2005

sinnvoll, die Errungenschaften der Täterarbeit[141] und Opferarbeit[142] auf ihren Gehalt für die allgemeine Jungenarbeit zu überprüfen.

Wir müssen also davon ausgehen, dass in jeder uns begegnenden Jungengruppe sowohl Jungen vorhanden sind, die Opfererfahrungen aufweisen als auch Jungen integriert sind, die Täterverhalten zeigen. Dies bezieht sich nicht selten auf die Jungenkonstellation in der präsentierten Gruppe: Ein Junge wird von einem anderen innerhalb der Gruppe und v.a. außerhalb der Einsicht durch Erwachsene körperlich und/oder sexualisiert misshandelt.

Die besondere Schwierigkeit im jungenbezogenen Alltag äußert sich darin, dass ein und derselbe Junge, der durch Gewalthandeln u.a. Grenzüberschreitungen auffällt, auf der anderen Seite Opfererfahrungen mitbringt. Vielmehr noch entsteht die allseits bekannte Konstellation, dass das Gewalthandeln der „Aufarbeitung" eigener Erfahrungen i.S. einer *Wendung von Ohnmacht in Macht* und ggf. einer Opfer-Täterumkehr dient. So werden erlittene Hilflosigkeit, Erniedrigung, Entwürdigung, Schmerzen, Verletzungen und Kränkungen mithilfe eigener seelischer, körperlicher und/oder sexualisierter Gewaltanwendungen zu kompensieren versucht. Dies kann sich in manifestiven Grenzüberschreitungen und somit realem Gewalthandeln äußern.

Praxisbeispiel

Während eines Projekts mit Jungen einer dritten Klasse an einer ländlichen Grundschule in der Nähe von Springe / Nds. ließen wir die Jungen sammeln, was alles Gewalt ist.[143] Bei der Frage, wer denn schon mal die jeweilige Gewalt ausgeübt habe, meldete sich ein Junge bei: „Tötung eines großen Säugetiers". Er berichtete dann, dass er mit dem Vater auf der Jagd gewesen sei. Als dieser ein Wildschwein nicht völlig getötet hatte, kam dem damals Siebenjährigen die zweifelhafte Ehre zuteil, diesem „Riesentier" den „Gnadenschuss" mit einer Pistole zu versetzen. Während des Berichts offenbarte dieser kleine Junge die Mischung aus Traurigkeit, Angst und Wut (mit einer Spur Hass), so zumindest unser Eindruck. Die anderen wirkten eher geschockt von seinem Bericht, als dass sie es „cool" finden konnten. Wir verstehen es so, dass dieser Junge mit einer Situation konfrontiert worden ist, die er noch gar nicht verarbeiten konnte. Ein Gefühl von Ohnmacht, das sich dann in Macht gegenüber

---

141 Zur Täterarbeit vgl.: Jantz „Opfer in der Familie – Täter in der Peer-Group? Impulse aus der Täterarbeit für die Jungenarbeit" in: Jantz / Grote 2003

142 Zur Opferarbeit vgl.: Ottemeier-Glücks „Jungen als Opfer sexueller Gewalt" in: Jantz / Grote 2003

143 Vgl.: Übungsaufgabe 5

diesem großen Waldtier wandelte, war überdeutlich spürbar. Auch dies ist u.E.n. eine *Opfergeschichte*! Wir können uns vorstellen, wie sich durch dieses Erlebnis die inneren Grenzen verschoben haben müssen: Gewalt ist in bestimmten Fällen in der Männerwelt – auch in extremen Ausformungen – nicht nur erlaubt, sondern gewünscht oder sogar gefordert. Angst haben und sich nicht trauen wird als feige bewertet. Jungen, so wurde uns deutlich, müssen weder „verprügelt" noch „sexuell missbraucht" werden, um Opfer werden zu können.

Jungen als Opfer von Gewalt sehen sich mit der besonderen Schwierigkeit konfrontiert, dass ihre Erfahrungen von Schmerz und Ohnmacht nicht mit dem *Bild männlicher Überlegenheit und Stärke* vereinbar sind.[144] Das überträgt sich gerade auf das Bild, das wir Erwachsenen von Jungen entwickeln und vermitteln:

> „Eine ,Koalition des Verschweigens' zwischen Betroffenen, Tätern, Helfern und der gesamten Gesellschaft verhindert ein Aufdecken der Übergriffe. Sie wirken in den Betroffenen selbst als Verdrängung und in der sozialen Umwelt als Abwehr gegenüber dem Opfer."[145]

Und dabei wird nur allzu oft vergessen, dass Jungen gerade im Gewaltzusammenhang besonders stark vom Geschlechterverhältnis betroffen sind:

> „Auch wenn Jungen mehr Freiheiten als Mädchen genießen, werden sie häufiger und schwerer von ihren Eltern geschlagen als Mädchen, dies gilt insbesondere für schwere Misshandlungen. Das Geschlecht der Kinder hat aber für die Wahrscheinlichkeit, überhaupt misshandelt zu werden, keinen entscheidenden Einfluss: Etwa dreiviertel aller Kinder wurden schon von ihren Eltern geschlagen."[146]

Darüber hinaus begegnet uns in der Täterarbeit mit kindlichen, jugendlichen und erwachsenen Jungen (und Männern), die sexualisierte Gewalt ausgeübt haben, immer wieder das Phänomen, dass ein Junge aufgrund seiner angeblichen Taten vorgeführt wird. Der Junge selbst behauptet, dass er jemanden missbraucht hat, bis sich herausstellt, dass er selbst das Opfer gewesen ist. Es ist leichter, die Strafen u.a. Konsequenzen zu ertragen (für Taten, die er gar nicht begangen hat), als sich vor anderen zu entblößen in der hilfsbedürftigen und als „unmännlich" attribuierten Seite: „Lieber gewalttätig als unmännlich!" Sowohl Scham als auch die Angst davor, unnormal, nämlich schwach, gewesen zu sein, lässt sie ihre Bedürftigkeit verstecken.

---

144 Vgl.: Lenz 2000 (b), S. 33 ff., Böhnisch 2000, S. 70 ff
145 Lenz 2000, S.55
146 Straus zit nach: Lenz 2000, S.26

Damit begegnet uns ein höchst kompliziertes Gemisch von Täter- und Opferseite, das es zu trennen gilt. Besonders an Grundschulen sind Jungen noch für beide Seiten ansprechbar. Wollen wir Jungen im Unterricht angemessen erreichen, so unsere langjährige Erfahrung, müssen wir mögliche Gewalterfahrungen immer im Bezug zur gezeigten Lernleistung betrachten. Das wird besonders deutlich, wenn ein starker Leistungsabfall zu beobachten ist. Schon die Beziehungsgewalt bei einer Trennung der Eltern kann derart starke Verunsicherungen bei Jungen (wie auch bei Mädchen) erzeugen, dass ihre Leistungsfähigkeit besonders in der Schule drastisch nachlässt.

4.4 Zusammenfassung: Folgen für die Pädagogik an Grundschulen III

Es gibt verschiedene Ansätze, die geschlechtstypisch verschiedenes Verhalten von Mädchen und Jungen zu erklären versuchen. Die Befunde können sich zum Teil ergänzen und bestätigen, zum Teil widersprechen sich die Ergebnisse jedoch erheblich. Einigkeit scheint lediglich darin zu bestehen, dass es so etwas wie geschlechtstypisches Verhalten gibt, welches zumindest die Mehrzahl der Mädchen und Jungen präsentiert und welches durch ihr soziales Umfeld aktiv, wenn auch nicht einhellig, gefördert wird.

Ein wesentlicher Gegenstand der Auseinandersetzung ist immer wieder die Frage nach der biologischen oder eher sozialen Determinierung, die aber unberücksichtigt lässt, dass das (soziale) Geschlecht kein statisches Faktum ist, sondern in interaktiven Prozessen jeden Tag aufs Neue hergestellt wird. Die Frage nach dem biologischen Einfluss können wir nicht beantworten, wir wollen ihr aber die Frage ihrer Intention entgegenhalten: Wer verfolgt welches Interesse, wenn er oder sie unbedingt beweisen will, dass Frauen und Männer qua Biologie verschieden sind?

Es drängt sich der Verdacht auf, als sollten hier Männer und vor allem Frauen auf angestammte Plätze der Gesellschaft zurück verwiesen werden.

Für eine pädagogische Perspektive erachten wir diese Sichtweise als hinderlich.

Lernpsychologisch betrachtet wird geschlechtstypisches Verhalten als Folge systematischer Belohnung und Bestrafung gelernt und durch Identifikation mit und Imitation von gleichgeschlechtlichen Vorbildern ausgebaut.

Entwicklungspsychologisch gesehen geht es eher um den Aufbau einer Geschlechtsidentität, die vor allem eine Entwicklungsaufgabe in der Adoleszenz darstellt. Auf der Grundlage der jeweiligen kognitiven Möglichkeiten eines Kindes durchzieht diese Entwicklung jedoch bereits fast das ganze Leben der Kinder, beginnend mit der Erkenntnis der biologischen und sozialen Verschiedenheit von Jungen und Mädchen im Alter von drei bis vier Jahren. Allerdings gehen Vorschulkinder noch von einer Umkehrbarkeit der Geschlechter aus, was bedeutet, dass z.B. durch das Tragen eines Rockes aus einem Jungen ein Mädchen werden kann.

Im Grundschulalter, welches ja wie beschrieben durch das Invarianzverständnis gekennzeichnet ist, verliert sich diese Vorstellung und die Mädchen und Jungen müssen nun ihr Geschlecht als weitestgehend unveränderlich anerkennen.

Mit Irene Fast wurde zudem ein Ansatz vorgestellt, der diese entwicklungspsychologischen Grundsätze berücksichtigt, jedoch in ein psychoanalytisches Modell integriert. Sie hat gezeigt, dass die Selbstwahrnehmung von Kindern ursprünglich geschlechtsneutral ist, Babys und Kleinkinder erleben sich als Ganzheit. Die Einsicht in die *Kultur der Zweigeschlechtlichkeit*, die nur das eine oder andere erlaubt, erleben die Kinder als Verlust ihrer Ganzheit, worauf sie mit einer massiven Abwehr des jeweils anderen Geschlechts reagieren. Idealerweise sollte diese Abwehr mit zunehmendem Alter nachlassen und den Kindern ermöglichen, ihre individuellen Bedürfnisse und Fähigkeiten jenseits gesellschaftlicher Zuschreibungen zu entfalten. Folgerichtig kann nach Fast die *Entwicklung einer Geschlechtsidentität kein pädagogisches Ziel geschlechtsbewusster Arbeit* sein, da Identität bedeutet, sich identisch mit etwas oder jemandem zu machen, was stets die Ausgrenzung individueller Wünsche, Neigungen, Interessen und Fähigkeiten der angeblich anderen Seite erforderlich macht.

Wir schließen uns deshalb der Einschätzung von Helga Bilden (2001) an, die die Zeit gekommen sieht, hinsichtlich des Geschlechts eine Balance der Dramatisierung und Entdramatisierung zu finden:

> „Es ist einerseits weiterhin nötig, die Machtunterschiede, Benachteiligungen und Herabsetzungen nach Geschlecht als Skandal zu betonen (Dramatisierung). Aber andererseits geht es darum, dass Frauen und Männer, Mädchen und Jungen Entwicklungsperspektiven als Individuum, unabhängig von ihrem Geschlecht, möglich werden und sie diese von PädagogInnen aufgezeigt bekommen (Entdramatisierung)."[147]

---

147 Ebd., S.146

Was bedeutet das für die Geschlechtsbezogene Pädagogik?

- Geschlechtsbezogene Pädagogik muss grundsätzlich berücksichtigen, dass Mädchen und Jungen verschiedene Lebenswelten haben, in denen sie sich behaupten müssen. Besonders deutlich wird dieses in ihrem geschlechtsbezogenen Erleben von Gewalt, welches wir ausführlich dargestellt haben. Aber auch darüber hinaus ist gerade die Grundschulzeit durch eine vergleichsweise starke Trennung der Geschlechter voneinander gekennzeichnet.

- Geschlechtsbezogene Pädagogik ist sensibel für soziale Ungerechtigkeiten, die aus dem Geschlecht resultieren und eröffnet einen Raum, in dem diese Ungerechtigkeiten thematisiert und möglicherweise abgebaut werden können. (Ebene der Dramatisierung.)

- Geschlechtsbezogene Pädagogik sollte jedoch ebenso sensibel sein für andere soziale Benachteiligungen, die zum Beispiel Kinder von MigrantInnen, arme Kinder oder Kinder mit Behinderungen erfahren. Teilweise potenzieren sich dadurch Benachteiligungsstrukturen (z.B. im Fall eines armen, behinderten Mädchens), teilweise stehen sich Privilegien und Benachteiligungsstrukturen in paradoxer Wirkung gegenüber (z.B. im Falle eines deutschen Mädchens aus der Mittelschicht) und teilweise sind die Wirkmechanismen eher überraschend (so im Fall der Jungen mit Migrationshintergrund, die wesentliche schlechtere Chancen auf dem Arbeitsmarkt haben als Migrantenmädchen). Hierbei wird auch deutlich, dass das Geschlecht eine wichtige Dimension unserer gesellschaftlichen Position und unseres Selbstkonzeptes ist, aber bei weitem nicht unsere einzige. (Ebene der Entdramatisierung.)

- Geschlechtsbewusste PädagogInnen müssen lernen, Mädchen und Jungen *gleichzeitig* als sich entwickelnde Kinder *und* als „real existierende" Mädchen und Jungen wahrzunehmen. Es ist wichtig, Geschlechterhierarchien und geschlechtsbezogene Erfahrungen und Anforderungen zu kennen, jedoch nicht, um sie an die Kinder weiterzugeben, sondern um genau hinschauen zu können, wenn es darum geht, jedes einzelne Kind in seiner und ihrer ganz persönlichen Entwicklung und Entfaltung zu unterstützen.

In den folgenden beiden Kapiteln werden modellhafte Zugänge zu den Lebensrealitäten von Mädchen und Jungen entfaltet. Diese sind in erster Linie das Ergebnis unserer langjährigen Praxis in Mädchen- und Jungenarbeit und sollen dem wachsenden Verständnis für die Besonderheiten von Mädchen und Jungen dienen. Je besser wir die Zwänge verstehen, in denen sich Mädchen und Jungen befinden, desto fundierter können wir sie individuell unterstützen.

Übungsaufgabe 5:

Führen Sie folgende Methode der Gewaltprävention durch:

1. Sammeln Sie an der Tafel oder an einer Wandzeitung, was Jungen und Mädchen unter Gewalt verstehen! (Wichtig: alle Nennungen sind erlaubt!)
2. Lassen Sie dann abstimmen, welche sie am wichtigsten finden und markieren sie die drei Meistgenannten mit einer Farbe!
3. Gehen Sie nun alle Gewaltbegriffe bzw. Gewaltszenen durch und lassen abstimmen, wie viele diese Gewalt schon mal selber ausgeübt haben!
4. Befragen Sie nun die SchülerInnen, was ihnen daran auffällt und teilen Sie ihnen dann mit, was Ihnen auffällt!

Wenn möglich, sollten Sie diesen Durchlauf einmal ausschließlich mit Mädchen, einmal ausschließlich mit Jungen und einmal mit der geschlechtsgemischten Klasse durchführen. (Dazu bietet es sich an, diese Übung auf zwei Klassen bzw. Gruppen zu verteilen, um den Wiederholungseffekt bei den SchülerInnen zu vermeiden. Möglicherweise ist es leichter, wenn Sie für alle drei Durchläufe *nicht* die eigene Klasse wählen.)

Vergleichen Sie dann die Resultate!

5 Modellhafter Zugang I: Junge sein – Mann werden (müssen)

Wir gehen davon aus, dass ein *JungeSein* ohne irgendeine Ideologie von Männlichkeit möglich wäre, wenn es gelingt, die Definitionsmacht von Männlichkeiten und insbesondere diejenige der *hegemonialen Männlichkeit* (also der vorherrschend dominanten Ausformung von Männlichkeit) außer Kraft zu setzen.[148] Zunächst mag das hypothetisch erscheinen, doch in der Praxis von Jungenarbeit und Geschlechtsbezogener Pädagogik bietet diese Sicht einen ausgezeichneten Möglichkeitsraum für Jungen selbst und hervorgehoben für ihre erwachsenen BegleiterInnen. Da viele Jungen ihre Bedürftigkeit in Form eines *männlichen Habitus* gestalten, der uns auf die eine oder die andere Art ungemein viel Aufmerksamkeit abverlangt, besteht im steten Alltag das Risiko, dass wir von der einen oder der anderen Seite „aufgefressen" werden könnten.[149] Welche / welcher kennt das nicht, dass der eine Junge immer wieder „auf die Nerven geht" und wir als pädagogisch Handelnde nur all zu bereit werden, ihn bereits bei einem geringen Grenzübertritt hart zu bestrafen (*Täterseite*). Oder jede / jeder, der einmal das Vertrauen von „auffälligen Jungen" geschenkt bekam, kennt wahrscheinlich die (aus)saugende Kraft von „verletzten Jungen", wenn sie all ihre Bedürftigkeit lebendig werden lassen (*Opferseite*). Die jeweils andere Seite nicht zu übersehen, ist ebenso wichtig wie gleichermaßen anstrengend. Manchmal sind beide Seiten zugleich im turbulenten Alltag kaum zugänglich und v.a. nicht spürbar. Eine Seite wird verdrängt oder nicht zugelassen. Dann scheint es auch in der kritischen Betrachtung (z.B. in einer Fallbesprechung) nur die eine Seite zu geben. Doch die andere ist ebenso vorhanden, ebenso einflussreich und ebenso wichtig für das Handeln der Jungen.

Es geht also darum, ein Instrumentarium zu entwickeln, mit dem es gelingt, auch im Stress des pädagogischen Alltags beide Pole im Blick zu behalten und damit auch alle Nuancen dazwischen. Wie bleibt die Vielschichtigkeit jedes einzelnen Jungen spürbar – allen Reduzierungen im männlichen Habitus zum Trotz? – *Wie können wir die Vielfältigkeit und Kreativität von Jungen fördern?*

---

148 Vgl. ausführlich: Jantz / Grote 2003
149 Vgl. zur einführenden Betrachtung der Verbindung der Analyse von Pierre Bourdieu mit dem Modell der Hegemonialen Männlichkeit: Meuser / Behnke 1998

Dafür bietet das nachfolgende Modell eine Orientierungshilfe an. Uns persönlich hilft es, sowohl im geschlechtshomogenen Setting in Beratung, Therapie, Sozialpädagogik und Bildung an der Grundschule als auch in der geschlechtsgemischten Gruppenarbeit, die Beziehung von uns zu dem einzelnen Jungen zu verstehen und zwar sowohl von seiner Seite her als auch aus unserer Perspektive.

Das Modell bietet ein Koordinatensystem, um die *Konturen der Mannwerdung* für Jungen zu erkennen. Es dient zunächst der Verortung unserer (Gegen)Reaktionen auf das Handeln von Jungen und dem Verständnis unserer eigenen (Abwehr)Gefühle ihnen gegenüber, indem das Modell die unterschiedlichen *Wirren des JungeSeins* spezifisch zu erfassen vermag.

Es begegnet uns in den meisten sozialen Feldern, dass Jungen enorm viel Abwehr(gefühle) auslösen. Männer und Frauen entwickeln jeweils geschlechtstypisch einen derartigen Widerstand gegen bestimmte Seiten der Jungen, dass sie die Jungen selbst dabei aus den Augen verlieren. Eine Empathie für ihre Art zu Lernen, Denken und Handeln scheint dann blockiert zu sein. Für BeobachterInnen offensichtlich scheint sich die innere Blockade von Jungen auf ihre erwachsenen BegleiterInnen zu übertragen.

Wir gehen davon aus, dass eine *bewusste Jungenarbeit* nur durch männliche Kollegen geleistet werden kann.[150] Da aber der allergrößte Teil der Erziehung und (Primar)Bildung von Frauen geleistet wird (die Grundschulstatistik bleibt auch hier eindeutig!), verstehen wir das Modell besonders auch als ein Angebot für diejenigen Frauen, die sich mit Jungen gezielt beschäftigen. Die im Modell vorgestellte Sicht auf Jungen kann unserer bisherigen Erfahrung nach weiblichen, sozialen Fachkräften ein Verständnis für die Extreme bieten, die Jungen so oft präsentieren und damit die alltägliche (Beziehungs-)Arbeit erleichtern. Die im Alltag notwendige *geschlechtsbezogene Arbeit mit Jungen* durch Pädagoginnen könnte hierdurch unterstützt werden. Damit hoffen wir, die oftmals geäußerten Befremdungen, die Frauen im Umgang mit Jungen erleben, aufzuheben.

Wir gehen davon aus, dass sich eine Begleitung von Jungen zwischen Begegnung und Veränderung für alle Seiten gehaltvoll gestalten lässt. Wir entfalten das gesamte Modell in vier Stufen, weil es so verständlicher nachzuvollziehen ist. Hier also der Kern als 1. Stufe:

---

150 Siehe vertiefend: Jantz / Grote 2003

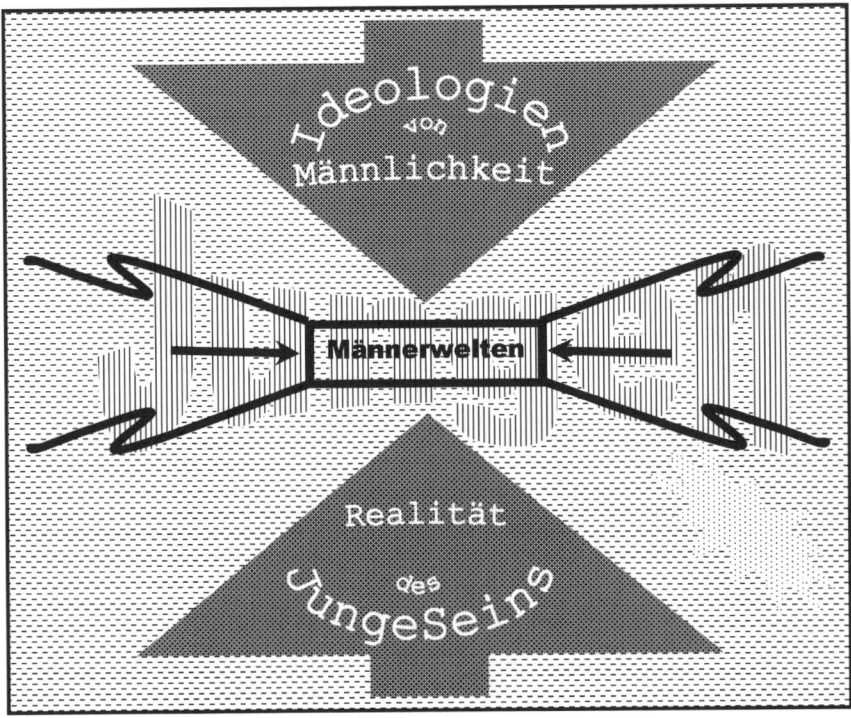

Abbildung 2:   Modell 1: Junge sein – Mann werden (müssen) –
1. Stufe: innerer Kern

Dieses Modell ist so zu lesen, als stellten wir einen bestimmten Jungen mit all seinen Orientierungen (Sehnsüchte, Wünsche, Fähigkeiten, Interessen) in die Mitte. (Es funktioniert auch, wenn wir uns eine bestimmte, konkrete Jungengruppe vorstellen.)

Von seinem Zentrum aus entfaltet sich der Blick auf die unterschiedlichen Aspekte seiner (Er)Lebenswelt. Wir behaupten also, dass es für sämtliche Jungen gilt, ohne dass es für alle gleich wäre. Die jeweilige Individualität lässt sich u.E. vor dem Hintergrund dieses universellen Rasters für die Praxis mit Jungen tiefer gehend und nachhaltig verstehen. Das Modell versucht also einen Blick auf Jungenrealitäten zu gewähren, indem es ein gezieltes Instrumentarium zum Verständnis anbietet:

5.1 Die Orientierung an der Männerwelt

In der Mitte, also als zentraler Fluchtpunkt, stehen diejenigen *Männerwelten*, die Jungen entdecken und erfahren können. Jungen orientieren sich daran, was ihnen von Männern vorgelebt oder zuweilen auch nur vorgegaukelt wird. Der Mythos einer Überlegenheit von Männern gegenüber Frauen treibt auch in modernen Facetten von Männlichkeiten ihre Blüten. Noch immer ist es beispielsweise für einen Lehrer schwierig, wenn ihn seine Frau z.b. als Professorin überragt. Noch immer ist eine gleichberechtigte Position zwischen Männern und Frauen mit Spannungen, Brüchen und Gegenläufigem zum präsentierten Anspruch begleitet, wenn sie dann mal stattfindet. Männer präsentieren ihre Autonomiebeweise demonstrativ vor den Augen und Ohren von Jungen, so dass diese sie für normal halten und für männlich. Maskuline Identitätsmerkmale wie etwa das schnelle Auto, die überlegene berufliche Position, die Sportlichkeit usw. dienen dazu, seinen Mann zu stehen, auch innerhalb der Konkurrenz zwischen Männern und eben zwischen Vater und Sohn.

Beispiel aus der Werbung

Im Prinzip verläuft es so, wie es eine aktuelle Autowerbung (etwas zugespitzt) ins Bild gesetzt hat: Da kommt der Vater zu seinem Sohn, der an seiner Spielekonsole sitzt. Der Junge prahlt mit den technischen Daten von Spiel und Computer. Er lässt den Vater nicht an sich und seinen Identitätsbeweis heran. Der Vater fühlt sich degradiert. In der nächsten Szene sitzen Vater und Sohn im tollen Auto. „Darf ich auch mal?" Keine Antwort – gar nicht nötig, denn der Junge ist ja noch nicht volljährig. Statt dessen: „Tja, x Zylinder, y PS, xxy Spitze, elektrische Fensterheber, …" Der Junge fällt in sich zusammen, körperlich wie innerlich. Die Botschaft des Vaters drängt sich auf: 1. Werde erst mal erwachsen! 2. Dein Spiel kann mit meinem Auto gar nicht konkurrieren! 3. Meine Identität ist mächtiger – zumindest jetzt noch. 4. Deine Identitätspräsentation ist, zumindest im Vergleich mit meiner eigenen, gescheitert. 5. Tja hättest Du Dich mal gar nicht erst auf den Demonstrationskampf eingelassen! 6. Ich bin zufriedener Sieger und zeige mein überlegenes Grinsen.

Zwar kommen beide nicht zusammen und finden keinen gemeinsamen Spaß, ob im Computerspiel oder im Auto(spiel), aber das Verhältnis ist wieder hergestellt: Der Mann-Vater ist überlegen.

Während es sich hierbei immerhin um eine real stattfindende Face-to-face Begegnung zwischen Vater-Mann und Sohn-Junge handelt, finden die meisten Ausprägungen von Männlichkeit eher auf der Ebene von Phantasien statt. Weil fassbare Männer im Alltag fehlen, werden diejenigen idealisiert, die (scheinbar) zu haben sind: Medienfiguren, Titelhelden, Sportler, Trainer, Lehrer, Pädagogen, ja, oftmals gerade auch die Jungenarbeiter und jene Männerbilder, die Jungen entwickeln, wenn sie sich vorstellen, was ihre Väter alles bewerkstelligen.[151] Diese imaginierten Bilder ihres Vaters als Prototyp eines Mannseins unterfüttern nach wie vor sämtliche *Ideologien von Männlichkeit*. Das verläuft u.E. auch nach der Jahrtausendwende immer noch so, wie es Dieter Schnack und Reiner Neutzling bereits Ende der 1980er Jahre vorfanden und so treffend in ihrem „Kleine Helden in Not" entlarvten:

> „In einem ähneln sich die hier beschriebenen Männer: Sie sind für ihre Söhne nur schwer und schemenhaft zu erkennen. Es macht nichts, dass sie keine Helden sind, Jungen brauchen keine Helden zum Vater. Das Problem besteht darin, dass sie sich für Helden halten oder felsenfest davon überzeugt sind, dass sie ganz hervorragende Helden abgäben, wenn man, besser gesagt, wenn frau (oder der Chef) sie nur ließen. [...] Die Jungen machen sich nur zu oft auf die Suche nach dem wirklichen Leben ihrer Väter, eine Suche die diese tunlichst vermeiden. Wie sehr sie von ihren Söhnen geliebt werden, übersteigt ihr Vorstellungsvermögen. Zum perfekt inszenierten Mann, so scheint es, gehört der Verlust der Erinnerung."[152]

Doch mag die Ideologie noch so gefestigt, mögen die Abwehrstrategien noch so ausgefeilt sein, schließlich wissen alle Männer, dass es ganz andere Seiten gibt. Schließlich entdecken Jungen, dass ihr JungeSein weitaus mehr durch zuweilen quälende Gefühle von „sich klein fühlen" begleitet wird, als dass es „Größe" und „Bewunderung" erbringt. Die alltägliche *Realität des JungeSeins* bewirkt stetige Demütigungen und Verletzungen, da sie doch offenbart, wie wenig der Einzelne der jeweiligen Ideologie von Männlichkeit entspricht. Sämtliche Autonomiebeweise in der Männerwelt sind genau in dieser Spannung zwischen der gesetzten Ideologie von Männlichkeit(en) und der erlebten Realität des JungeSeins zu verstehen. Die Balance fällt umso schwerer, je weniger sich der einzelne Junge von der angestrebten Männerwelt akzeptiert fühlt. Dysfunktionales Handeln entsteht zumeist, wenn Jungen überhaupt keine Chance mehr sehen, irgendwann dort aufgenommen zu werden. Auch Gewalthandeln ist dabei nicht als Abweichung, sondern als *Verlängerung der männlichen Norm* zu begreifen.[153]

---

151 Vgl. auch: Rohrmann 2001
152 Schnack / Neutzling 1992, S.86f
153 Vgl. vertiefend z.B.: Findeisen / Kersten 1999 und Heiliger / Engelfried 1995

Praxisbeispiel aus dem Kindergarten

Der kleine Jobst hatte sich zum Fasching das furchterregendste Kostüm ausgesucht, das er finden konnte. Als Sensenmann verkleidet brachte er allen den Tod: „Ich habe gerade Deinen Vater geholt und nun bist Du allein!" „Wenn Du nachhause kommst, wirst Du sehen, dass Dein Hamster weg ist, weil ich ihn geholt habe!" Damit setzte er die Hälfte aller Kinder in „Furcht und Schrecken". Trotz des Spielcharakters fürchteten sich viele und er selber genoss die Macht, die er ausübte. Als es nun daran ging, dass alle Kinder ihre Verkleidungen auf einem „Laufsteg" vorstellten, war es nun dieser Furcht einflößende Fünfjährige, der sich als einziger nicht traute, sich mit seiner Verkleidung offen zu zeigen. Auf dem Schoß einer Erzieherin bestand er darauf, dass er nur „heimlich kommen" könne. Er war sehr erleichtert, dass die Kollegin ihn nicht zwang, sich zu zeigen.

Diese vertikalen Spannungen zwischen Ideologie und Realität erzeugen weitere horizontale Spaltungen, die Jungen typischerweise zu verarbeiten lernen. Es entstehen drei Pole im Inneren des JungeSeins: Täterseite-Opferseite, Dominanz-Bedürftigkeit, Erwachsene-Kinder.

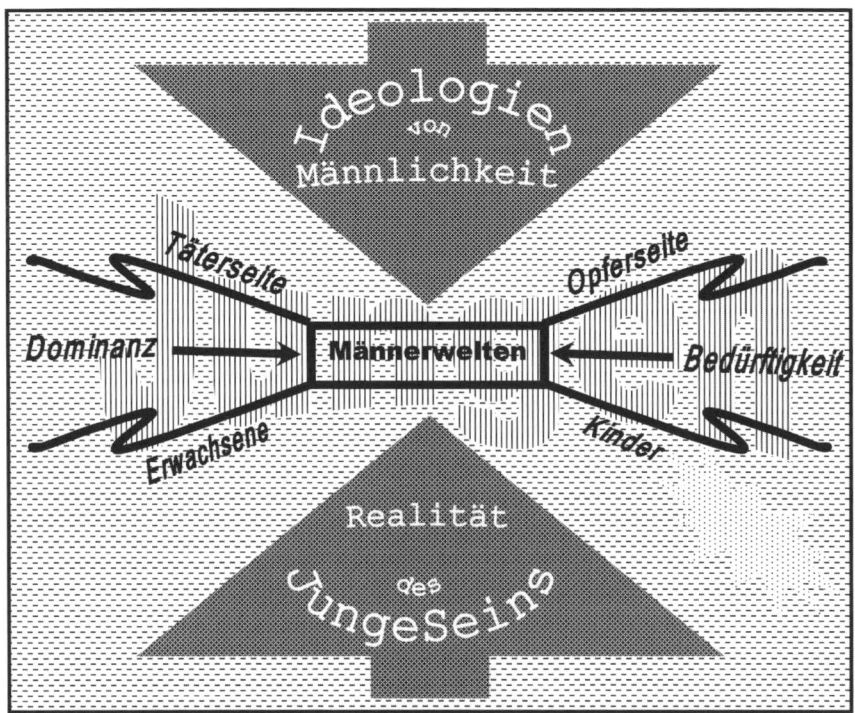

Abbildung 3:   Modell 1: Junge sein – Mann werden (müssen) –
2. Stufe: gesamter Kern

- Noch halb Kind und schon fast erwachsen

Bereits früh beginnen die männlichen Delegationen an Jungen, die sich ontogenetisch mit zunehmender Rigidität verfestigen. Doch auch im jugendlichen Alter zeigen sich viele Jungen immer wieder kindlich. Es entsteht eine Spannung zwischen dem Zwang zum Erwachsenwerden und dem Wunsch nach kindlicher Ausgelassenheit. Dies erklärt die zuweilen extrem starken Pendelbewegungen zwischen vernünftigen Einstellungen und dann wiederum geradezu naiven Durchbrüchen bei vielen Jungen. Es erscheint uns wichtig zu betonen, dass Jungen spätestens ab dem Ende der Grundschule weder *Kinder* noch *Erwachsene* sind, wenngleich die Betonung des ersteren erst im Laufe der Jahre zugunsten einer hervorstechenden Präsentation des zweiten allmählich weicht. Das jugendliche JungeSein stellt eine jeweils individuelle Verbindung dieser beiden Seiten dar. Junge zu sein bedeutet in diesem Alter, weder „kleiner Junge" noch „erwachsener Mann" zu sein und sich dennoch immer wieder nach beidem zu sehnen, es allem Äußeren zum Trotz zu versuchen und dann wiederum daran zu scheitern. Jungen im Grundschulalter können sich die Kinderseite weitaus mehr zugestehen, beginnen jedoch mit Beweisen der Erwachsenenseite, indem sie z.b. andere Jungen „altklug zurechtweisen", anderen diejenigen Regeln erklären, die sie gerade erst selbst begriffen haben.

Für den Umgang mit Jungen bedeutet diese Sicht, dass es auf der einen Seite sehr sinnvoll ist, z.b. „Verträge mit Jungen" zu schließen, die sie mit dem nötigen Vertrauensvorschuss auch (erwachsen) verantwortungsvoll eingehen. Beispielsweise kann man Jungen zumuten, das gesamte Taschengeld des Monats zu Beginn desselben ausgehändigt zu bekommen, auch bei Jungen im Heim bzw. der Erziehungshilfe, gerade auch schon im Grundschulalter. Oder LehrerInnen können ihnen zugestehen, bestimmte Konflikte selbst zu lösen (auch schon ab der 2. Klasse). Gleichzeitig sollten die BegleiterInnen auch dann noch Verständnis zeigen, wenn es den Jungen nicht gelingt, dieses Geld erwachsen zu verwalten. Grenztests, sich ausprobieren oder gar kindliche Durchbrüche nach Maßlosigkeit sind Aspekte, die bis in die Jugend hinein einfach dazugehören, die wir sowohl Jungen als auch Mädchen zugestehen müssen. Dennoch benötigt die kindliche Seite Begleitung, Umsorgung und Begrenzung, während die erwachsene Seite das Signal sucht: „Ich vertraue darauf, dass Du es schaffst!" Insofern geht es darum, gemeinsame Wege zu finden, wie sich der Junge selbst schützen kann, bzw. wie er Selbstverantwortung erlernt bei einem Verständnis dafür, dass er, wie wir alle, nicht immer alles im Griff behalten kann. Es geht also um die lebbare Balance zwischen Kindlichkeit und Erwachsensein, mit der Chance, auch die Pole in unterschiedlichen Situationen ausleben zu dürfen. Im Grundschulalter gilt hier jedoch die Vorsicht vor einer Überforderung.

- Noch ganz viel Kuscheln und ganz stark sein (müssen)

Insbesondere die kindlichen Wünsche offenbaren eine umfassende *Bedürftigkeit*, die sämtliche Jungen haben, aber nur dosiert zeigen. Vielmehr noch ist bei vielen Jungen die dominante Seite sicht- und spürbar. Wenn Jungenprojekte zustande kommen, dann geht es zumeist um die Seite der *Dominanz*: Um Aufmerksamkeit kämpfende Jungen, laute Jungen, aggressive Jungen, machtvolle Jungen, gewalttätige Jungen und eben dominante Jungen sollen zu mehr Einfühlsamkeit, sozial fürsorglichem Handeln, besserer Lernfähigkeit, kommunikativer Kompetenz, Defensivität und Antisexismus erzogen werden. Insbesondere weil andere Jungen und der Großteil der Mädchen unter ihnen leiden, rückt dann die Dominanz, die Jungen ausüben, in den Fokus der pädagogischen oder therapeutischen Bemühungen. Doch auch bei diesem Teil der Jungen gibt es die andere Seite und zwar immer. Und bei den leisen Jungen, den zurückgezogenen Jungen, den verletzten Jungen, den kreativen Jungen, den sensitiven Jungen, den sozial kompetenten Jungen und eben den hilfsbedürftigen Jungen ist die Bedürftigkeit bereits offensichtlich. Doch auch sie entwickeln die dominanten Verhaltesweisen, wenn man sie lässt. So kann ein Junge, der sich still in der Schule verhält, im Jugendbereich der Feuerwehr mit aggressiv-leitendem Handeln glänzen. Wenn wir Jungengruppen in *die Lauten* und *die Leisen* teilen, dann beobachten wir stets das Phänomen, dass sich einige der Leisen in der Leisengruppe zu lauten Jungen und einige der Lauten in der Lautengruppe zu leisen Jungen entwickeln. Das sind besondere Erfahrungen der jeweiligen Gegenseite.

Besonders deutlich tritt die Bedürftigkeit von Jungen zutage, wenn sie sich mit ihren Taten selbst etwas sehr Wichtiges zerstört haben, beispielsweise wenn sie als Folge ihres Handelns von ihrer Freundin verlassen wurden. Die Breite und v.a. die Tiefe der narzisstischen Kränkung im Zusammenhang mit einer manchmal gar lebensuntüchtig machenden Hilfsbedürftigkeit öffnet ein „Fass an Bedürftigkeit", das – aufgrund eines enormen Lecks im Boden – kaum zu füllen ist. Selbst ältere Jungen und viele Männer geraten noch in den Sog eigener Kränkungen, so dass sämtliche Versuche, sie emotional nähren zu wollen, an dem riesigen Ausmaß an Bedürftigkeit zu scheitern drohen. Diese Jungen beginnen zu „kletten", sie binden sich an den nächsten Fels in ihrer umtösenden Brandung. Diese Seite wird im Klischee beispielsweise des kriminell gewordenen Skinheads, der von Vater und Mutter übersehen wurde, besonders deutlich. Dann irgendwann, wenn alles zusammenbricht, wenn ihn seine Kameraden verlassen haben, bricht er in sich zusammen, dann zeigt er sich wimmernd, schutzlos und innerlich abgrundtief schwach. Also scheint das gesamte Selbstbewusstsein, sämtliche Überlegenheit und Macht nur Schale gewesen zu sein. Wenngleich dies nur im Einzelfall so vorkommen mag und hier nicht rationale Dimensionen und die politische Organisation rechtsextremen Denkens und Handelns weggeleugnet werden soll und darf, ist uns in der Bildungs- und Beratungspraxis genau dieses Klischee bei gewalterfahrenen Jungen mehrfach begegnet. Im Geschlechterverhältnis scheint es kein Klischee zu geben, das so klischeehaft ist, als dass es nicht in der Realität vorkäme.

In der Tat können wir davon ausgehen, dass *sämtliche Jungen unter Männlichkeit(en) leiden*, dass ihnen die alltäglichen Anforderungen zu viel sind und dass existenzielle Bedürfnissee nach menschlicher Nähe, emotionaler Wärme, sozialer Umsorgung und einfach „klein sein dürfen" allzu oft versagt bleiben. Oftmals sind Jungen auch von ihrer Mutter und insbesondere ihrem Vater in dieser Hinsicht unterversorgt. So bildet elterliche Erziehung eine unheilvolle Koalition mit den Agenten der männerweltbezogenen Sozialisationsagenturen, wie etwa im Verein, in der männlichen Peer-Group, in den Schulklassen usw.

Wir beobachten seit Jahren, dass sich hervorgehoben Männer gezielt nicht um Jungen kümmern, weil dies insbesondere zwei Ängste bei ihnen auslöst:

1. Die von Jungen präsentierte Bedürftigkeit einschließlich der damit einhergehenden vielfältigen Ängste erinnert an die eigenen (oftmals verdrängten) Ängste und die dahinter befürchtete eigene Hilflosigkeit.
2. Die bei Jungen „ahnbare" Tiefe der Bedürftigkeit könnte so weit gehen, dass ihnen nicht zu helfen ist, so dass wir uns ohnmächtig fühlen, was unsere eigene Bedürftigkeit spürbar werden ließe.

Wir gehen davon aus, dass eine gezielte Arbeit mit Jungen beide Aspekte zur gleichen Zeit im gleichen (pädagogischen oder therapeutischen) Raum berücksichtigen muss. Erst wenn sowohl die Seite der Dominanz als auch die Seite der Bedürftigkeit erlaubt ist, können Jungen nachhaltige Wachstumsprozesse in der Jungenarbeit und in der geschlechtsbezogenen Arbeit mit Jungen durchlaufen. Das setzt voraus, dass die pädagogischen BegleiterInnen die eigene Polarität auszuleben lernen zwischen kindlicher Sehnsucht mit (narzisstischer) Bedürftigkeit auf der einen Seite und erwachsener Verantwortung mit pädagogischer Macht auf der anderen Seite. Dies ermöglicht eine authentische Begegnung zwischen PädagogIn und Junge, in der der Junge an der Transparenz des gleich- wie gegengeschlechtlichen Modells wachsen kann. Und all das ist im Grundschulalter noch sehr offen beobachtbar. Jungen zeigen beide Seiten, so dass wir noch gut darauf einwirken können. Gelingt uns eine angemessene Begleitung, benötigen Jungen viel weniger Spaltungen. Dyssoziale Männlichkeitsbilder erhalten weniger Nährboden.

- Jungen und Männlichkeit – Täter- oder Opfergeschichte

Im pädagogischen Alltag geraten Jungen sehr oft erst durch Taten in den Blick pädagogischer Bemühungen, wenn sie entweder im weitesten Sinne Taten ausüben, also Grenzen überschreiten oder aber (zunehmend mehr auch) wenn an ihnen Taten ausgeübt wurden, also ihre Grenzen überschritten wurden. Dabei scheint der Täter-Opfer-Dualismus unvermeidbar zu sein. Stets gibt es die eher Lauten, also diejenigen, die hervorgehoben ihre *Täterseite* präsentieren, oder die eher Leisen, also diejenigen, die ihre *Opferseite* hervorheben, indem sie unter Anderen und Anderem leiden. Jede Jungengruppe scheint sich aufzuteilen in Täter, Opfer und Beobachter. Doch bei genauerer Betrachtung werden wir feststellen, dass sich Täter und Opfer stets vermischen. Es gibt einerseits die *interpersonelle Vermischung*, die offenbart, dass in jeder Jungengruppe sowohl Täter als auch Opfer vorhanden sind. Andererseits existiert u.E. in jedem Jungen eine *intrapersonelle Vermischung* von Täter und Opfer. Jeder Junge präsentiert sowohl eine Täterseite als auch eine Opferseite. Die Frage ist nur, welche er hervorgehoben präsentiert und welche personalen Ressourcen damit einhergehen.[154]

Eine Jungenarbeit, die sich auf eine der beiden Seiten reduziert, reduziert damit auch die Chance auf einen angemessenen Zugang zu Jungen und sie engten ihre pädagogischen Interventionen bei einem Teil der Jungen auf die offensichtlichen Aspekte ihrer Persönlichkeit. Erst wenn beide Seiten gleichzeitig gesehen und „behandelt" werden, ist Jungenarbeit wirksam im engeren Sinne. Doch dies stellt hohe Anforderungen an die pädagogischen BegleiterInnen, v.a auch an LehrerInnen.[155]

Es geht darum, die Täterseite, die mit der Dominanz korrespondiert und die darüber mit der Erwachsenenseite verschränkt ist, mit der Opferseite im Zusammenhang zu betrachten, die wiederum mit der Bedürftigkeit korrespondiert und darüber mit der Kinderseite verschränkt ist. Erst die gemeinsame „Behandlung" der sechs Aspekte, die die polaren Enden jedoch jeweils zuzulassen vermag, verspricht den angemessenen Zugang zu Jungen. Darin besteht die eigentliche Hilfestellung des Modells, da wir hierüber stets die dazugehörigen und scheinbar gegenläufigen Aspekte zu erfassen vermögen. Auch wenn ein Junge gerade Opfer einer Tat geworden ist, lebt – neben der damit zutage tretenden Bedürftigkeit einhergehend mit dem kindlichen Wunsch nach Schutz – im Verborgenen auch die Täterseite mit erwachsenen Dominanzansprüchen. Diese kommen z.B. in „Rachegelüsten" oder Zerstörungsphantasien zum Ausdruck. Und somit benötigt dieser Junge zunächst viel Trost und Zuwendung für das erfahrene Leid und dann ebenso dringend die Orientierung und Begrenzung durch die pädagogischen BegleiterInnen, um mit den zwangsläufig auftretenden Ohnmachtsgefühlen umgehen zu lernen. Denn die männliche Sozialisation verlangt ja geradezu danach, die „Schmach der Niederlage" und die damit verbundene Ohnmacht wieder in (gewalttätige) Macht umzukehren. Diesen Zusammenhang versteht man gemeinhin als *männliche Gewaltspirale*.[156]

Es geht also darum, beide Seiten als Bestandteil männlicher Sozialisation zu begreifen, einzuordnen und „auszuhalten". Die damit einhergehenden Widersprüchlichkeiten bieten einen guten Aufschluss darüber, wie der jeweilige Junge die Bewältigung männlicher Anforderungen an ihn zu bewerkstelligen versucht.

---

154 Vgl. hierzu vertiefend: Jantz „Opfer in der Familie - Täter in der Peer-Group" in: Jantz / Grote 2003
155 Vgl. vertiefend: Boldt 2000, 2001
156 Vgl. vertiefend: Jantz „Opfer in der Familie – Täter in der Peer-Group?" In: Jantz / Grote 2003, S.174 ff

5.2 Ambivalenzen aushalten lernen

Ziel für pädagogisch Arbeitende ist es zu lernen, diese umfangreichen und oft verunsichernden Ambivalenzen auszuhalten. Es geht darum, Widersprüchlichkeiten in unserer Praxis nicht „wegmachen" zu wollen, zu beschwichtigen oder gar zu leugnen. Vielmehr kann sehr viel mehr mit Jungen erreicht werden, wenn wir lernen, Spannungen zu ertragen. Dies gilt für Jungen wie PädagogInnen gleichermaßen. Damit dienen wir einerseits als Modell für eine erträgliche und ertragreiche Selbstwerdung. Denn, dass die entfalteten Pole nicht „wegwünschbar" sind, erfährt jeder Junge jeden Tag – mehr oder weniger. Die Illusion einer in sich geschlossenen Identität mag bei Erwachsenen noch als Ideal funktionieren, aber Jugendliche entlarven jeden Versuch einer solchen Identitätspräsentation bei Erwachsenen als Lebenslüge. Die Glaubwürdigkeit von Lehrern und Pädagogen ist insbesondere für Jungen ein Gradmesser für die Verlässlichkeit der Person und damit für die Bereitschaft, sich auf eine Beziehung mit dem jeweiligen Mann und der jeweiligen Frau einzulassen. Schließlich hängt der Erfolg der pädagogischen Arbeit auch von der Echtheit der Person des Pädagogen bzw. der Pädagogin ab. Kinder und Jugendliche verfügen (noch) über den Zugang zu dem, was wir als „Authentizität des Seins" bezeichnen würden: Dadurch, dass Jugendliche noch nicht so festgelegt sind, in dem was sie zu sein haben, in dem was sie bereits erreicht haben müssten, sind sie nicht so sehr in der aktuellen Identitätskonstruktion gefangen. Für sie sind auch andere Wege möglich und lebbar. Erst mit zunehmendem Alter werden hermetisch geschlossene Identitätsbeweise existenziell wichtig. „Wenn ich befürchte, dass ich bereits seit zehn Jahren auf der falschen Fährte wandeln könnte, dann (er)finde ich doch besser gute Argumente, warum der eingeschlagene Weg, und damit die angeeignete Identität, doch der richtige bzw. die richtige ist."

Damit sind sie gegenüber Erwachsenen oftmals ein Stück näher an den eigenen Wünschen, am eigenen „Begehren" in dem von uns entfalteten Sinne.[157] Jenseits (selbst-)stigmatisierender Identitätszwänge wird ein qualitativ neues Gleichgewicht innerer Kompetenzen und Handlungsoptionen möglich.

Im Grundschulalter ist der Identitätszwang noch sehr rudimentär, Männlichkeit schimmert als Anforderung durch, ohne jedoch übermächtig zu wirken: Jungen sind in engen Vorstellungen noch irritierbar, Identitäten bleiben offen und Jungen sind noch „richtig lernfähig".

---

157 Vgl.: Jantz / Rauw 2001

5.3　Wo geht es lang?

Doch auf all die Wirren im Zentrum der Jungensicht wirken sämtliche Erwachsene widersprüchlich ein. Während beispielsweise der wilhelminische Opa das „Soldatenselbst" weiterträgt (oder der ehemalige Sympathisant der Nationalsozialisten die körperliche Härte betont), preist der Vater als Kind der *Bildungsexpansion* intellektuelle Überlegenheiten. Während z.B. die Mutter ihren Kleinen gar nicht verlieren mag, preist die Pädagogin im Kindergarten seine Selbständigkeit. Der Hauptdualismus besteht zwischen dem „Zuhause" und den pädagogischen Institutionen. Zwar meinen alle genau zu wissen, was für den Jungen gut sei, aber alle meinen zumeist Unterschiedliches. Und damit sind wir bei denjenigen Gruppen, die auf Jungen einwirken. In dieser 3. Stufe des Modells soll veranschaulicht werden, wie schwer es für Jungen ist, zwischen all den widersprüchlichen Erwartungen an sie zu balancieren:

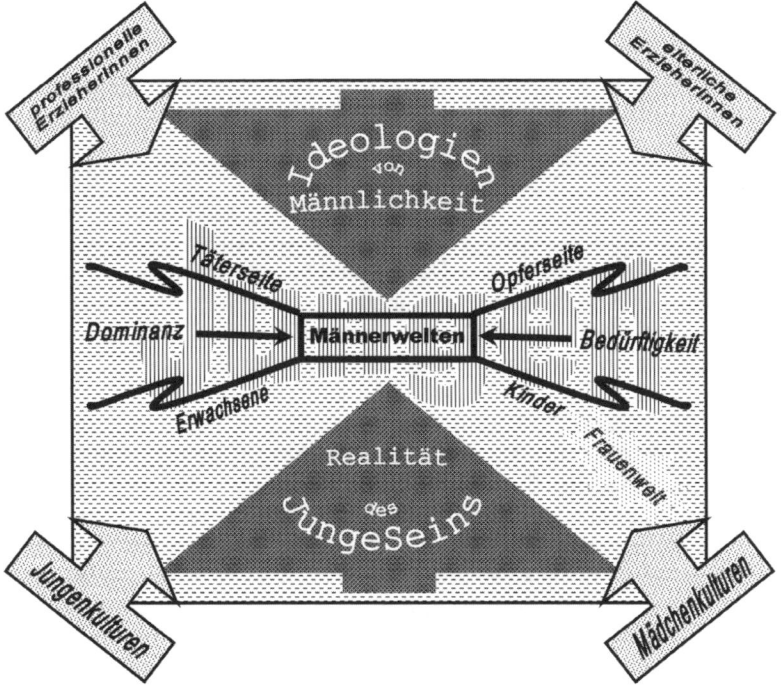

Abbildung 4:　　Modell 1: Junge sein – Mann werden (müssen) –
　　　　　　　　3. Stufe: Hauptteil

Elterliche ErzieherInnen sehen ihren Jungen vor dem Hintergrund der eigenen Familiengeschichte. I.d.R. besitzen Eltern ein Schuldmotiv, das daher rührt, dass ja niemand für das Elternsein ausgebildet wurde und daher die Sicherheit im Umgang mit eigenen Kindern überhaupt erst gelernt werden muss. Dabei macht jedes Elternteil zwangsläufig Fehler. Die Erziehung erzeugt Unsicherheiten, ob Vater und Mutter wohl das Richtige taten. Jede und jeder hat irgendwann sogar das belastende Gefühl, in der Erziehung versagt zu haben. Übertritt der eigene Junge irgendwelche Grenzen, dann fällt dies stets in der einen oder der anderen Weise auf Vater und Mutter zurück. Dementsprechend deutlich sind die Delegationen an Jungen. Es steht nicht immer das Begehren des Jungen und damit u.E. auch nicht dessen Wohl im Zentrum der elterlichen Betrachtung. Vielmehr werden elterliche Erziehungsstrategien bewusst und zum allergrößten Teil unbewusst an derjenigen Maxime orientiert, die für Vater und Mutter Gültigkeit besitzt. Es wird eine Latte angelegt, über die der Junge springen muss, wenn er geliebt sein will. Wenn diese zu hoch gerät, wird der Junge daran verzweifeln. In den meisten Fällen bedeutet dies jedoch auch, dass Vater und Mutter meinen, versagt zu haben. Das ist zumindest ein weit verbreitetes Motiv.

Vor diesem Hintergrund ist eine angemessene Begleitung von Jungen zu einem reichhaltigen und gelingenden Mannsein kaum möglich. Elterliche Erziehung erzeugt Leerstellen, die geschlossen werden wollen. Sie hebt Löcher aus, die später mühsam wieder zugeschüttet werden (müssen). Insbesondere die Frustrationen und Entbehrungen in der Eltern-Sohn-Beziehung schaffen diese weiter oben beschriebene Bedürftigkeit, die sich über die Abwehrwünsche fest mit machtvoll dominantem Handeln verschränkt. Dabei liefert die differenzierte Betrachtung der unterschiedlichen Beziehungen eines Jungen zu seiner Mutter im Vergleich derjenigen zu seinem Vater sowie die Interaktion der Eltern geschlechtstypische Unterschiede. Es wäre viel erreicht, wenn Väter wie Mütter ihre Jungen aus einer angemessenen Entfernung beobachten und begleiten und sie doch ihren Weg gehen ließen. Für Väter bedeutet dies i.d.R. zu lernen, ihre Söhne „anders sein" zu lassen. Mütter müssen lernen, sie aus ihrer „umsorgenden Obhut" loszulassen. Jungen müssen wie Mädchen ihre eigenen Fehler machen, aber genau dann benötigen sie elterliche Erfahrung als Orientierung, ob als Modell oder als „Abgrenzungsfolie". An diesen Imperativen lassen sich die größten Defizite in der geschlechtstypischen familialen Erziehung ablesen. Insbesondere aus der Praxis von Familienberatung haben wir vielfach erleben dürfen, wie sich Jungen entfalten können, wenn Eltern die geschlechtstypischen Stellungen von Jungen in der Familie bewusst werden. Wenn ein Vater beispielsweise von seiner Partnerin lernt, auch die hilflose Seite bei seinem Sohn zuzulassen und zu begleiten, und wenn die Mutter im Gegenzug vom Partner lernt, sich vom Sohn situativ abgrenzen zu können und beide ihre eigene Kompetenz dabei nicht zurückstecken, dann werden Geschlechterbeziehungen für den Sohn erlebbar, die ihn angemessen zur Mannwerdung begleiten.

Positiv formuliert geht es darum, dass sowohl Väter als auch Mütter ihre Erziehungsverantwortung übernehmen, was bedeutet, dass sich beide für den Jungen sichtbar in einen stetigen Prozess des Austauschs und der Verhandlung über z.B. Ziele und Aufgaben begeben. Elterliche Liebe wird dann zur Unterstützung und väterliche wie mütterliche Delegationen an den Sohn werden für diesen sichtbar und damit auch verhandelbar. Letztlich besitzt jeder Junge die Verantwortung für sein Handeln. Doch die Bedingungen der Übernahme von Verantwortung werden durch Eltern erschwert oder eben erleichtert.[158]

Hier wird deutlich, welchen zentralen Stellenwert die Elternarbeit an Grundschulen einnimmt. Einerseits können LehrerInnen die Folgen der Erziehung in der Außenwelt erleben, reflektieren und einordnen. Andererseits dienen sie als Ergänzung zur elterlichen Erziehung.

Doch auf der anderen Seite „ziehen und drängeln" *professionelle ErzieherInnen* an Jungen. Ob nun „der Macker" ausgetrieben oder die „männliche Seele" getätschelt wird. Ob den Jungen(gruppen) freier Lauf gelassen wird oder ob gegengeschlechtliche Erfahrungen organisiert werden, stets werden Erziehungsideale gestaltet, die i.d.R. nicht mit den Jungen selbst verhandelt werden. Aufgrund einer mehr oder oft eben weniger fundierten Professionalität werden stellvertretend für die Jungen Ziele definiert, an denen sich dann sämtliche Beteiligten zu orientieren haben. Dabei bleiben die Einstellungen und Wissensstände der Eltern oft unberücksichtigt. Notfalls wird dann ein Elternabend mehr angeboten, um die benannt oder oftmals nur latent vorhandenen geschlechtsbezogenen Erziehungsziele (nochmals) zu erklären. Die ausgebildeten PädagogInnen handeln zumeist aus einem Kompetenzmotiv. Handeln die Jungen sozial, dann war auch die pädagogische Maßnahme erfolgreich und der/die PädagogIn zeigte sich kompetent. Fällt der Junge aus der Rolle, so oder so, dann fehlen Fertigkeiten auf der professionellen Seite. Nicht selten dient das Denken und Handeln der Jungen der eigenen Legitimation im pädagogischen Arbeitssektor. Es ist offensichtlich, dass die Verhaltenserwartungen an Jungen auf die eine oder auf die andere Weise deutlich rigide und geschlechtstypisch ausfallen.

Zwischen elterlichen und professionellen PädagogInnen existiert damit i.d.R. ein Konkurrenzverhältnis. Nur manchmal, immer genau dann, wenn die Sorgen um

---

158 Natürlich gilt auch für die Darstellung von Eltern, dass wir hier lediglich typisches, also mehrheitlich beobachtbares Verhalten von Müttern und von Vätern beschreiben, ohne beobachtbare Gegentendenzen ausblenden zu wollen.

den Jungen allzu groß werden, wird eine große „Allianz zum Wohle des Jungen" z.B. zwischen LehrerIn und Eltern möglich. Wenn die Sicht des Jungen authentisch mit einbezogen wird, dann entsteht die große Chance, dass er die oben entfalteten Aspekte zu integrieren lernt. Wird über seinen Kopf hinweg entschieden, dann wird die eine oder die andere Seite überbetont. Das Risiko sog. „abweichenden Handelns" wächst.

Exkurs Jungen- und Mädchenarbeit als Schulprojekt

In Projekten an Grundschulen, die wir durchführten, konnten unsere pädagogischen Bemühungen genau dann besonders positiv wirken, wenn es gelang, alle Gruppen gleichermaßen anzusprechen. Eine nachhaltige Veränderung wurde beobachtet, wenn sowohl Väter als auch Mütter auf der einen Seite und sowohl LehrerInnen als auch SchülerInnen auf der anderen Seite mit eingebunden wurden. In einem Pilotprojekt in einer deutschen Kleinstadt in der Nähe von Bremen gab es folgendes Setting: Jede Klasse erhielt ein geschlechtsgetrenntes 2-Tagesprojekt, das jeweils von externen TeamerInnen in Jungen- und Mädchengruppe durchgeführt wurde. Dazu gab es jeweils eine Fortbildung zu Jungenthemen und eine zu Mädchenthemen für die Lehrkräfte der Grundschule. Darüber hinaus nahmen sehr viele Eltern an einem Elternabend zur Geschlechterthematik teil. Immer noch sehr viele Mütter fanden sich zu einem Mädchenabend ein und schließlich konnten auch sehr viele Väter für einen Jungenabend gewonnen werden. Dabei erwies es sich als besonders hilfreich, dass Schulleitung, Lehrerinnenvertretung, Schul-, Stadtelternrat und externe Fördergremien das Projekt gemeinsam förderten und selbst auch teilnahmen. Hier konnten professionelle und elterliche ErzieherInnen ressourcenorientiert begleitet werden, so dass auch weitere Austauschformen installiert werden konnten. Z.B. gab es von nun an eine Mütterkonferenz und einen Väterstammtisch. Deutlich wurden dabei auch die gegenseitigen Befürchtungen und Zuschreibungen von Lehrerinnen und Müttern und Vätern. In der nachträglichen Befragung teilten alle Parteien mit, dass sich über die bessere Verständigung der Erwachsenen besonders die Jungen verändert hätten: Sie zeigten sich sozialer und lernfähiger, aber auch selbstbestimmter und selbstverantwortlicher. Die Mädchen hingegen wirkten selbstbewusster und konfliktfähiger, aber auch ruhiger als noch vor dem Projekt. Dies macht deutlich, wie wichtig es für Jungen wie Mädchen ist, dass Eltern und LehrerInnen vertrauensvoll an einem Strang ziehen!

- **Und die Frauen im Leben von Jungen?**

Die Frauenwelt(en), die Jungen begegnen, spielen in den frühen Jahren von Jungen und Mädchen eine hervorgehobene Rolle, da die Bindung von Babies und Kleinkindern an die Mutter sehr stark ist. In dieser Zeit spielt die jeweilige *Frauenwelt* eine zentrale Rolle für die Orientierung von Jungen. Die nüchterne Tatsache bleibt jedoch, dass die Orientierungskraft rapide mit dem Älterwerden von Jungen abnimmt. Bereits der Kindergartenjunge sucht Männerwelten, giert nach Männern, die mit ihm spielen mögen. In dem vorherrschenden Geschlechterdualismus entdeckt bereits der Dreijährige i.d.R., dass er mehr so werden soll wie Papa und dass seine Welt irgendwie wichtiger und produktiver und freier zu sein scheint als die Welt der Mutter. Die Frauenwelt(en) behalten einen gewissen Einfluss über die Abgrenzung des Jungen vom Weiblichen. Vielleicht kann eine einzelne Frau, etwa die Mutter, die Lehrerin oder die Erzieherin, weiterhin als Modell dienen, dann jedoch nicht in ihrer „Funktion" als Frau, sondern eben als Lehrende und Erfahrene. Die Frauenwelten selbst gehören für Jungen eindeutig zu ihrer Kinderseite, die im Laufe der Ontogenese zunehmend mehr abgewertet wird. Gelingt es, einen positiven Zugang zur Kinderseite zu bekommen, dann werden auch die alltäglichen Abwertungen der Frauen(welten) zunehmend überflüssig, so die Erfahrung der Jungenarbeit und der geschlechtsbewussten Pädagogik durch Frauen. Frauen können Jungen darin begleiten und sie stärken, indem sie ihnen ein möglichst souveränes Frauenbild entgegenhalten. Die (zumindest phasenweise) schwache und entnervte Seite kennen viele Jungen von der Mutter her. Kommt jetzt noch die Seite von Autorität, Selbstbewusstsein und unterschiedlichen Fertigkeiten hinzu, dann können sich Jungen auch angemessener orientieren. Werden beispielsweise Autorität und Strafgewalt an Männer delegiert („Warte, bis Papa nach Hause kommt!"), dann fällt es auch Jungen leichter, Frauenwelten als unrelevant zu verdrängen. Gelingt es Männern, vor den Augen und Ohren der Jungen eine gleichberechtigt verhandelte PartnerInnenschaft zu leben und Frauenwelt(en) für sich als relevant zu zeigen, dann rückt die jeweilige Frauenwelt der präsentierten Männerwelt ein gehöriges Stück zur Orientierung von Jungen näher. Zumeist geschieht beides nicht! Das erlebbare Geschlechterverhältnis bleibt im Alltag von Jungen zumeist eines von Auf- und Abwertung, von Macht, von Konkurrenz und nicht zuletzt auch von Gewalthandeln.

- **Das innere Erleben wird gespalten**

In dem Schonraum der Kindheit und Jugend bieten die geschlechtshomogenen Peer-groups eine hervorgehobene Möglichkeit, eigene Identitäten zu erproben, zu modifizieren, neue zu kreieren oder alte zu festigen. Durch die umfangreichen

Versuche, eine eigene Kultur zu entwickeln, die sowohl die kindliche als auch die erwachsene Seite zu integrieren sucht, entstehen labile Versuche einer männlichen Identität. Da jedoch wenige Positivdefinitionen von Männlichkeit vorliegen, werden wiederkehrende Handlungsroutinen als Männlichkeitsbeweise zentral wichtig. Solche Männlichkeitsrituale auch im Sinne einer Demonstration von Autonomie und Überlegenheit werden zunehmend in der Jungengruppe eingeübt und weitergegeben. Sie sind angelehnt an das, was Jungen aus der Männerwelt als Orientierungspunkte identifizieren. In diesem Zusammenhang begegnet uns eine *Jungenkultur*, die sich bewusst von der *Mädchenkultur* absetzt. Und um Missverständnissen vorzubeugen, sei betont:

1. Auch wenn einiges ähnlich ist, erleben wir unterschiedliche kulturelle Präsentationen von Männlichkeit.
2. Auch wenn sich die unterschiedlichen Jungenkulturen vielfach unterscheiden, so besitzen sie dennoch den gemeinsamen Kern der Suche nach Männlichkeit.
3. Diese Segmente der Jugendkulturen unterscheiden sich wiederum von sämtlichen Erwachsenenkulturen aufgrund des sozialen Status ihrer jeweiligen Mitglieder.
4. In Wirklichkeit handelt es sich also um ein komplexes Bedingungsgefüge, das nicht für jeden Jungen differenziert aufgelistet werden kann. Es stellte sich auch die Frage, ob dies so sinnvoll wäre. Denn jeder Bewältigungsversuch, jede Verarbeitung und jede Lebensplanung bleibt bei aller Standardisierung der Bedingungen dennoch individuell.

Ohne also auf die Differenzierungen eingehen zu wollen, ist das Modell so zu verstehen, dass der zu betrachtende Junge in einer oder meist in mehreren Jungenkulturen zu Hause ist. [159] D.h., ein Großteil seines Handelns ist zumindest an den kulturellen Codierungen dieser Bezugsgruppen orientiert. Dies bringt für Eltern einige Entfremdungspotentiale von ihren Söhnen mit sich. Für PädagogInnen bedeutet dies, verstehen zu müssen, wie der einzelne Junge in welcher Jungenkultur eingebunden ist, real oder auch nur im Wunsch des Jungen. Es ist uns immer wieder begegnet, dass ein jugendlicher Junge rechtsextreme Orientierungsmuster zelebriert, obwohl – oder eben gerade weil – er *nicht* in einer rechtsextremen Gruppe integriert war. Gewalttätige Männlichkeitsbeweise sind vor diesem spannungsreichen Verhältnis zu der autoritären Jungenkultur besser nachvollziehbar.

---

159 Vgl. hierzu z.B. Reinert / Jantz 2001

Auf der anderen Seite loten Jungen, vermittelt über die *heterosexuelle Zwangs-matrix* einer angeblich gelungenen männlichen Identität, ihr gesamtes Handeln und einen Großteil des Denkens an dem aus, was ihnen Mädchenkulturen präsentieren. Einerseits grenzen sich Jungen eindeutig von dem ab, was für Mädchen Gültigkeit besitzt. Andererseits versuchen sie deren Anforderungen bzw. Wünschen an Jungen gerecht zu werden. Damit bieten sowohl Jungen- als auch Mädchenkulturen hervorgehobene Orientierungsmuster für die Suchbewegungen von Jungen. Die geschlechtsspezifische Trennung bekommt qua Sozialisation eine existenzielle Bedeutung. Dabei spielt das Motiv, dass Mädchen zu beschützen seien und dass Jungen es den Mädchen recht machen mögen, immer noch eine zentrale Rolle. Beispielsweise berichten ältere Jungen in sexualpädagogischen Seminaren nach wie vor, dass es doch darum ginge, dass es „für das Mädchen schön" sei. Ob sie selber Spaß dabei hätten, ob es ihnen wehtäte, „wenn das Mädchen noch nicht so weit" sei, das sei doch „nicht so wichtig". Sich selbst so weit zurückzunehmen, um sich gleichzeitig als potenter Liebhaber überhöht zu präsentieren, ist bei genauerer Betrachtung bereits der Beginn einer Gewaltphantasie. Denn ohne Rücksicht auf die eigenen Wahrnehmungen und realen Grenzen ist die „Misswahrnehmung" bis Missachtung der Grenzen von Mädchen bereits „programmiert". Damit richtet sich die Gewalt gegen das Mädchen und sie richtet sich auch gegen den Jungen selbst.

5.4 Manifeste Gewalterfahrungen

Wir gehen davon aus, dass das Thema Gewalt der Ideologie von Männlichkeit eingeschrieben ist. Es gibt wahrscheinlich keinen Jungen, der um eine Auseinandersetzung mit Gewalt herumkommt, ob als Opfer oder als Täter. Nicht jeder Junge wird irgendwann in eine Schlägerei verwickelt. Doch ab der späteren Kindheit bis ins junge Erwachsenenalter sind sämtliche Jungen von gewalttätiger Behandlung bedroht. Das gilt im hervorgehobenen Maße für das Grundschulalter.

In Selbstbehauptungskursen an Grundschulen beispielsweise berichten uns Jungen stets von größeren Jungen (neuerdings manchmal auch von „großen Mädchen"), die ihnen auflauern. Schon früh lernen Jungen „bestimmte Ecken" zu meiden, um nicht „angemacht" oder gar verprügelt zu werden. Nicht wenige haben sich mindestens einmal „heftig geprügelt". Besonders drastisch erleben wir (in unserer Arbeit) den Anstieg während der letzten Jahre an manifesten Erfahrungen mit Schuss-, Stech- und Schlagwaffen, Tötung von Kleintieren und an Ängsten vor Sexuellem Missbrauch durch Erwachsene.

Dies mag daran liegen, dass einerseits die Aufmerksamkeit für solche Phänomene gestiegen ist und andererseits Jungen wie Mädchen sich zunehmend mehr trauen, uns Erwachsenen diese Handlungen auch zu präsentieren. Darüber hinaus gibt es durch die Verfügbarkeit digital-audiovisueller Aufzeichnung, der Präsentation im Internet und der technischen Möglichkeit, über die so genannte „bluetooth-Verbindung", kleine Videos von Handy zu Handy zu übertragen, eine neue Qualität der Gewalterfahrung durch ihre Vermittelbarkeit. Deshalb können wir nicht wirklich unterscheiden, ob diese Gewalthandlungen zugenommen haben, oder aber, ob wir sie nur deutlicher zu Gesicht bekommen. Dennoch ist Gewalthandeln für heutige Jungen unserer Beobachtung nach eindeutig offen sichtbarer. Das belegen auch neuere Untersuchungen.[160]

Sowohl die meisten Täter körperlicher Gewalt als auch die Mehrzahl ihrer Opfer sind männlich. Das beweisen sämtliche Statistiken.[161] Damit können wir festhalten, dass sämtliche oberen Differenzierungen des männlichen Seins als Junge von *manifesten Gewalterfahrungen* begleitet werden. Die Ausprägung des Selbst als Junge wird durch Gewalthandeln begleitet und mehr oder weniger bestimmt. Daraus folgen weitere Täter-Opfer-Konstellationen, die wiederum das System aus Dominanz, Bedürftigkeit, Kinderseite und Erwachsenenseite durchrütteln. Nicht zuletzt wird auch das Verhältnis von Jungenkultur zur Mädchenkultur mitbestimmt. Hierzu zählt insbesondere sexuell (mit)motiviertes Handeln zwischen Jungen und Mädchen. Auch hier entstehen TäterIn-Opfer-Beziehungen, die sich keinesfalls einseitig gestalten, wenngleich die patriarchalisch gewachsene Struktur das hierarchische Gefälle eindeutig bestimmt: Männlichkeit definiert die Toleranzgrenzen, in der Weiblichkeit definiert werden kann, Männer zeigen ihre mythologisierte angebliche Überlegenheit insbesondere auch in sexuellen Grenzübertritten gegenüber Frauen und Kindern. Das bedeutet nicht, dass sämtliche männlichen Menschen Grenzen gewalttätig überschreiten oder dies mindestens einmal taten.

Doch der Ideologie von Männlichkeit ist die Umkehr von Ohnmacht in Macht, von Opfer in Täter, von Knecht in Herrscher kulturgeschichtlich fest eingeschrieben, ob traditional oder modern. Und dadurch bilden manifeste Gewalterfahrungen einen wesentlichen Teil des Fundaments männlicher Sozialisation. Allerdings sind besonders an Grundschulen Geschlechterverhältnisse beobachtbar, in denen auch viele Mädchen eher die dominante Seite einnehmen. Diese Ambivalenz zwischen dem männlichen Dominanzanspruch und der erfahrenen

---

160 Vgl. exemplarisch für jüngere SchülerInnen: Tillmann / Holler-Nowitzki / Holtappels / Meier / Popp 1999.
161 Vgl. Kap. 4.3.3

Selbstbehauptung von Mädchen, stellt u.E. einen zentralen Motor für die Veränderbarkeit klassischer Bilder bei Jungen dar.

Jenseits „moralinsaurer" Zuschreibungen an Jungen und Männer bekommt die Täter-Opfer-Betrachtung innerhalb des vorgestellten Modells somit eine tiefergehende Bedeutung. Die auftretenden, manifesten Gewalterfahrungen von Jungen, Jungengruppen und sämtlichen Beteiligten richten die Einzelteile männlicher Sozialisation aus. So als legten wir jeweils eine besondere Anordnung von Plus- und Minuspolen eines starken Magneten an. Jeder Junge entwickelt ein jeweils spezielles Gefüge der benannten Aspekte aus, und die jeweilige Jungenkultur wird dadurch mitbestimmt. Insbesondere die geschlechtshomogenen Jugendkulturen bieten einen Rahmen, der die Möglichkeiten und Grenzen einer inneren Balance bestimmen. Es ist schwer, aus diesem Rahmen zu fallen; es ist schwer die daraus folgenden Begrenzungen zu überwinden. Für Jungen ist es oftmals undenkbar, alternative Handlungsstrategien zu entwickeln, um mit Gewalt oder zumindest mit den Potentialen alternativ konstruktiv umzugehen. Dem angeblich „normalen" Jungen bleibt es beispielsweise vergönnt, ein körperlich stärkeres Mädchen einfach als stärker zu akzeptieren. Hier werden Stärkedemonstrationen z.B. durch sexualisierte Abwertungen „nötig". Auch durch die Wiederholung an Zuschreibungen durch elterliche und professionelle PädagogInnen ist es für Jungen nahezu unmöglich, aus dem männlichen Täter-Opfer-Dualismus auszusteigen.

5.5 Jungenarbeit – eine Chance zur Neuordnung

Hier bietet Jungenarbeit einen nützlichen Erfahrungsraum für Jungen. Gemeinsam mit Männern können die unterschiedlichen Aspekte von Männlichkeit(en) extrahiert und gemeinsam bewertet werden. Anhand unterschiedlicher Gegenerfahrungen wird für Jungen ein Möglichkeitsraum eröffnet, in dem sie Alternativen kennen lernen, ausprobieren und verwerfen oder manchmal auch annehmen. In jedem Fall lernen sie, das eigene Handeln vor dem Hintergrund der geschlechtstypischen Erwartungen und Forderungen an sie zu verstehen.[162]

Dabei sollten die Bezüge zur Lebenswelt der Jungen als Orientierung für sämtliche Methoden und Zugänge dienen. Das bedeutet, Methoden sollten derart offen, suchend und prozessorientiert gestaltet werden, dass die Jungen ihre Bezüge zu ihren Jungenkulturen selbst präsentieren. Wenn es den Jungen selbst relevant erscheint, werden sie auch das Verhältnis zu „ihren" Mädchenkulturen mit einbeziehen oder diese gar ins Zentrum ihrer Betrachtung stellen.

---

162 Vgl. vertiefend zur Trennung von Mannsein und Männlichkeit: Jantz / Grote 2003

Des Weiteren kann die Balance der weiter oben entfalteten Aspekte bzw. Pole durch die Jungen(gruppen)arbeit stabilisiert werden, indem Jungen von Jungen lernen. Jeder präsentiert eine individuelle Mischung. Lassen wir diese z.b. durch Wahrnehmungsübungen und durch gestalterische Methoden sichtbar werden, entsteht eine Handlungsvielfalt, aus der sich jeder Junge das herauspicken kann, was ihn anspricht. Gelingt es uns, dieses Interesse aufzugreifen, werden nachhaltige Lernprozesse möglich. Dies bezieht sich in erster Linie auf den jeweiligen Jungen, aber zumeist auch auf den Jungenarbeiter selbst. Wenn es beispielsweise gelingt, dass Jungen ihre Bedürftigkeit ein wenig mehr zulassen, dann kann diese Seite durch die Jungenarbeit gestützt werden. Lassen sich Jungen beispielsweise auf eine Phantasiereise in ihre eigene Zukunft ein, dann werden Wünsche offensichtlich, die i.d.R. nicht zu erfüllen sind. Doch akzeptiert der männliche Pädagoge als gleichgeschlechtliches Modell die eigene Begrenztheit und lässt die Jungen daran Anteil nehmen, dann werden auch realistische Lebens- und Berufsplanungen für die Jungen (vor dem Hintergrund einer sie leitenden persönlichen Utopie) möglich: „Wünschen ist schön und manche Wünsche lassen sich sogar erfüllen." Gelingt es den „männlichen Allmachtsphantasien" eine *kreativ utopische Machbarkeit* entgegenzuhalten, dann ist viel für Jungen erreicht. Vielleicht ist es für den Einzelnen gar möglich, die obigen Dualismen zu verlassen. Und in diesem Zusammenhang müssen wir leider immer wieder bedauern, dass es nach wie vor viel zu wenige Männer an Grundschulen gibt. Deshalb sind Projekte mit externen Teamern besonders für Jungen so wichtig.

Methodenbeispiele aus der Jungenarbeit [163]

Methodenbeispiel „Gewaltszene": Wir legen ein Bild, das eine typische Gewaltsituation darstellt, in die Mitte und bitten die Jungen einen für sie stimmigen Abstand dazu einzunehmen. Dabei betonen wir, dass es um einen ganz persönlichen Standpunkt geht, der weder richtig noch falsch sein kann. Dann berichten alle (!) nacheinander, warum sie den jeweiligen Abstand gewählt haben. Daraufhin nehmen sie eine Haltung aus ihrer Gefühlslage zum Geschehen ein und die anderen interpretieren, was sie sehen. In der dritten Runde sagt jeder einen Satz zu der Aufgabe: „Was möchtest Du den Beteiligten sagen?" Dieser assoziativ-darstellende Zugang ermöglicht eine sehr differenzierte Wahrnehmung durch die Vielzahl an Jungensichten. Jungen können zwischen der selbstbetroffenen Haltung über die neutrale Position bis hin zur Chance von Zivilcourage switchen.

---

163 Diese und weitere Beispiele werden ausführlich beschrieben bei Jantz 2005 („Selbstbehauptungskurse für Jungen – ein praktischer Einblick")

Ein Möglichkeitsraum von Vielfältigkeit bei einem gewissen Maß an Selbstein-schätzung ist geschaffen. Diese Methode funktioniert bei Grundschülern beson-ders gut, da sie hierbei i.d.R. keinerlei Widerstände zeigen. Vielmehr geht es ja um sie, was sie auch so annehmen und für Fragen nutzen.

Methodenbeispiel „Männliche Raumaneignung I": Wir bearbeiten mit einem Set an Übungen unterschiedliche Szenarien, in denen Jungen ihre jeweiligen Strate-gien erproben können. Es ist stets das gleiche System, in dem drei Jungen den Raum verlassen und dann dieselbe Aufgabe erhalten, die sie jedoch einzeln und nacheinander lösen. Auf der anderen Seite bekommen die restlichen Jungen eine „Gegenaufgabe", die sie als Gruppe lösen sollen. Zunächst betritt der erste Junge den Gruppenraum und zeigt seine Strategie der Bewältigung, dann der zweite und schließlich der dritte. In der Konfrontation der einzelnen inklusive ihrer individuellen Lösung mit der Gruppenlösung werden dann grundsätzliche Phä-nomene der Wahrnehmung und Behauptung deutlich. Z.B. bekommt die Gruppe die Aufgabe, sämtliche Positionen im Raum strategisch-körperlich zu besetzen und so abweisend-fies wie möglich dreinzuschauen. Jeder Kontakt ist verboten. Die drei werden einzeln nacheinander gebeten, sich einen Ort zu suchen, an dem sie sich wohl fühlen. Auch diese unmögliche Aufgabe wird dadurch gelöst, dass die einzelnen Jungen versuchen, ihre Unsicherheit und ihr Unwohlsein zu über-spielen, was sie selbst z.t. gar nicht richtig merken (Verinnerlichung der männ-lichen Ideologie). Die anderen aber spiegeln dies in Anerkennung der Schwie-rigkeit der Bewältigung, dass es aber spürbar war. Sofort entsteht ein Übertrag auf Jungenrealitäten im Alltag durch die Jungen selbst, Alternativen werden gesucht. Grundschüler zeigen sich hierbei sehr offen, so dass die Männlichkeits-thematik sehr schön verhandelbar ist, wenngleich sie dabei gerne von „den Jun-gen" sprechen, aber dieser Ich-Abstand als Hilfsmittel sei ihnen gegönnt.

Methodenbeispiel „Männliche Raumaneignung II": In einer weiteren Sequenz stellt die Gruppe eine „johlende Horde von Hooligans" dar (für Grundschüler besser: ein Wrestling-Team), während die drei Jungen nacheinander und einzeln „einfache Jungen" spielen, die an diesen vorbei kommen müssen. Während sich die einzelnen auf einen Kampf einstellen, haben die anderen jedoch die Aufgabe, sofort die Passage frei zu geben. Hier kann der Gewaltkreislauf hervorragend thematisiert werden, wenn die einzelnen berichten, wie sie sich innerlich für die vermeintliche Bedrohung gerüstet haben. Nicht selten entstehen hier (offensicht-lich unnötige) Ausschreitungen im Spiel. Es kann mit Grundschülern gut bespro-chen werden, dass der spielerische Kampf schön ist, wenn beide Seiten diesen wünschen, dass er aber lästig wird, wenn eine Seite das Ende herbeisehnt und die andere einfach weiter macht.

■   Besondere Berücksichtigung verdienen

Um der Vielfältigkeit von Jungen gerecht zu werden, reichen die bereits entfalteten Kategorien jedoch nicht aus. Folgende quer dazu verlaufende Merkmale müssen für die Gestaltung einer fundierten Jungenarbeit / Geschlechtsbezogenen Pädagogik bereits ab dem Grundschulalter stets berücksichtigt werden. Damit sind wir bei der abschließenden Form des Modells (4. Stufe) angelangt:

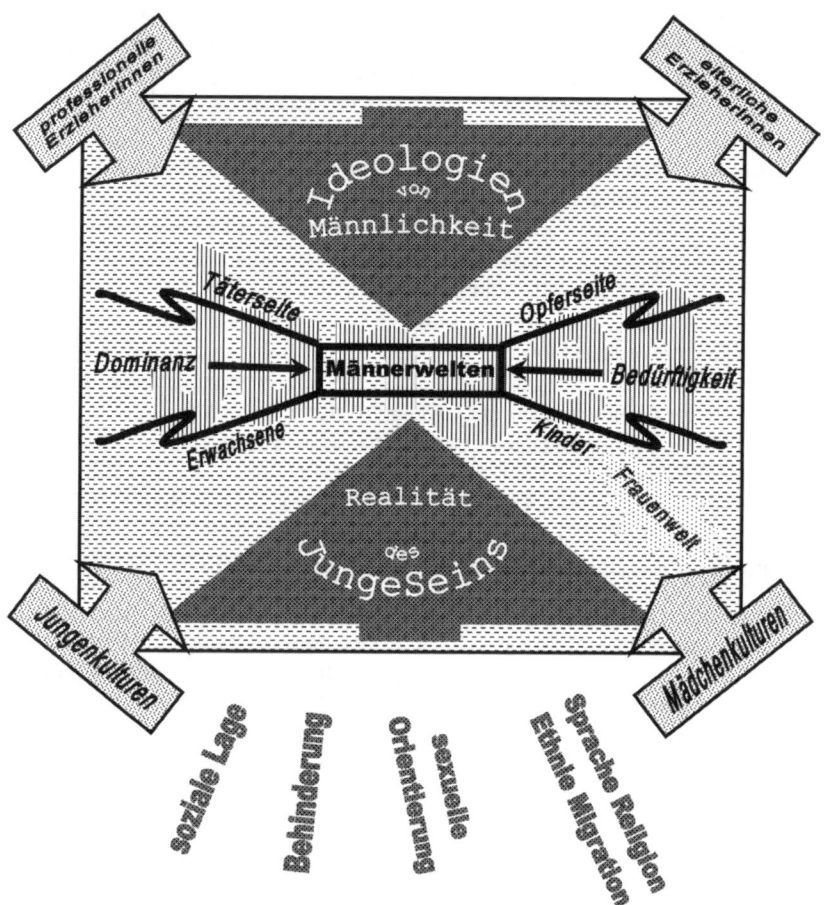

Abbildung 5:   Modell 1: Junge sein – Mann werden (müssen) –
4. Stufe: Das gesamte Modell

a. Die männliche Identität, die sich zwangsweise heterosexuell präsentieren muss, lässt wenig Spielraum für Jungen, sich jenseits der zweigeschlechtlichen Kleinfamilie zu verorten. Dennoch können wir davon ausgehen, dass sich mindestens ein bis zwei Jungen jeder beliebigen Jungengruppe homosexuell orientieren oder dies irgendwann in ihrem Leben tun werden. Diesem Umstand und der schlichten Tatsache, dass Homophobie eins der zentralen Segmente fast jeder vorkommenden Männlichkeit ist, muss Jungenarbeit gerecht werden. Ob nun antihomophobe Strategien entwickelt werden oder ob wir lediglich körperbezogene Begegnungen zwischen Jungen organisieren, die mögliche sexuelle Orientierung sollte nicht außer Acht gelassen werden. Der Normierungsdruck für sich bereits homosexuell orientierende Jungen (ob ausschließlich oder ergänzend zur heterosexuellen Orientierung) offenbart sich zumeist als extrem hoch. Auch dafür sollten wir eine Unterstützung gewähren.[164] Im Grundschulalter werden die Wertvorstellungen entscheidend geprägt. Gelingt es hier, einen natürlichen Zugang zur Vielfalt sexueller Lebensformen zu gewinnen, dann haben es Jungen in der Nachfolgezeit sehr viel leichter, ihren eigenen Weg zu beschreiten. Die *sexuelle Orientierung* stellt damit eine erste Quersicht auf Jungennormalitäten dar. Sie sollte niemals aus dem Blick geraten.

b. Darüber hinaus dient das „Schreckgespenst" der *Behinderung* Jungen, um in der sozialen Hackordnung bestehen zu können. Behinderung stellt Männlichkeit als solche in Frage. Ein Junge, wenn er denn Männlichkeit beweist, kann nicht behindert sein. Umgekehrt erfahren wir in integrativen Jungengruppen immer wieder, dass die Präsenz von Jungen mit Behinderungen sowohl das allgemeine Sozialverhalten ändert als auch sich die Definition dessen, was als männlich gilt rsp. was sich Jungen erlauben, völlig neu entwickelt. Es ist z.B. ein umsorgend körperlicher Umgang möglich, der die ansonsten so starren homophoben Grenzen zu überwinden scheint. Ein Junge, dem es gerade schlecht geht, kann hier getröstet, gar gestreichelt werden, ohne dass diesem Handeln ein sexualisiertes Motiv angehängt würde. Behinderung löst also einerseits sämtliche Ängste vor Krankheit und anderen Begrenzungen aus und muss daher rigoros abgelehnt und abgewertet werden. Andererseits bedeutet sie einen Ausweg aus dem Zwangskorsett von Männlichkeit(en). Deshalb ist es sehr hilfreich, das Bedingungsfeld Behinderung mit Jungen zu bearbeiten. Dabei verbietet sich jedoch der „moralinsaure Imperativ" an Jungen: „Da solltest Du aber mehr Rücksicht zeigen!" Vielmehr geht es darum, mit Jungen gemeinsam verstehen zu lernen, welchen „Angriff" eine mögliche Behinderung auf die männlichen Auto-

---

164 Vgl. vertiefend: Jantz 2001b und auch: Schenk 1994

nomiebedürfnisse bedeutet, und zu entdecken, welchen Gewinn wir z.B. auch aus Krankheit gewinnen können. Behinderung und Krankheit sind zwei verschiedene Phänomene, die zunächst rein negativ bewertet sind. Sie bieten analog Orientierungen an, um aus dem „Männlichkeitswahn" aussteigen zu können. So unterstützt die Integration von Jungen mit Behinderung diese nicht nur in ihrem Recht auf Teilhabe am gesellschaftlichen Leben, sondern verhilft den anderen Jungen bei einer adäquat anerkennenden pädagogischen Begleitung zu einer Integration eigener Schwächen. Sämtliche Jungen können somit voneinander lernen. Im Grundschulalter gelingt dies bei bewusster Beachtung noch spielerisch und spielend.

c.   Interkulturelle Verschiedenheiten bieten eine weitere Chance, Männlichkeit neu zu verhandeln. Jungen, die in unterschiedlichen Regionen Deutschlands, Europas oder anderen Teilen der Welt aufgewachsen sind, offenbaren eine jeweils unterschiedlich beeinflusste Balance zwischen den oben genannten, vertikalen und horizontalen Polen. Hier spielt die Unterschiedlichkeit der vier Ecken im Modell (erwachsene und professionelle ErzieherInnen, Mädchen- und Jungenkulturen) sowie die Frauenwelten eine tragende Rolle für die Ausbildung der *männlichen (Rollen-)Identität*. Jemand, der rassistische Ausgrenzung erfahren hat, entwickelt gänzlich andere Selbstbehauptungsstrategien als jemand, der schon immer zur gesellschaftlichen u.v.a. sozialen Mehrheit gehörte. Das Männerbild bei kriegserfahrenen Jungen ist durch traumatisierende Erlebnisse beeinflusst, während das typisch bildungsbürgerliche „Kinderladenkind" möglicherweise durch behütende Männlichkeit geprägt wurde. Die jeweils regionale Kultur einschließlich ihrer vielen Neben- und Subkulturen bestimmt all das, was sich Jungen zugestehen und das, was sie anderen Jungen und Mädchen zugestehen. Der geschlechtstypische Habitus, der öffentlich präsentiert wird, steht nicht selten den inneren Zweifeln und Toleranzen entgegen. Diese Vielfalt lebendig werden zu lassen, deutet auf die große Entwicklungschance, die uns die interkulturelle Begegnung in der Jungenarbeit bietet. Die kleinen wie die großen *Migrationserfahrungen* der Jungen können dabei produktiv aufgegriffen werden, wenn es uns gelingt, die Klippen der stigmatisierenden Selbst- und Fremdzuschreibungen zu umschiffen.[165] Bereits familiäre Umzüge von dem einen Dorf in die nächste Kleinstadt können derart prägend für Kinder sein, dass sie sich nachhaltig auf die innere Regulation von Wunsch und Männerbild auswirken, so dass es sich bereits um zumindest eine *Miniversion von Migration* handelt. Dieses sollten wir ebenso aufnehmen wie die offensichtliche Migration von Jungen, die in einem anderen Land geboren

---

165 Vgl. ausführlich: Jantz „Sind die wieder schwierig!" in: Jantz / Grote 2003

sind oder trotz der Geburt in Deutschland als Ausländer „gehandelt" werden. Dabei liefern *Sprache, Religion* und die eigene *Ethnie* einen besonderen Zugang zur Verschiedenheit. Wenngleich sich unserer Erfahrung nach eher die „coolen und tollen Jungen" zusammentun, gegen die „Leisen", die „Luschen", die „Nieten", die „Verlierer", die „Schwulies" u.a. „Nichtmännlichen", ist es im alltäglichen Gegeneinander doch immer wieder nützlich, sich auf die eigene Sprache zurückzuziehen. Auf einmal sprechen die Aussiedlerjungen russisch und viele andere türkisch, während die PädagogInnen und ein paar andere gar nichts mehr verstehen. Sprache dient hervorragend der Ausgrenzung. Und dies gilt insbesondere umgekehrt auch für beispielsweise Aussiedler, die nun gezwungen sind, sich in einer Sprache zu artikulieren, die allem „Blutrecht" auf den deutschen Pass zum Trotz eine Fremdsprache für sie bedeutet. Der kommunikative Alltag vieler Jungen und noch viel mehr der Jungenarbeit, insbesondere in der Arbeit mit sog. sozial benachteiligten Jungen in Deutschland, ist dementsprechend von zwei sprachbedingten Hauptdynamiken geprägt:

1. Die deutsche Sprache baut vielen Jungen mit Migrationshintergrund v.a. im Bildungssystem Barrieren auf.
2. Sprache dient auch Jungen zur Ausgrenzung anderer.

Dabei weisen gemäß der PISA- und IGLU-Ergebnisse alle Jungen eine Tendenz zur sprachlichen Schwäche auf. Auch damit wird das Verhältnis der unterschiedlichen Aspekte von Männlichkeit durch die sprachliche Codierung mitbestimmt. Es geht in der Jungenarbeit oftmals genau darum, dass Jungen ihre eigene Sprache für eigene Erlebnisinhalte finden. Diese Sprache unterscheidet sich zumeist von der unsrigen. Diese produktive Spannung verschiedener Codierungen von angeblich männlichem Handeln bietet eine herausragende Chance der mitmännlichen und interkulturellen Begegnung in der Jungenarbeit. Das gilt auch für den (eigenen) Bezug zur Religion. Dabei spielt es eine große Rolle, gerade für die Machbarkeit von Methoden in der Jungenarbeit, ob der einzelne Junge sich religiös orientiert oder nicht und ob wir Erwachsene „religiös denken und leben" oder eben nicht. Wir werden insbesondere in Seminaren, in denen es auch oder gar zentral um Liebe, Freundschaft und Sexualität geht, mit unterschiedlichen Schwierigkeiten konfrontiert. Es ist für das Gelingen solcher Seminare zentral wichtig, welche religiösen Bezüge vorhanden sind: jüdisch, christlich, muslimisch, buddhistisch, hinduistisch und besonders: orthodox, fundamentalistisch, dogmatisch, freikirchlich, bibeltreu, sektenangebunden, puritanisch, um nur einige zu nennen. Auch hier ist klar, dass ebenso wenig, wie wir sämtliche uns möglicherweise begegnenden Sprachen erlernen können, wir die Zeit aufbringen werden, uns auch nur mit zwei anderen Religionen umfassend zu beschäftigen. Wichtig erscheint uns, dass wir das pädagogische Ohr für die religiösen Anklänge öffnen, die von den Jungen vorgetragen werden. Dabei wird es weitaus schwieriger sein, unser Vorurteil, unser „gut gesättigtes Halbwissen", beiseite zu schieben, um uns den jeweils individuellen Repräsentanzen von religiöser Zugehörigkeit widmen zu können. Behauptungen über „den Islam" beispielsweise nützen i.d.R. nichts für die angemessene Begleitung eines jeweils unterschiedlich gläubigen, muslimischen Jungen, es sei denn für das Verständnis um die alltäglichen Zuschreibungen, die auf ihn einströmen könnten. Auch hier geht es weitaus mehr um die fragende und suchende Haltung gegenüber den Jungen, geht es doch darum, die männlichen Suchbewegungen unterstützend, nicht zurichtend zu gestalten. Gerade in diesem Zusammenhang sei nochmals die Notwendigkeit einer kontinuierlichen Elternarbeit betont.

d.   Die abschließende Quersicht bieten die *unterschiedlichen sozialen Lagen* von Jungen. Während wir bei Jungen mit höheren Bildungsaussichten weitaus mehr *soziologische Phantasie*[166] antreffen, begegnet uns bei Jungen, die soziale Benachteiligung erfahren, zumeist die Fähigkeit eines körperbezogen und emotional unmittelbaren Kontaktes. Während wir also z.B. mit Gymnasiasten über die kognitive Umstrukturierung das gesellschaftliche Männerbild mit dem eigenen in Bezug setzen können, lassen sich Jungen der sog. Unterschicht sehr schnell auf Wahrnehmungsübungen u.a. gestaltpädagogische Methoden ein. Auch Jungen lernen in ihrer jeweiligen sozialen Schicht unterschiedliche Zugänge zur Realität. Existieren Defizite in der sprachlichen Kompetenz, dann müssen Auswertungszettel u.a. Methoden, die das Schreiben mit einschließen, wohlbedacht eingeführt werden. Sie sind i.d.R. möglich, müssen aber von der schulischen Definitionsmacht zwischen richtig und falsch befreit werden. Sind bildungsbürgerlich erzogene Jungen es gewohnt, sich stets vom Kopf her zu verständigen und entwickeln sie vermehrte Ängste gegenüber körperbezogener und affektiver Begegnung, dann dürfen die für sie (psychologisch) sinnvollen Angstbarrieren nicht einfach eingerissen werden. In einem sanften Aufbau werden rationalisiert geübte Jungen Stück für Stück an Körperwahrnehmung und Gefühlssensibilisierung beispielsweise mit Vertrauensübungen herangeführt. Jede soziale Gruppe der Gesellschaft entwickelt zu einem nicht unwesentlichen Teil eigene kulturelle Codierungen. Soziales Handeln ist auch bei Jungen darauf bezogen. Deshalb sollten wir uns eingehend mit unserer eigenen (erwachsenen) Befremdung auseinandersetzen, die so mancher Junge in uns

---

166 vgl. ausführlich: Jantz 1998

auslöst. Auch hier gilt die Maxime, dass wir vor der Einordnung des Verhaltens von Jungen bzgl. der jeweiligen Ideologie von Männlichkeit die jeweilige „soziale Normalität" kennen lernen müssen. Ob das Tun von Jungen eher als soziales denn als unsoziales Handeln eingeschätzt wird, liegt im Auge der BetrachterInnen und ist begründet in der interkulturellen Begegnung zwischen Jungenkultur, sozialer Herkunft der Jungen und der eigenen sozialen Herkunft als jetzt erwachsene PädagogInnen und als überwiegend Angehörige der Mittelschicht.

Damit wird deutlich, dass wir diese Quersichten anlegen müssen, um Jungen gerecht werden zu können. Wollen wir etwas bei Jungen verändern, müssen wir zunächst deren Realität anerkennen. Doch um anerkennen zu können, müssen wir zuerst die jeweils konkreten Facetten ihrer Realität verschränkt mit den vorliegenden Ideologien von Männlichkeit(en) verstehen, erklären und bis zu einem angemessenen Punkt auch wertschätzen. Erst dann ist die professionelle Beziehung derart tragfähig, dass sich Jungen lernoffen für unsere Angebote zeigen. Haben sie den Eindruck, dass ihre Realität missachtet wird, werden sie gesunderweise blockieren. Das bekommen dann v.a. Lehrerinnen zu spüren.

5.6 Männliche Suchbewegungen

Jungen suchen also nach Männlichkeit. Sie entdecken schon früh unterschiedliche Männlichkeiten, die sie als Orientierung für das eigene JungeSein und dann schließlich für die Mannwerdung nutzen. Zwischen der Ideologie von Männlichkeit(en) und der Realität ihres JungeSeins wird die eigene Männerwelt ausgelotet, modifiziert, verworfen und wieder neu errichtet. Dabei entstehen Spaltungen, die wir produktiv aufgreifen können. Insbesondere die Pole Täterseite-Opferseite, Dominanz-Bedürftigkeit und Kinder-Erwachsene bieten einen Aufschluss über die inneren Widersprüchlichkeiten von Jungen. Lernen wir die daraus bei uns entstehenden Ambivalenzen auszuhalten, sie gar konstruktiv zu verstehen, dann wird eine Unterstützung von Jungen möglich, die den pädagogischen Alltag ungemein erleichtert. Unsere Widerstände gegen so manch jungentypisches Denken und Handeln wird verständlich(er) und wir zeigen uns damit gelassener. Die oftmals beobachteten Gefühle von Ohnmacht und Überflüssigkeit gegenüber vielen Jungen weichen der Machbarkeit pädagogischer Begleitung. Männliche wie weibliche PädagogInnen können anhand dieses jungentypischen Koordinatensystems ihre Kompetenzen entfalten, um Jungen in ihren männlichen Suchbewegungen zu unterstützen. Erst in der von Anerkennung und Wertschätzung getragenen Begegnung zwischen Erwachsenen, insbesondere als elterliche und professionelle ErzieherInnen, und Jungen werden nachhaltige Bildungsprozesse möglich. Auch die Definition dessen, was Jungenarbeit bedeutet, wird dadurch stets von den an ihr teilhabenden Jungen selbst mitdefiniert. Insofern bietet das vorgestellte Modell einen Hebel für die *Jungenarbeit zwischen Begegnung und Veränderung* auf sämtlichen Ebenen, wenn wir jedes Jungenseminar, jede Jungenberatung und jeden geschlechtsbezogenen Unterricht mit Jungen als interkulturelle Begegnung zwischen Jungen- und Erwachsenenkultur begreifen.

Die Grundschule ist u.E. besonders gut geeignet, die Jungenbelange aufzugreifen, da hier der Unterricht neben der Fachdidaktik immer auch einen großen Anteil an sozialer Kompetenz von LehrerInnen verlangt. GrundschullehrerInnen sind es bereits gewohnt, nicht nur die Bildungsinhalte zu vermitteln, sondern ebenso stark das soziale Lernen zu fördern.

5.7 Zusammenfassung: Folgen für die Pädagogik an Grundschulen IV

Geschlechtsbezogene Pädagogik mit Jungen findet stets im Spannungsfeld aus Täter- und Opferschaft von Jungen statt, auch dann, wenn Jungen aktuell nur eine der Seiten präsentieren.

Insbesondere auch ihre Opferseite auszuhalten und dieser Raum geben zu können, ist eine besondere Qualität Geschlechtsbezogener Pädagogik. Vielen Erwachsenen, insbesondere Männern, fällt dies besonders schwer, da es sie mit eigenen verborgenen Ängsten und Unzulänglichkeitsgefühlen konfrontiert.

Insofern ist noch mal zu betonen, dass die Basis jeder gelungenen geschlechtsbewussten pädagogischen Arbeit stets die systematische Selbstreflektion der PädagogInnen ist. Nur wenn wir bereit sind, das eigene Mann-Geworden-Sein bzw. Frau-Geworden-Sein kritisch zu hinterfragen, können wir die Jungen (und die Mädchen) angemessen in ihrer Entwicklung unterstützen. Wenn wir es schaffen, die Jungen in ihrer Vielfältigkeit wahrzunehmen und zu achten, statt implizit weitere Beweise ihrer Männlichkeit einzufordern, wäre damit bereits eine wichtige Unterstützungsarbeit geleistet.

Für viele Jungen stellt die Begegnung mit Männern, die gemeinsam mit ihnen auch über ihre eigenen Gefühle und Ängste reden, eine gänzlich neue Erfahrung dar. Ein derart spürbares Gegenüber in Gestalt des Jungenarbeiters verschafft uns häufig einen überraschend offenen Zugang zu den Jungen. Denn immer erfolgreich und unverwundbar wirken zu müssen, ist ungemein anstrengend; ein Austausch über innere Zerrissenheiten und Unsicherheiten innerhalb der Jungengruppe ist daher für die meisten Jungen sehr entlastend. In solchen „entlasteten Räumen" haben Jungen die Chance, sich von ganz anderen Seiten kennen zu lernen und zu erleben, dass sie mit ihren Unsicherheiten und Zweifeln gar nicht so alleine stehen, wie sie immer annahmen.

Körper und Sexualität sind demzufolge oft wichtige Themenbereiche für die Jungenarbeit auch schon an Grundschulen. Viele Jungen haben unzählige Fragen, wissen aber nicht, wen sie fragen können. Für viele Jungen gibt es niemanden, der sie in seiner körperlichen Entwicklung aktiv begleitet, denn für viele Fragen rund um die körperliche Selbstwahrnehmung sind Mütter und Lehrerinnen einfach nicht die richtigen AnsprechpartnerInnen, auch wenn sie selbst eine entsprechende Bereitschaft und Offenheit mitbringen.

Doch auch für die *Interaktion Pädagogin / Lehrerin – Junge* ist die geschlechtsbezogene Perspektive von herausragender Bedeutung. Lehrerinnen und Jungen begegnen sich auf dem Hintergrund einer widersprüchlichen Hierarchiekonstellation: Lehrerinnen sind als Erwachsene und Lehrende die Höherstehenden, doch auf der Ebene des Geschlechts dreht sich dieses Verhältnis um: Mit Hilfe eines Rückgriffs auf die gesellschaftlich präsentierte Geschlechterhierarchie können sich (auch bereits relativ kleine) Jungen jederzeit über ihrer Lehrerin stellen. Um einem solchen Angriff angemessen begegnen zu können, müssen Lehrerinnen zwei Aspekte systematisch berücksichtigen:

1. Wie haben sie ihr eigenes Frau-Werden erlebt? Wie erleben sie ihr Frau-Sein in der Gesellschaft? Welche Macht haben sexistische Angriffe für sie?
2. Aus welcher Position und Motivationslage heraus handeln die Jungen? Das vorab entfaltete Modell kann hierbei helfen, dass Frauen Verständnis für Jungen aufbringen, ohne die eigene Position angreifbar zu machen. Im Gegenteil ist ein kraftvolles, standfestes Frauenbild für Jungen sehr hilfreich und kann unterstützend wirken, ohne sich in die Defensive drängen zu lassen.

In diesem Zusammenhang sei an dieser Stelle noch der Themenkomplex „Grenzen" als ein zentrales pädagogisches Feld Geschlechtsbezogener Pädagogik hervorgehoben, welches sowohl in der reinen Jungengruppe als auch im geschlechtsreflektierten, gemischtgeschlechtlichen Setting bearbeitet werden kann.

Die (Unfähigkeit der) *Wahrung von Grenzen* ist für viele Jungen ein zentrales Thema: Sie erlernen systematisch, körperliche Wahrnehmungen und Reaktionen in verschiedenen Situationen zu übergehen. Daraus entwickelt sich oft ein derart schlechter Selbstbezug, dass viele Jungen gezielte Unterstützung in der Wahrnehmung ihrer eigenen Grenzen benötigen. Die Geschlechtsbezogene Pädagogik stellt hierfür verschiedene Sensibilisierungsübungen zur Verfügung, die in vertrauensvoller Atmosphäre durchgeführt werden können. Zum Beispiel dienen Phantasiereisen durch den eigenen Körper der Wahrnehmungssensibilisierung. In reinen Jungengruppen bieten sich auch Methoden an, die einen fürsorglich-zärtlichen Umgang der Jungen untereinander ermöglichen, wie zum Beispiel gegenseitige Massagen oder, was eher den Aspekt der Verantwortungsübernahme füreinander unterstreicht, gegenseitige Blindführungen.[167]

Der *gewaltpräventive Charakter* der Jungenarbeit weist dabei in zwei Richtungen: Zunächst werden die Jungen in der Wahrnehmung und Wahrung ihrer eigenen Grenzen unterstützt. Darauf aufbauend ist es in einem weiteren Schritt überhaupt erst möglich, die Grenzen anderer umfassend zu realisieren. Wer sich selbst und eigene Grenzen kaum spürt, ist auch nicht in der Lage, die Grenzen anderer sensibel wahrzunehmen, geschweige denn zu wahren.

Für Arbeit von LehrerInnen ist also zu betonen, dass jungengemäßes Lernen beinhaltet, sich sehr viel zu bewegen. Jungentypische Barrieren in der Schule können überwunden werden, wenn es LehrerInnen gelingt, eine Gleichzeitigkeit von Unterstützung (bei Bedürftigkeit) und Grenzsetzung (bei Dominanz) zu gewährleisten. Dabei sollten Jungen gefördert und gefordert, aber nicht beschämt und überfordert werden. Das vorliegende Modell hilft dabei, sich nicht auf der einen Seite der Pole zu verrennen.

Die Förderung sozialer Kompetenzen gelingt besonders gut, wenn Jungen und Mädchen zuweilen getrennt werden. Lehrerinnen können als „soziale Mutter" umsorgen, sollten jedoch gleichzeitig ihre Autorität (nicht aber autoritäres Handeln!) zeigen.

Außerdem sollten möglichst viele Männer geschlechtsbewusst mit den Jungen arbeiten.

---

167 Es gibt viele Methoden, die den pädagogisch Tätigen immer wieder begegnen. Die Frage ist, wie bereits betont, nicht so sehr die nach speziellen Methoden, sondern nach den Zielen, die man verfolgt. Fragen Sie sich stets: Was will ich erreichen? Und überprüfen Sie die Methode daraufhin. Spektakuläre Methoden täuschen möglicher Weise darüber hinweg, dass ihre Zielausrichtung völlig unklar bleibt.

Übungsaufgabe 6:

Betrachten Sie einen bestimmten Schüler, der Ihnen besonders auffällt! Nehmen Sie dann das vorliegende Modell zur Hand und gehen Sie die einzelnen Facetten durch und notieren sich Aspekte dieses Jungen zu dem jeweiligen Pol. Wo und inwiefern zeigt er z.B. seine Dominanz, wo und inwiefern seine Bedürftigkeit?

Ändert sich dabei Ihre Haltung zu diesem Jungen? Sprechen Sie mit KollegInnen über Ihre Erkenntnisse!

6 Modellhafter Zugang II: Mädchen sein – weiblich werden (müssen)

Gerade im Grundschulalter wird deutlich, dass Mädchen auch ohne Ideologien von Weiblichkeit auskommen können. Das liegt neben der Abgrenzungskompetenz von vorpubertären Kindern auch daran, dass Mädchen in den Zuschreibungen mehr Vielfalt zugestanden wird als Jungen. Besonders in den frühen Jahren treffen Mädchen auf sehr unterschiedliche Frauenbilder im sozialen Nahraum. Darüber hinaus werden Mädchen in den frühen Jahren bis zur Pubertät zunehmend auch viele so genannte Jungeneigenschaften zugestanden. So können wir im Sport beobachten, dass Mädchen durchaus auch in typischen Jungendisziplinen glänzen können. Das lässt dann allerdings im Verlaufe der Adoleszenz nach (s.o.). Allein diese Tatsache fördert die fundamentale Unterschiedlichkeit in der Identitätsbildung von Mädchen im Vergleich zu derjenigen von Jungen. Das folgende Modell vom MädchenSein stellt das Pendant zum Jungenmodell dar. Einige Ebenen sind gleich, doch die zentralen Eckpfeiler weiblicher Sozialisation gruppieren sich um andere Pole. Es ist nicht so, dass die zentralen Jungenpole – z.B. Täterseite-Opferseite – nicht auch für Mädchen Bedeutung hätten, aber sie sind eben nicht zentral, da Frauen und Mädchen schlicht eine andere Rolle in Geschlechterverhältnissen zu spielen haben als Jungen und Männer. Es ist eher so zu sehen, dass die Mädchenpole eindeutig auf diejenigen Bedingungen bezogen sind, die die Alltagsmännlichkeiten vorgeben. Wenngleich sich viele Lebenswelten und damit auch die Lebensentwürfe zunehmend ausdifferenzieren, bleiben bestimmte Faktoren der geschlechtstypischen Sozialisation immer noch dominant. Insbesondere aufgrund der Beschreibbarkeit dieser Gleichzeitigkeit von Veränderung und Kontinuität beginnen wir die folgenden Abschnitte stets mit den immer noch gültigen Überbleibseln klassischer Sozialisation, um dann immer wieder die modernisierenden Bedingungen für Mädchen auszuführen. Deshalb enthalten die Ausführungen zwangsläufig immer ein gewisses Maß an Schematisierungen, die in der Gesamtheit nicht auf jedes Mädchen zutreffen werden. Dennoch wird daran deutlich, wie polar sich auch heutige Geschlechterverhältnisse gestalten. Mithilfe der Pointierung auf zugespitzte Weiblichkeitsdarstellungen wollen wir die zentralen Kategorien verständlich und fassbar vermitteln, wie und inwiefern sich die oben ausgeführten Beobachtungen auf der soziologischen wie auf der psychologischen Seite manifestieren.

Auch in diesem Modell können wir uns sowohl eine Mädchengruppe als auch ein einzelnes Mädchen im *Zentrum der Orientierung* vorstellen. Zum besseren Verständnis entfalten wir das komplette Modell wiederum in vier Stufen. Wir beginnen mit der ersten Stufe:

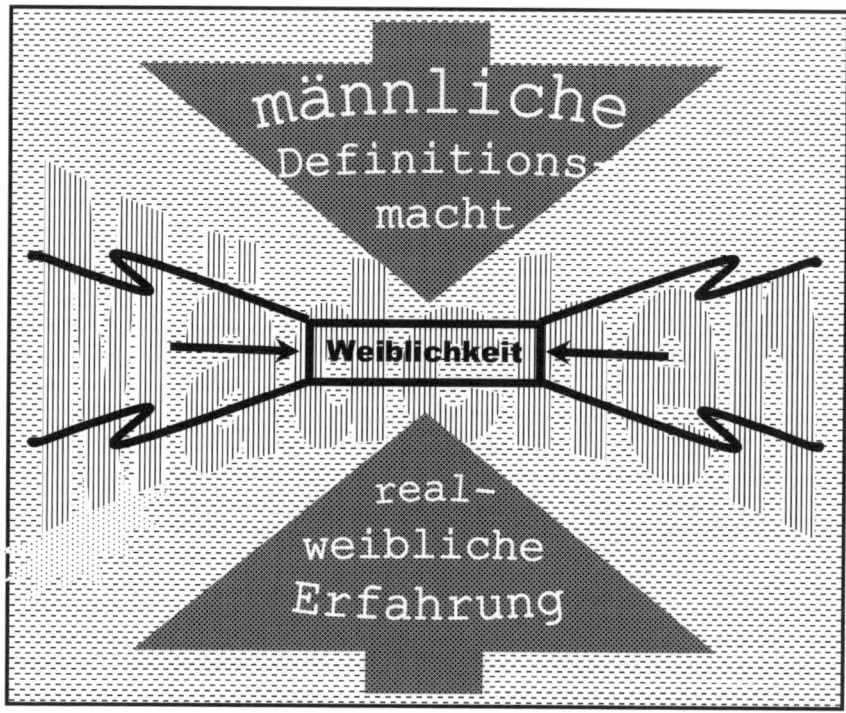

Abbildung 6:   Modell 2: Mädchen sein – weiblich werden (müssen) –
1. Phase: innerer Kern

6.1 Weiblichkeit statt Frauenwelt

Im Zentrum der Orientierung für Mädchen steht nicht etwa eine bestimmte *Frauenwelt*, sondern vielmehr das, was ihnen als weiblich im Alltag und in den unterschiedlichsten Medien begegnet. Es ist die (ideologische) Vorstellung, wie ein Mädchen zu sein hat. Dabei entwickeln gerade jüngere Mädchen (noch) sehr eigene Vorstellungen von Weiblichkeiten, doch die zentrale „Beurteilungskompetenz" wird i.d.R. eher dem männlichen Gegenüber zugemessen. Also können wir festhalten, dass diese Mädchen-Bilder immer noch durch die *männliche Definitionsmacht* bestimmt werden. Wenngleich es Mädchen und Frauen zuweilen gelungen ist, sich auf eine Mitweiblichkeit zu konzentrieren ("Ich kann doch auch für mich selbst schön sein wollen, oder?"), gilt es im Kern immer noch, dem männlichen Gegenüber zu gefallen. Das zeigen Frauen- und Mädchenprojekte, in denen dieser Frage vertieft nachgegangen wird. Schönheit, Zierlichkeit und soziale Empathie sind hier gefragt. Wenn Mädchen diese Maxime verlässt, erlebt sie es zumeist als bedrohlich für ihre soziale Akzeptanz. Mädchen dienen folgerichtig auch in der Grundschule immer noch als "sozialer Puffer", da sie sich weniger wild, dafür weitaus einfühlsamer zeigen (sollen). Zwischen zwei laute Jungen können wir doch gut das vernünftige und begabte Mädchen setzen, dann werden die Jungen ruhiger und das Mädchen lernt Verantwortung, oder?[168]

Bis in die Erwachsenenwelt hinein wird Mädchen und Frauen genau so viel Emanzipation zugestanden, wie sie damit auch noch weiblich bleiben. *Weiblichkeit* ist der zentrale Gradmesser, um sozial akzeptiert zu sein. Mädchen, die die Weiblichkeitsvorstellungen v.a. der Jungen- und Männerwelten verlassen (möchten), benötigen folgerichtig weitaus mehr Selbstbehauptungsfähigkeiten als Mädchen, die noch im "Gender-Soll" bleiben. Lara Croft, die schlagende Heldin aus dem Computerspiel Tomb Raider, kann sich männertypisch durch die Welt kämpfen, weil sie andererseits übermäßig sexualisiert dargestellt wird.[169] Mit extremer Oberweite und extrem geschnittener Taille fightet sie auch stärkste Männerbilder nieder, um anschließend immer wieder als begehrenswertes Mädchen / junge Frau offeriert zu werden. Mädchen lernen schon früh, dass die Frauenwelten bzgl. ihrer Macht- und Einflussgröße völlig uninteressant sind: Die Bäckerin, die Fleschereifachverkäuferin und auch die eigene Mama stellen zumeist alte, wirkungslose Frauenbilder dar. Wenngleich viele Mütter, Tanten und große Schwestern als Vorbilder auserkoren werden, bleibt der Hauptmaßstab für Mädchen jedoch, inwieweit sie ihre eigene Weiblichkeit behaupten können.

Angela Merkel könnte ein Vorbild für die erreichbare Macht von Frauen auch für Mädchen sein, wenn sie nicht als Frau in ihrer Weiblichkeit (angeblich) versagen würde, wie dies medienwirksam immer wieder verhandelt wird. Zu diesem Bild

---

168 Zur alltäglichen Nutzung der Sozialkompetenzen von Mädchen durch LehrerInnen vgl.: Wigger 2000, S.76 ff
169 Um sich diese Spannung emotional und inhaltlich zu verdeutlichen sei der Kinohit "Miss Undercover" mit Sandra Bullock in der Hauptrolle empfohlen: Hier muss eine Leibwächterin (männlich unbeherrschte Gewalttätigkeit) bei einem Schönheitswettbewerb teilnehmen (Wandel zur eingeübten Schönheitspräsentation). Es ist interessant, dass ihr schließlich eine gewisse Balance zwischen dem rauen Beruf der Polizistin und den Anforderungen an sie als Frau dadurch gelingt, dass sie die Schönheitswettbewerbe für sich selbst annimmt und schätzen lernt.

tragen auch die Mediendiskurse über ihr Aussehen und ihre Präsentationsfähig-keit in der Erwachsenensphäre bei.

In sexualpädagogischen Projekten mit Mädchen offenbaren dann auch heute noch die meisten Mädchen ihre Ängste, dem anderen Geschlecht nicht zu gefal-len: Sind meine Brüste zu klein, habe ich weibliche Formen, schadet der Sport meiner Figur, können mich Jungen attraktiv finden, wenn ich Physik so gut be-herrsche? Dabei sind jedoch auch starke Konkurrenzen unter den Mädchen zu beobachten, welche denn nun besser beim anderen Geschlecht ankommen kann (vertiefend: s.u.). Und stets steht die Ausstaffierung des weiblichen Körpers im Zentrum der mädchenhaften Bemühungen (ein Blick in die aktuelle Werbung genügt). Das Bauchpiercing mit „bauchfreier" Zur-Schau-Stellung sogar im Winter bringt diese Bedürfnislage auf den Punkt: Hauptsache Beachtung be-kommen, als attraktives Gegenüber für Jungen (und Männer) und als überlegene Konkurrentin für andere Mädchen (und Frauen).

Ein Praxisbeispiel

Auf die kritische Nachfrage, warum sich ein Mädchen so stark körperlich stylt, antwortete eine 16-jährige: „Klar weiß ich, dass ich so aufgebretzelt nicht ernst genommen werde, aber so richten sich alle Blicke auf mich. Und es macht Spaß, dass sogar Männer ganz verlegen und aufgeregt werden, wenn ich ihnen näher komme!"

Von dem sexualisierten Druck sind Grundschülerinnen noch weitgehend entlas-tet, wenn wir mal Mini-Playback-Shows u.ä. außer Acht lassen. Aber das Ideal einer perfekten Weiblichkeit, so wie es die männliche Definitionsmacht verlangt, leuchtet schon bei der Erstklässlerin auf: „Später werde ich auch so schön ausse-hen wie Mama!" (Annika, 7 Jahre alt.) Zudem müssen wir eine zunehmende Sexualisierung im Kleidungsstil von Mädchen bereits im Grundschulalter fest-stellen. Moderne Mädchenkleidung ist eine glitzernde Inszenierung rosafarbener Weiblichkeit.

Doch ähnlich wie bei Jungen steht der Ideologie einer Weiblichkeit immer die *real-weibliche Erfahrung* gegenüber. Mädchen wissen, dass ihr Körper nicht makellos ist, sie spüren ihre Ängste, aber auch ihre Wut und zuweilen eben auch ihre Aggressionen. Doch gerade die wilde und „unsoziale" Seite wird den we-nigsten Mädchen zugestanden. Und so zeigen auch Mädchen diese vertikale Spannung, die wir weiter oben für Jungen entfaltet haben. Gerade Grundschüle-rinnen kämpfen sich im Alltag durch die Widersprüchlichkeit ihrer realen Erfah-rungen mit sich und anderen Mädchen und dem, was sie werden sollen: sich stets zurücknehmende, empathische und zusätzlich noch schlaue, schöne weibliche Menschen, also Frauen.

- Viele Modelle und doch keine Wahl

Mädchen finden besonders bis zum Grundschulalter *vielfältige* Frauen als *Modelle* (s.o.). Sie lernen von ihrer Mutter, dass es sehr unterschiedliche Facetten im Leben gibt: Frau ist einfühlsam und umsorgend, doch Frau ist auch genervt, machtvoll und fehlerhaft. Der Spiele-Papa hingegen hat gute Laune, macht immer Action und hat nichts mit dem „Alltagsnerv" zu tun. Er hat ja Gewichtigeres zu tun. In den Kindergartenjahren wird die Frau (als Mutter, Erzieherin, Tante, Nachbarin usw.) noch als erstrebenswert mächtig erlebt. Frauen haben das Sagen und bestimmen das soziale Umfeld der meisten Kinder. Und so wollen Mädchen wie Jungen später auch Mama oder Kassiererin werden. Doch im Laufe des Grundschulalters beginnt sich dieses zu wandeln. Mädchen lernen, dass diese vielen Frauenbilder in der gesellschaftlichen Realität weniger Einfluss besitzen. Mütter sagen den Kindern, was sie zu tun haben, aber die Väter bestimmen, wo es mit der Familie hin geht. Noch immer zählt i.d.R. die Drohung: „Warte, nur bis Papa nach Hause kommt!" Dem Vater wird die eigentliche Autorität in den meisten Familien zugestanden, so wie den Männern in den meisten pädagogischen und öffentlichen „Einrichtungen": Die Erzieherin begrenzt mich als Mädchen, doch der Kindergartenleiter oder der Psychologe weist die Erzieherin zurecht. Die Grundschullehrerin bestimmt den Unterricht, doch der Schulrat oder der Direktor bestimmt den Unterrichtsplan.[170] Die Verkäuferin schimpft, wenn ich etwas anfasse, doch der Filialleiter verfügt über die Angestellten. Diese lineare Hierarchie[171] zieht sich durch fast sämtliche Erlebnisbereiche der Grundschülerinnen. Deshalb sind die weiblichen Modelle verglichen mit den männlichen zwar realitätsnäher und fassbarer, da sie schlicht im Alltag vorhanden sind, aber die männlichen scheinen erstrebenswerter, weil sie auch genügend Macht / Einfluss darstellen. Die Folge ist, dass Mädchen lernen, dass sie weiblich zu werden haben, obwohl sie lieber die „männlichen Wege" gehen würden. Die für Mädchen beobachtbaren *Männerwelten* stellen insofern keine wirklichen Orientierungspunkte dar. Sie dienen vielmehr der gegengeschlechtlichen Abgrenzung. Nur in der Kinderzeit offenbaren sie adäquate Bezugspunkte.

Die allermeisten Frauenbilder sind für Mädchen insofern gut erfahrbar, aber eben nicht wirklich attraktiv. Viele Männerbilder wären erstrebenswert, können je-

---

170 Vgl.: Kapitel 2.2.1
171 Zur gegengeschlechtlichen Hierarchie und der gleichgeschlechtlichen Identitätsbildung vgl. vertiefend: Glücks / Ottemeier-Glücks 2001

doch nicht wirklich real werden, da sie den Jungen vorbehalten zu sein scheinen. Wenn Mädchen im Grundschulalter z.b. betonen, dass sie später mal Fußballprofi werden möchten, wird ihnen sogleich gespiegelt, dass das nicht möglich sei, weil die Fußballerinnen im Gegensatz zu ihren männlichen Mitstreitern nicht genügend Geld verdienen, um davon leben zu können. Außerdem müsse sie doch berücksichtigen, dass sie auch Kinder möchte und das ließe sich nun überhaupt nicht mit einer Sportkarriere verbinden.

Ein Praxisbeispiel

Ein Mädchen berichtete uns, dass sie sehr traurig darüber sei, dass sie nicht Mathelehrerin werden könne. Auf unsere erstaunte Nachfrage nach dem Grund – insbesondere weil wir wussten, dass sie eine hervorragende Schülerin war – erwiderte sie, dass sie die Kraft wohl nicht aufbringen könne. Ihre Eltern haben ihr geraten, gut auf sich aufzupassen, denn sie sei so sensibel und damit möglicherweise nicht stark genug, um sich in dieser Männerdomäne der Mathematik behaupten zu können, obwohl sie „vom Kopf her schlau genug" wäre.

Aus diesen Gründen entsteht bei vielen Mädchen eine innere Verwirrung, da ihnen viele weibliche Modelle angeboten werden, sie darüber hinaus sich auch männliche suchen, doch letztendlich den Eindruck entwickeln, dass sie keine Wahl haben. Deshalb brauchen Mädchen im Grundschulalter besondere Verstärkungen. Es ist die Aufgabe v.a. von LehrerInnen ihnen zu spiegeln, dass sie grundsätzlich die gleichen Fähigkeiten wie Jungen haben oder zumindest entwickeln können. Diese Kompetenzstärkung sollte stets mit der Vermittlung möglicher Perspektiven verknüpft werden. Insofern scheinen reale und erfolgreiche Frauenmodelle für Mädchen besonders wichtig zu sein. Können Mädchen diese annehmen, dann trauen sie sich selbst auch viel mehr zu. Doch es geht dabei nicht um den traditionellen Erfolg als Mutter oder Pädagogin, sondern auch um den Erfolg in einer ansonsten männlich etikettierten Berufskarriere. Damit sind wir bei der zweiten Stufe des Modells angelangt:

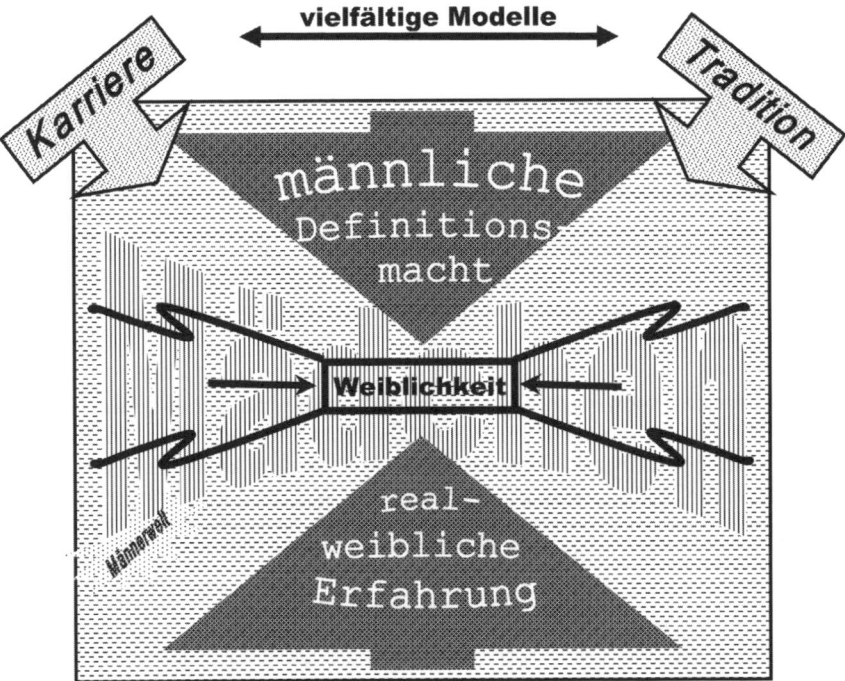

Abbildung 7:   Modell 2: Mädchen sein – weiblich werden (müssen) –
2. Stufe erstes Äußeres

▪ Zwischen Tradition und Karriere

Bereits ab dem Grundschulalter wird Mädchen deutlich, dass sich heutige Frauen
in der horizontalen Spannung zwischen *Tradition* und *Karriere* befinden. Sie
spüren, dass die jeweils individuelle Balance nur schwer gelingt. Mütter, die
arbeiten, entwickeln zumeist das Schuldgefühl, nicht genügend für ihre Kinder
präsent zu sein. Mütter, die sich für eine reine Hausfrauenexistenz entscheiden,
verlieren oftmals den lebendigen Bezug zur äußeren Welt der Arbeit. In Seminaren zur Lebens- und Berufsorientierung zeigen Mädchen dann auch einhellig (im
Gegensatz zu den meisten Jungen), dass sie sowohl die Familienplanung als auch
ihren Berufswunsch zu gleichen Teilen berücksichtigen. Und das beginnt bereits
im Grundschulalter.[172]

---

172 Vgl. dazu: Heinz / Krüger 1990

Mädchen müssen sich also entscheiden, ob sie den traditionellen Weg der Umsorgung oder aber den scheinbar modernen Weg der Karriere gehen möchten. Diejenigen, die versuchen, beides zugleich zu erfüllen, sehen sich einer steten Doppelbelastung ausgesetzt. Wollen sie in der Schule ihre Intelligenz und Leistungsfähigkeit zum Ausdruck bringen, dann müssen sie einerseits ihre Weiblichkeit betonen (s.o.). Andererseits müssen sie aber auch zeigen, dass sie keine „egoistischen Karrieremonster" sind, sondern sich immer noch fähig und willens zeigen, die *notwendige Beziehungsarbeit* zu leisten. Dabei pendeln Grundschülerinnen ganz besonders zwischen den Polen, indem sie sich einmal wild und aggressiv zeigen, um im nächsten Moment mit einem schicken Kleidchen zu glänzen.

▪   Zwischen Sport und sozialer Empathie

Dabei bietet der Sport in den letzten Jahren zunehmend ein attraktives und emanzipierendes Erprobungsfeld für Mädchen. Hier kann Mädchen einerseits die kraftvolle und dominante Seite ausleben. Andererseits kann die Sportlichkeit auch zur Konsolidierung klassisch sexualisierter Weiblichkeit beitragen.

Beispiele aus dem Medien-Sport:

Anlässlich der Olympiade in Athen hat sich die deutsche Frauen-Hockey-Nationalmannschaft nackt in einem Erotik-Magazin ablichten lassen. Die Athletinnen betonten, dass sie damit Werbung für ihren Sport leisten. Frau zeigt ihre erotische Weiblichkeit und macht damit eine Randsportart attraktiv auch für Männer. Die sportliche Eleganz verknüpft mit eindrucksvollen Erfolgen im Weltfrauensport scheint nicht auszureichen, damit sich die Medienöffentlichkeit genügend für ihre Leistungen interessiert.

Im Beach-Volleyball als olympischer Disziplin wurde vor einigen Jahren der Seitenträger der „Bikinihose" dann auch in seiner Größe (!) beschränkt, weil bei zu viel Stoff im Genitalbereich der jungen Frauen die Einschaltquoten sinken.

Mädchen lernen also schon früh, dass sie bei allem sportlichen Erfolg auf jeden Fall auch *eine gute Figur zu bieten haben.*

Auf der anderen Seite werden Mädchen, die lediglich ihren eigenen Weg gehen und für sich selber sorgen, im sozialen Umfeld zumeist negativ sanktioniert und als „vermännlicht" bis egoistisch gebrandmarkt. Ein Mädchen, das keine soziale Empathie aufweist, ist irgendwie kein richtiges Mädchen. Damit wird die weibliche Anforderung sehr kompliziert: Einerseits wird mittlerweile anerkannt, dass Mädchen ihren Körper im Sport angeblich männlich einsetzen. Dabei werden dann auch männliche Tugenden verstärkt: Einsatzwille, überhöhter Ehrgeiz, machtvolle Konkurrenz, Aggressivität, Egoismus, Selbstentfaltung, muskuläre Körperlichkeit. Andererseits sollen sie schön und ansehnlich bleiben. Und schließlich müssen sie stets beweisen, dass dies alles nicht einer „Karriere" als gute, weil sich zurücknehmende und verständnisfähige, Partnerin und Mutter entgegensteht. Bei genügender sozialer Empathie sind heutzutage auch sportliche Erfolge erlaubt. Die ehemals weltbeste Tennisspielerin Steffi Graf ist dementsprechend enorm in der öffentlichen Gunst gestiegen, nachdem sie ihr erstes Kind mit Andre Agassi zur Welt brachte. Von nun an wich das alte, medienproduzierte Bild der vom Steuerbetrüger missbrauchten Tochter und der angeblich lesbischen Frau zur guten, glücklichen und erfolgreichen Mutter.

▪ Zwischen gleichgeschlechtlicher Konkurrentin und männlichem Gegenüber

Dabei ist es wichtig, dass Mädchen in der Konkurrenz zu Jungen stehen. Sie besetzen zunehmend gesellschaftliche Räume, die vormals ausschließlich den Jungen und Männern vorbehalten waren, Einzelbeispiele weiblicher Macht mal ausgenommen. In der Arbeitswelt fürchten Männer die Konkurrenz von Frauen. Im Sport schielen Jungen neidisch auf die Erfolge von Mädchen und deren Anerkennung. Im Schulunterricht fühlen sich Jungen gegenüber den Mädchen unterlegen, wenn sie uns eine ehrliche Auskunft geben. Mädchen spüren diese Ängste bei ihrem männlichen Gegenüber auf und sind dann zumeist bereit, die eigenen Erfolge runterzuspielen oder sich gar aus dem Wettbewerb freiwillig zurückzuziehen. Viele Mädchen weichen der Konkurrenz aus, weil sie die konflikthaften Spannungen nicht ertragen möchten. Andererseits können sie bereits ab dem Kindergartenalter antizipieren, dass ein Mädchen, das sich einem Jungen gegenüber überlegen zeigt, stets damit rechnen muss, sexualisierte / sexistische Zuschreibungen und Angriffe zu erfahren. Wenn Männer und Jungen die Stärke eines Mädchens oder einer Frau nicht mehr verarbeiten können, dann bleibt immer noch die sexualisierte Gewalt in Form von Sprüchen, Berührungen oder Mobbing als Rückgewinnung der männlichen Position über dem Weiblichen.

Auf der anderen Seite gehen Mädchen zunehmend in die Mädchen- und Frauenkonkurrenz.[173] Das, was im Alltag mit „Zickenalarm" bezeichnet wird, ist im Kern die Balance aus zwei Polen, die dem sich verändernden Geschlechterverhältnis Rechnung trägt. Auf der einen Seite emanzipieren sich Mädchen, indem sie die ansonsten Jungen zugebilligte Wildheit und Wut miteinander *und* öffentlich ausleben. Auf der anderen Seite kommt hier die klassisch weibliche Konkurrenz zum Ausdruck, indem sie ihre *relationale Aggression* im Behauptungs-

---

173 Vgl. vertiefend: Glücks in: Glücks / Ottemeier-Glücks 1996, S. 143ff

kampf einsetzen:[174] Gewalttätiges Handeln bei Mädchen richtet sich ja nicht zu allererst gegen den Körper anderer Menschen, sondern auf die *Beziehung* zwischen konkurrierenden Mädchen: Wenn ich die Beziehung zweier anderer Mädchen zerstöre, dann verbleibt die Beziehung, die ich zu jeder Einzelnen habe. Habe ich viele Freundinnen (Beziehungen), dann bin ich als Mädchen gefragt und damit viel wert. Deshalb erleben viele Mädchen insbesondere diejenigen Freundinnenschaften anderer Mädchen als bedrohlich. Und so können wir an Grundschulen beobachten, wie solidarisch sich Mädchen verhalten, um an einem scheinbar zufälligen Punkt gnadenlos gegen eine Konkurrentin zu opponieren. Darüber hinaus scheint es so unerklärlich zu sein, wie sich ein schlaues und selbstbewusstes Mädchen einem doch eher unscheinbaren Jungen unterordnet. Doch all das bekommt Sinn, wenn wir uns die bisher entfalteten Faktoren der unterschiedlichen Geschlechterverhältnisse vor Augen führen. Deshalb erfahren Mädchen von Seiten der Erziehenden die beste Unterstützung, wenn wir viel darüber wissen und uns stets fragen, inwiefern wir diese Spannungen fördern und inwiefern wir die innere Bedürfnislage von Mädchen adäquat berücksichtigen: Warum ist es so bedrohlich, wenn sich jetzt auch Mädchen an Grundschulen „bis aufs Blut" prügeln? Liegt es nicht daran, dass wir dies bei Jungen gelernt haben zu behandeln und bei Mädchen nicht? Und inwiefern sind wir bereit, das traditionelle Bild vom „guten Mädchen" nach obigem Muster zu verlassen? Wo bleibt unser pädagogisches Know How, wenn wir diese „sozialen Geschöpfe" als Bündnispartnerinnen im Unterricht zu verlieren scheinen?

Praxisbeispiel

An einer Grundschule in einer ländlichen Kleinstadt in der Region Hannover arbeiteten wir in einer dritten Klasse, die durch die heftige Konkurrenz zweier Mädchen gänzlich zerrissen war. Die Mädchengruppe war in wechselnder Besetzung zwiegespalten, die Atmosphäre erinnerte an eine Scheidung, in der sich FreundInnen genötigt sehen, für die eine oder andere Seite Partei zu ergreifen. Die Jungen spielten in diesem Konkurrenzkampf überwiegend eine untergeordnete Rolle. Sie wurden jedoch phasenweise systematisch dazu angestachelt, die jeweilige Kontrahentin körperlich anzugreifen (zu treten oder zu schlagen).

Die beiden Mädchen waren einerseits auf der Ebene seelischer Gewalt äußerst brutal ihrer gleichgeschlechtlichen Konkurrentin gegenüber, andererseits wirkten traditionelle Erwartungshaltungen gegenüber dem Verhalten von Mädchen hier so stark, dass die Mädchen ihr Bedürfnis nach körperlicher Ge-

---

174 Vgl. vertiefend: Schäfer / Frey 1999

waltausübung auslebten, indem sie es an die eigentlich unbeteiligten Jungen delegierten. Die Jungen wurden zu ihrem Spielball, und wir nahmen sie in dieser Situation zugleich als Täter und Opfer wahr.

Offen geführte Gespräche mit den beiden Mädchen mündeten wiederholt in Schuldzuweisungen und schienen die Fronten eher zu verhärten. Erst ein Gespräch in Anlehnung an die Methode des „Heißen Stuhls" konnte hier etwas Klarheit schaffen: Ein Mädchen saß auf einem Stuhl, das andere stellte sich vor sie und musste folgende drei Aussagen machen:

1. „Ich mag an dir, dass ...."
2. „Ich finde doof an dir, dass ..."
3. „Ich wünsche mir von dir, dass ..."

Danach wurden die Rollen getauscht. Durch die feste Struktur dieser Übung waren die Mädchen gezwungen, auch etwas Positives an ihrer „Gegnerin" zu sehen. Außerdem mussten sie ihre destruktive Haltung verlassen, indem sie einen Wunsch an die andere formulierten. Dadurch eröffnete sich beiden eine Perspektive aus dem alltäglichen Gegeneinander.

6.2 Verwirrte Wahrnehmungen: Aggression oder Externalisierung?

Besonders erschwert wird die Unsicherheit im Umgang mit neuerlichen Phänomenen bei Mädchen dadurch, dass sich Mädchen auch in ihren Ausdrucksweisen zunehmend verändert haben. Man könnte pointieren, dass Mädchen und Frauen von Jungen und Männern lernen, sich nach außen, in den öffentlichen Raum hinein, zu öffnen. Die *Externalisierung*, so wie sie Böhnisch / Winter 1993 für Jungen als zentrale Verarbeitung innerer Ängste und Wünsche entfalten, wird zunehmend auch für Mädchen möglich: Sie kehren ihre innerliche Befindlichkeit nach außen. Es wird wichtiger, auch in der Außenwelt etwas darzustellen. Haben traditionelle Mädchen noch fast ausschließlich die *Autoaggression* zur Kanalisation von Bedürfnissen und Beschränkungen genutzt, leben moderne Mädchen ihre Wünsche auch in der äußeren Welt aus. Ein Aspekt offensiver Aggressivität ist eine zum Teil drastische Gewalttätigkeit einiger Mädchen, die die Autoaggressivität unserer Beobachtung nach jedoch nicht ablöst, sondern eher ergänzt.[175] Damit sind die ersten horizontalen Pole umrissen, die wir in der dritten Stufe des Modells folgendermaßen visualisieren:

---

175 Vgl. z.B.: Heiliger 2002 S.104 ff

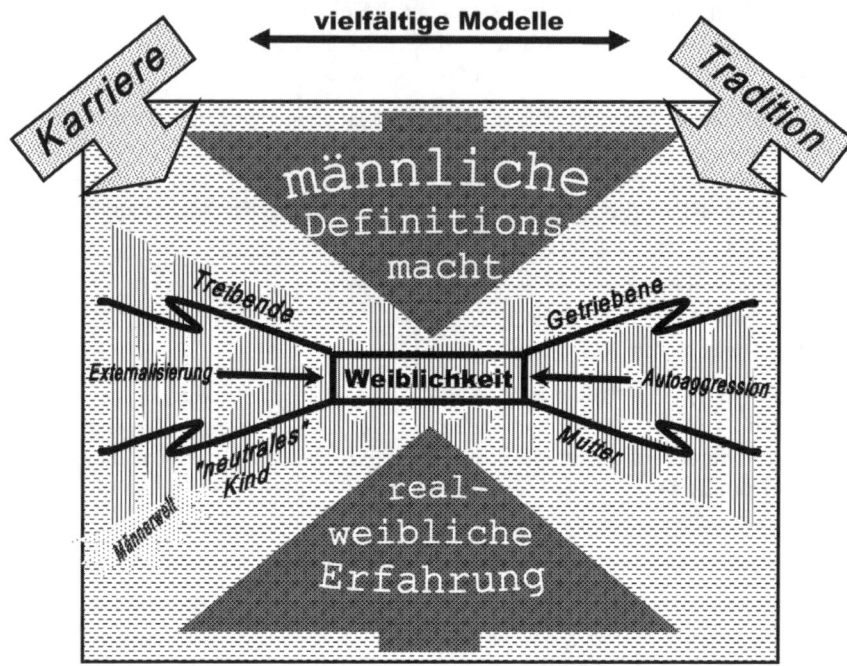

Abbildung 8:   Modell 2: Mädchen sein – weiblich werden (müssen) –
3. Stufe: innere Pole

Insgesamt vermeiden viele der heutigen Mädchen die Sackgasse des sozialen und persönlichen Rückzugs. Dabei greift die Mehrzahl der Mädchen jedoch auf klassische Rollenmuster zurück, allerdings um sie neu zu nutzen. Wenn Claudia Schiffer, Heidi Klum u.ä. genau mit ihrer Weiblichkeit Karriere machen, geben sie damit realistische Modelle für Mädchen ab. Sie sind erfolgreich und erhalten sehr viel Anerkennung in der äußeren Welt, weil sie so ganz und gar Frau bleiben. „Deutschland sucht den Superstar" u.a. Song-Wettbewerbe, „Marienhof", „Gute Zeiten schlechte Zeiten" u.a. Daily Soaps, Jeannette Biedermann, Britney Spears u.a. sexualisiert auftretende Mädchen-Stars bieten dabei jugendliche Modelle an, denen es gelingt, Karriere und Tradition zu verbinden, wenngleich auch sehr konfliktbeladen. Der Druck auf Mädchen, sich zurückzunehmen, obwohl sie bessere Möglichkeiten haben, fördert gleichzeitig wiederum die Verarbeitung in Form von Autoaggressionen. Ein offensives Ausagieren der Aggressionen in

Richtung von Jungen und Männern erscheint vielen Mädchen unserer Beobachtung nach als zu bedrohlich.[176]

In der sexuellen Attraktion hingegen sind auch raumgreifende Präsentationen von Weiblichkeit erlaubt. Hierin offenbart sich eine neue alte Macht der Mädchen.

In der Pädagogik stoßen externalisierende Mädchen jedoch auf ernste Konflikte, weil wir Erwachsene es gewohnt sind, Mädchen – wenn schon – dann als Opfer wahrzunehmen. In klassischen Geschlechterverhältnissen tauchen Mädchen als Täterinnen nicht auf. Vielmehr bewegen sie sich zwischen den Polen von *Treibender* und *Getriebener* in männlich bestimmten Gewaltverhältnissen. Mädchen entscheidet sich von der eigenen Persönlichkeit her und situativ unterschiedlich für eine Beteiligung an Machtkämpfen oder eben dagegen. Mädchen bieten selten den ersten Impuls für körperliche Auseinandersetzungen, aber sie begleiten sie und bestimmen mit, wie jeweilige Konflikte ausgehen. Dabei fördern einige durch machtvolle Kommentierungen die Konflikte, indem sie sich auf die Seite der Treibenden schlagen: „Das hat der Tim doch nur gemacht, weil Du uns immer so nervst!" Indem Mädchen einen antizipierten Verlierer verbal beschimpfen, erhalten sie eine stärkere Position im sozialen Gefüge z.B. der Klasse.

Dagegen sind besonders Mädchen, die nicht dem mitteleuropäischen Schönheitsideal entsprechen, besonders gefährdet, Diskriminierungen ausgesetzt zu werden. Diese Mädchen erleben sich als Getriebene. In dieser Position kann es dann sein, dass sie versuchen, dadurch eine gewisse Achtung zu erlangen, dass sie sich gegen andere Getriebene wenden. Damit beteiligen sie sich an den Gewaltverhältnissen, aber eben aus der *Position der Marginalisierten*.

Mädchen können hier gewinnen, wenn sie sich gegen diejenigen Jungen wenden, die auch in der Jungengruppe marginalisiert werden. „Gut lancierte" (sexistische) Äußerungen gegen den beleibten, unsportlichen Jungen mit Selbstwertproblemen lassen ein Mädchen auch im geschlechtsgemischten Rahmen der Schulklasse zumindest für Momente in der Achtung wachsen. Sie wechselt dann von der Getriebenenseite auf die Seite der Treibenden. Damit erlangt sie eine gewisse Sicherheit, auch weil damit die Geschlechterordnung gestärkt und legitimiert wird.

Jedes Mädchen hat nun aber stets das Risiko von der Treibenden, die zwangsläufig immer ein gewisses Maß an Achtung genießt, in die Rolle der Getriebenen

---

176 Interessanterweise fanden die Aufsehen erregenden gewalttätigen Angriffe durch Mädchen, wie z.B. im Oktober 2005 in Gardelegen / Sachsen-Anhalt, überwiegend auf andere Mädchen statt und hatten Mädchenkonkurrenz als Hintergrund.

versetzt zu werden. Es bleibt eine stets labile Balance, auch weil das Treiben nicht als Täterinnenschaft ausgelegt werden darf. Eine Täterin verliert i.d.R. ihre Achtung als weibliches Mädchen und gilt eher als „Zicke", „Mannweib" oder gar als „Monster".[177]

Praxisbeispiel

In einer vierten Klasse berichteten einige Mädchen von Schwierigkeiten mit einem Mitschüler, der sie häufig gegen ihren Willen umarmte und anfasste. Ein Mädchen brachte ihr Unbehagen folgendermaßen auf den Punkt: „Das ist so ekelig, weil der einen Schwabbelbauch hat!" Auch auf Nachfragen hin betonte das Mädchen, dass sie vor allem darunter leide, wie peinlich es sei, dass ein *dicker* Junge sie anfasste. Ein vergleichbarer Übergriff durch einen Jungen, der eher den Anforderungen hegemonialer Männlichkeit entspricht, hätte sie nach eigenen Aussagen weit weniger gestört (v.a. wenn es sich um einen Opinionleader der Klasse handeln würde). Unter Umständen könnte es dann ihrer Ansicht nach eher ein Kompliment sein.

Das Mädchen degradierte damit zunächst sich selbst, indem sie sich erstens nicht grundsätzlich dagegen verwahrte, angefasst zu werden. Zweitens bemisst sie ihren Wert offensichtlich daran, welcher Junge Interesse an ihr zeigt und welcher nicht, selbst wenn dies in übergriffiger Weise geschieht. Und das Mädchen degradierte den Jungen, jedoch nicht für seine kritikwürdigen Taten, sondern für sein unsportliches Äußeres.

Traditionelle Vorstellungen von Weiblichkeit und Männlichkeit wirken sehr tief in der Wahrnehmung dieses (und vieler anderer!) Mädchen.

6.3 (K)ein Ort zum MädchenSein

All diese Widersprüchlichkeiten bringen es hervor, dass es keine wirklichen Orte gibt, in denen Kinder so richtig Mädchen sein können. Ein „richtiger Junge" spielt Fußball und ist dort sehr erfolgreich (so die Ziel-Vorstellung). Ein „richtiges Mädchen" kann gut Hausarbeit erledigen, ihren FreundInnen zuhören und sieht schön aus (so das traditionelle Bild). Doch bei genauerer Betrachtung verliert ein Mädchen, das sich nur auf traditionelle Werte bezieht, ihre „moderne Weiblichkeit".

---

177 Vgl. vertiefend: Reinert 2001

Jungen finden diese Mädchen zumeist langweilig. Andere Mädchen haben damit eine enorme Munition im mitweiblichen Behauptungskampf. In bestimmten Mädchen Peer-Groups können Mädchen einen Raum finden, in dem sie „richtig unter Mädchen" sein können. Sobald sie dies jedoch auf dem Schulhof oder im Unterricht ausleben möchten, erfahren sie starke Zurückweisungen: LehrerInnen begrenzen sie, Jungen lästern und andere Mädchen distanzieren sich. An den öffentlichen Orten haben es Mädchengruppen schwer, die ihre eigene Definition von MädchenSein behaupten möchten. Deshalb sind geschützte Mädchenräume, in denen sie untereinander verhandeln, was ein MädchenSein bedeuten kann, so enorm wichtig. Jenseits männlichkeitsdominierter Zuschreibungen haben Mädchen schon genug damit zu tun, sich von Eigen- und Fremdzuschreibungen auf der weiblichen Seite abzugrenzen oder aber auch selbst gewählte Attribute anzunehmen. Hier lernen Mädchen eine Selbstbehauptung, die es ihnen erlaubt, zu ihren eigenen Entwürfen vom MädchenSein zu stehen, auch wenn ihnen im Alltag zunächst keine Orte der Bestätigung zur Verfügung stehen.

▪ Mutter werden vs. Kind sein

Bei genauerer Betrachtung zeigt sich, dass das MädchenSein zumeist keine Orientierung bietet. Besonders im Grundschulalter entwickeln Mädchen eher Modellvorstellungen als spätere *Mutter*. Auf der anderen Seite erleben sie noch den Freiraum als *geschlechtsneutrales Kind*. In dieser Zeit werden Mädchen noch sehr viele Freiräume gegeben, in denen sie auch „jungenhafte" Seiten ausleben dürfen. Väter spielen mit ihren Töchtern besonders in diesem Alter wild und körperbetont. Hier und dann wieder bei der späteren Gestaltung der Karriere hat die betreffende *Männerwelt* auch eine gewisse Bedeutung in der Identitätsbildung von Mädchen. Sobald bei Mädchen das werdende Frausein durchschimmert, z.B. wenn die „fraulichen Rundungen" in der Körperentwicklung einsetzen, ändert sich diese Orientierung dahingehend, dass Verunsicherungen auf beiden Seiten zunehmen. Die Weiblichkeitsentwicklung tritt nun in den Vordergrund und damit müssen viele Denk- und Handlungsgewohnheiten des „neutralen Kindes" zu denjenigen der weiblichen Jugendlichen gewandelt werden. Somit streichen viele Mädchen ihre „männlichen Anteile" und wenn nicht, erhalten sie dafür zunehmend negative Rückmeldungen. Sehen Mädchen im Grundschulalter noch eine breite Auswahl an Verhaltensmöglichkeiten für sich als möglich, beginnt ab der Pubertät der Prozess, in dem viele Optionen aus der eigenen Identität verbannt werden. Die zweite Chance einer Neuformation weiblicher Identität wird zumeist zugunsten enger Vorstellungen von Weiblichkeit aufgegeben.[178]

---

178 Vgl. besonders: Fast 1991

Doch Mädchen können stets auf die Erfahrungen des früheren Kindseins zurück-greifen. Je mehr sie sich eine Identität als „neutrales Kind" mit vielen angeblich männlichen Eigenschaften zugestanden haben bzw. ihnen zugestanden wurde, desto größer ist das zunächst passive Reservoir an Handlungsoptionen. So kön-nen bei der späteren Berufswahl Ehrgeiz, Konkurrenzfähigkeit, Körperlichkeit, Selbstbewusstsein als sportliche Gewinnerin usw. helfen, eine eigene Karriere anzusteuern. Mädchen, die ihr Kindergarten- und Grundschulalter wenig einge-schränkt und damit selbstbezogen durchleben, haben es leichter, die Scham und Erniedrigungen der Pubertät produktiv zu verarbeiten. Je mehr sie ihre Leis-tungsfähigkeit als Kind erfuhren, desto leichter gelingt die Entwicklung einer erwachsenen Leistungsfähigkeit.

Dennoch erfahren fast alle Mädchen eine deutliche Minderung des Selbstwertge-fühls in der Adoleszenz (s.o.). Auch wenn es zunehmend Mädchen gibt, die ein bewusstes MädchenSein nach außen tragen, so stellen *Mädchentypen* nur sehr selten adäquate, v.a. konsistente Vorbilder dar. Das einzige sichere Frauenbild bleibt nach wie vor das Bild der guten Mutter, das sich zugegeben enorm zu wandeln beginnt. Es ist nicht mehr die gute Mutter Beimer, die nach der „Schö-nen-50er-Jahre-Tradition" in der Serie „Lindenstrasse" glänzt. Es ist vielmehr die weltoffene, gebildete und überlegene Frau, die zugleich verständnisvoll und umsorgend für ihre Lieben bleibt. Wenn wir Mädchen im Grundschulalter nach ihrem Ideal fragen, dann gehen die meisten Äußerungen dahin, dass sie später diejenige gute Mutter sein möchten, die gleichzeitig auch einen mehr oder weni-ger großen Erfolg im Berufsleben aufzuweisen hat. Es ist die allseits potente Frau, die sowohl die männlichen Stärken als auch die weiblichen in sich verei-nigt. Das MädchenSein ist dabei nur eine Übergangsphase, die es möglichst schnell zu überwinden gilt. Jungen hingegen möchten zumeist möglichst lange jugendlich bleiben.

Damit können wir festhalten, dass „das jugendliche MädchenSein" kein erstreb-tes Modell für Mädchen im Grundschulalter darstellt, auch wenn sie eine gute Beziehung zu der einen Schwester oder der anderen Cousine haben mögen. Sie bewegen sich vielmehr in der Spannung der Chancen des „neutralen Kindes" und den Hoffnungen in das spätere Muttersein.

6.4 Mädchenkulturen

Dennoch ist die eigene Identität bei Mädchen enorm davon geprägt, was ihr in den jeweiligen weiblichen Jugendkulturen zugestanden, aber ihr eben auch ver-boten wird. Jede Mädchenwelt bietet dabei andere Möglichkeiten und andere

Grenzen im Vergleich zu einer anderen. Und damit sind wir bei der vierten Stufe, also dem vollständigen Modell angelangt:

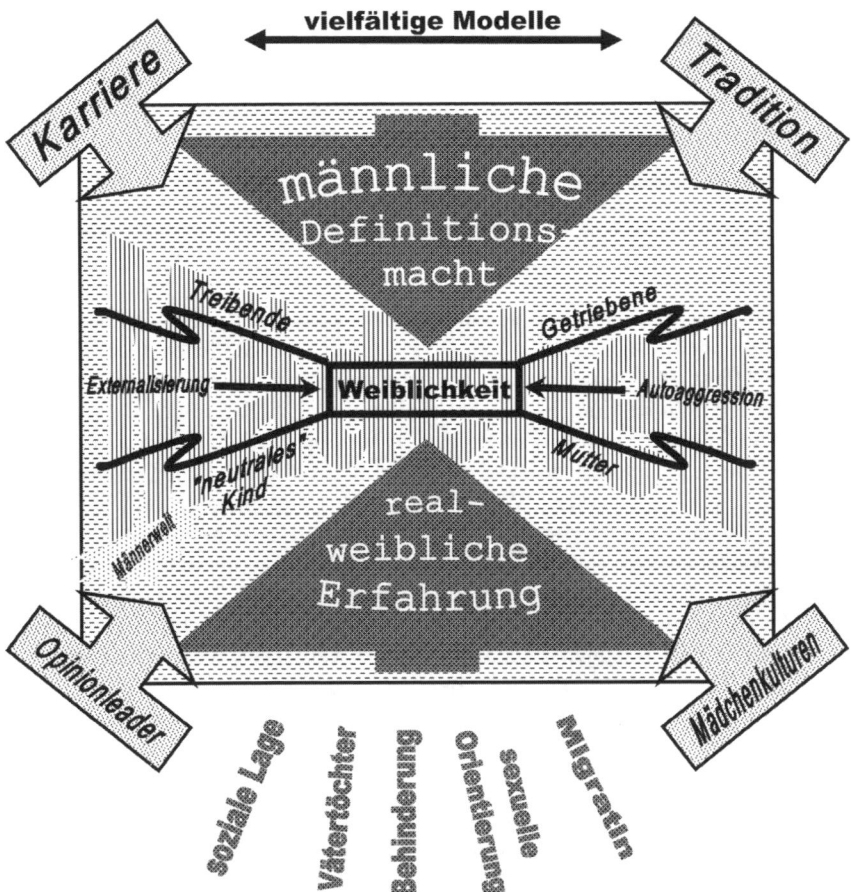

Abbildung 9:   Modell 2: Mädchen sein – weiblich werden (müssen) –
                4. Stufe: das gesamte Modell

Gemein ist allen *Mädchenkulturen* jedoch, dass sie sich mit den Zuschreibungen der anderen an sie (s.o.) auseinandersetzen (müssen). Dabei entsteht die Spannung aus dem Versuch, sich im geschlechts- und generationsgemischten Setting behaupten zu lernen, und dem Rückzug auf die gleichgeschlechtliche Lebenswelt. Besonders in den frühen Jahren suchen viele Mädchen gleichgeschlechtliche Freundinnen. Das wird besonders deutlich, wenn man sich die Geschlechterverhältnisse auf Mädchengeburtstagen ansieht.[179] Mädchen suchen Mädchenkulturen, um sich sicher zu fühlen. In dieser Sicherheit wird es möglich, das eigene MädchenSein auszuloten. Dabei ist es stets wichtig, die Anerkennung der Geschlechtsgenossinnen zu erhalten. So können wir besonders im Grundschulalter bis in die Pubertät hinein beobachten, wie wichtig es den meisten Mädchen ist, sich gegenseitig in ihren Denk- und Handlungsweisen zu bestärken.

Hieraus folgt jedoch, dass es sehr traditionelle Mädchenkulturen gibt, die im Widerstreit mit sich befreienden und z.t. stark externalisierenden Mädchengruppen stehen, die eine explizite Kampfansage an die männlich definierte Beschränkungsmacht aussprechen.

Gewalttätige Mädchencliquen stellen dabei vielleicht die Spitze der Emanzipationsbestrebungen von Mädchen dar. Hier eignen sich Mädchen machtvoll bestimmte öffentliche Räume an, um sie dominant, etwa wie es Jungen typischerweise pflegen, zu bestimmen. In den Medien von TV, Kino über Comics, Cartoons, Fanzines und Computerspiele bis hin zur populären Musik werden hierfür mittlerweile sehr unterschiedliche Mädchenkulturen angeboten. Da gibt es die junge Mutter, die bereits drei Wochen nach ihrer Entbindung schon wieder (völlig sexy) auf dem Laufsteg steht und in der harten Öffentlichkeit besteht. Und da ist das Mädchen, das ihre Karriere opfert, damit sie voll und ganz für ihren Freund in der Krise zuständig sein kann. Und da sind Mädchen in Vorabendserien, die genau die oben entfalteten Dilemmata untereinander diskutieren und zu je eigenen Entscheidungen finden, die wieder verworfen werden, um neue zu (er)finden. Es werden tragfähige Beziehungen zu Müttern aufgezeigt, aber auch Brüche nicht geleugnet. Auch gescheiterte Lebensentwürfe werden in ihrem Kern entfaltet.

Für die Studie heutiger Ideale in Mädchenkulturen empfehlen wir eine vierwöchige „Lektüre" der Vorabendserien „Marienhof" und „Gute Zeiten – Schlechte Zeiten (GZSZ)".[180] Hier werden mit unterschiedlichem Mut all die Chancen und Fallstricke der modernen Gesellschaft anhand von Mädchenschicksalen präsentiert. Dabei werden interkulturelle Konflikte ebenso behandelt wie etwa die Frage der Behinderung. Karrierewege werden entfaltet und Mädchen- bzw. Frauenkonkurrenzen schonungslos bis auf die Spitze getrieben. Anhand von Umfragen bei dem vor allem weiblich-jugendlichen Publikum gehen deren Interessen und Meinungen sofort wieder in die Themen der Sendungen ein. So wurde bei-

179 Vgl. das Beispiel in: Kapitel 3.4.5
180 Siehe: Übungsaufgabe 7 am Ende dieses Kapitels

spielsweise eine lesbische Beziehung in GZSZ sofort wieder beendet, da dies für die weiblichen Zuschauerinnen offensichtlich (noch) zuviel war. Schwule Beziehungen jedoch haben sich heutzutage einen gewissen Raum der Anerkennung erarbeitet, so dass diese fortbestehen.

Diese zunehmende Vielfalt an weiblichen Lebensentwürfen steht zwar der statistischen Erfahrung realer Aufstiegschancen in den jetzigen Jahren entgegen. Doch Frauen wie Britney Spears, Jeannette Biedermann, Claudia Schiffer, Angela Merkel, Ursula von der Leyen, den Frauen in der Männerdomäne Fußball, Lara Croft im Computerspiel, Sandra Bullock, Hannelore Elsner im Film usw. usf. zeigen auf, was Mädchen später als Frauen erreichen können, wenn sie „ihren Weg" finden. Und dazu liefern die unterschiedlichen Mädchenkulturen vom Sportverein über den Mädchenschachclub bis hin zum Barbie-Treff hervorragende Vergewisserungsräume für die eigene Identität.

Wollen wir Mädchen in einer gesunden Entwicklung unterstützen, dann braucht es geschlechtshomogene, bewusst pädagogische begleitete Mädchenräume, so wie sie von unterschiedlichsten Strömungen der Mädchenarbeit entwickelt worden sind.

Welcher führt die Meinung?

Eine besondere Qualität in der Balance von Weiblichkeiten besteht darin, dass der jeweiligen Mädchenkultur ein *Opinionleader*, also dem oder der maßgeblichen MeinungsführerIn, im gemischten Rahmen entgegensteht. Klassischerweise orientieren sich auch die Mädchengruppen in der Klasse nicht an einzelnen, dominanten Mädchen, sondern am meinungsführenden Jungen. Diese Position im Klassengefüge können zuweilen auch mehrere Jungen einnehmen, doch zumeist hat besonders ein Junge die absolute Meinungsführerschaft in der Klasse. Das, was Mädchen als für sie handlungsleitend akzeptieren, ist damit besonders durch diejenige Ideologie von Männlichkeit der bestimmenden Jungenseite (mit)bestimmt. In vielen heutigen Klassen ist jedoch zu beobachten, dass sich Mädchen emanzipieren, indem sie eigene Opinionleader ins Feld schicken. Hier ist ein Konkurrenzkampf zwischen Mädchen- und Jungenseite zu beobachten. In manchen Klassen hat sich das Bild der Meinungsführerschaft geradezu umgekehrt. Hier erscheinen die Jungen sehr schüchtern und die Mädchen dominant bis gewalttätig.

Bei allen Klassen bleibt der Kampf um die Definitionsmacht stets aktuell, indem sich das jeweilige Produkt als labiles, stets zu verteidigendes Ergebnis darstellt.

In vielen Klassen wechselt dementsprechend die Dominanz zwischen Jungen und Mädchen. Alle Mädchen müssen dann ihre jeweils eigene Balance zwischen ihrer Mädchenkultur und den Anforderungen der jeweiligen Opinionleaderschaft finden. Das erlangt eine besondere Brisanz, wenn diese Position von einem gegnerischen Mädchen aus einer entgegengesetzten Mädchenkultur besetzt wird. Es gilt dann, die eigene Mädchenkultur besonders zu behaupten. In der Erwachsenenwelt wird das gerne als „Zickenalarm" betitelt. Im Kern stellt dieser Widerstreit aber nichts anderes als den jungentypischen Selbstbehauptungskampf dar, nur dass die (geschlechtstypischen) Mittel sich zuweilen unterscheiden.

Das weiter oben ausgeführte *Praxisbeispiel* sei hier besonders herangeführt: Die Mädchen kämpften um ihre Person, setzten dabei jedoch nicht selber ihren eigenen Körper gewalttätig ein, sondern ihr Geschick in der Manipulation der Jungen zu gewalttätigen Handlungen. Das ist u.e.n. als mädchentypische Form der Gewaltausübung (als Treibende) einzustufen.

- Quersichten: Behinderung, sexuelle Orientierung, Kultur, soziale Herkunft, Vätertöchter

Besonders die Mädchenkulturen werden also geprägt durch das, was man ihnen zuschreibt. Damit variieren jedoch auch diejenigen Faktoren, die sich Mädchen selbst zugestehen. Die speziellen Differenzierungen nach sozialer Lage, Behinderung, sexueller Orientierung und Migrationshintergrund sind aus der Sicht der Sozialisationsforschung[181] nicht so gewichtig, wie diejenigen Attributierungen von Jungen an diese Unterschiede, weil soziale Attributierungen v.a. in der äußeren Welt bedeutsam sind. In der inneren Welt haben die meisten Mädchen eine Akzeptanz bezüglich der Binnendifferenzen entwickelt, während das Anderssein bei Jungen immer noch der Diffamierung auch innerhalb der Jungenwelten dient. Selbst in klassisch muslimischen Familien ist eine größere Diversität im Frauen- und Mädchenbild zu beobachten, als es die bundesdeutsche Öffentlichkeit zumeist behauptet. So kann ein religiöses Mädchen, das sich in der Öffentlichkeit nur mit Kopftuch zeigt, innerfamiliär der „eigentliche Junge" der Familie sein.

Dennoch verlangt es Mädchen, die nicht den mitteleuropäischen Normalitätsansprüchen entsprechen, einige Selbstbehauptungskompetenz ab, wenn sie der äußeren Welt ausgesetzt sind. Die folgenden Quersichten differenzieren demnach die bisher entfalteten Dynamiken nochmals aus. Sie stellen in der Regel

---

181 Vgl. z.B.: Bilden 1991

jedoch keine Erosion der Identitätsbildung dar, sondern konkretisieren mögliche Balancen des MädchenSeins zwischen den vertikalen und horizontalen Polen des Modells.

a. Die *Selbstdefinition bei einer Behinderung* wird von Mädchen zum Teil leichter verarbeitet als von Jungen. Hier steht die klassische Vorstellung von Weiblichkeit bereit, die sie als Hilfsbedürftige akzeptiert. Allerdings tauchen starke Identitätsprobleme auf, wenn sie den Weg der Karriere gehen möchten. Hier stehen ihnen zwei Zugangsbarrieren in der Summe entgegen: Als Frau in einer Männerwelt und als Behinderte in einer gesunden Welt, die sämtliche körperlichen und seelischen Beschränkungen von Krankheit und Behinderung so weit wie möglich zu verleugnen sucht.[182] Selbstbewusste Mädchen mit Einschränkungen stellen einen Generalangriff auf das männlich dominierte Ideal des jungen, leistungsfähigen, autonomen Menschen in der Öffentlichkeit dar. Eine mögliche und häufig angewandte Strategie der Abwertung von Mädchen mit Beeinträchtigungen ist die Leugnung ihres geschlechtlichen Seins: Mädchen mit deutlichen Einschränkungen werden gar nicht erst als Mädchen gesehen.[183] In logischer Konsequenz werden sie auch gar nicht in ihren sexuellen Bedürfnissen und Wünschen wahrgenommen und wenn doch, so vielfach in abwertender Weise, was auch zu einem erhöhten Risiko führt, Opfer von Sexuellem Missbrauch zu werden.[184] Entsprechend schwierig gestaltet sich für viele Mädchen mit Beeinträchtigungen die PartnerInnensuche, da sie in den Augen vieler Menschen keine Sexualität zu haben scheinen. Und ein Mädchen ohne sexuelle Darstellung kann auch keine richtige Frau sein, so die oben entfaltete Identitätslogik. Deshalb ist hier eine verstärkte Kreativität in der Selbstdefinition verlangt. Auf der anderen Seite fällt es anderen Mädchen zumeist sehr viel leichter als ihren männlichen Altersgenossen, behinderte Mädchen als gleichwertige Freundinnen zu akzeptieren. Die Aufgabe von Mädchenarbeit ist es nun, diese Widersprüchlichkeiten und besonderen Schwierigkeiten in den anerkennenden Austausch zu führen.[185] Die Geschlechtsbezogene Pädagogik findet darüber hinaus Wege, wie diese Mädchen in den geschlechtsgemischten Situationen selbstbewusst (auch im engsten Wortsinn) sich zu bewegen lernen.

---

182 Vgl. zu Mädchen mit Behinderungen: Kuhne / Mayer 1998, zur Konstruktion und Wirksamkeit von Behinderungen: Palmowski / Heuwinkel 2000.

183 Vgl.: Mickler 1998, S.47 ff.

184 Vgl.: Couppis / Achatz 1998, S.79 ff und speziell: Mayer: Verschwiegene Verletzungen. Sexuelle Gewalterlebnisse von Mädchen und Frauen mit Behinderung. In: Kuhne / Mayer 1998

185 Vgl. zur Mädchenarbeit mit Mädchen mit Behinderungen z.B.: Kuhne 1998, S.161 ff ; Swars 1998, S.91 ff und Ziese 1998, S.167 ff.

b. Es gibt für Mädchen (anders als bei den Jungen) kein striktes homoerotisches Verbot. Mädchen ist es bis ins Frauenalter erlaubt, beispielsweise andere Frauen zu berühren, ihnen gar einen Kuss zu geben. Auch auf dem Schulhof sind stets Mädchen zu beobachten, die die Hand anderer Mädchen halten. Immer noch machen viele Mädchen ihre ersten sexuellen Erfahrungen mit dem gleichen Geschlecht. Die Homophobie hat dementsprechend für den Großteil der Mädchen keinen identitätsstiftenden Wert. Dennoch kann eine wirklich lesbische Orientierung nur sehr schwer in der Öffentlichkeit ausgelebt werden. Sich lesbisch zu orientieren, ist immer noch nicht vorzeigbar und damit steten Angriffen ausgesetzt. Im Inneren der Freundinnenschaften hingegen können diese homophoben Grenzen eher überwunden werden. Wir können die Homophobie bei Frauen eher als Angst vor der Konkurrenz unter Frauen begreifen.[186] Das wird besonders deutlich, wenn wir uns vor Augen führen, dass lesbische Beziehungen ohne Männlichkeit und Männer / Jungen auskommen können. Deshalb scheint es für sie möglich zu sein, eine Selbstdefinition zu entwickeln, die sich der männlichen Definitionsmacht entzieht. Einer sich heterosexuell orientierenden Frau kann dies aus den oben entfalteten Bedingungen konstitutionslogisch gar nicht gelingen. Auch wenn viele lesbische Frauen die Orientierung auf Männlichkeiten nicht verlieren können, weil sie mindestens im schulischen und arbeitsbezogenen Leben auf Jungen und Männer treffen, haben sie dennoch die Chance, eine mehr selbstidentifizierte Weiblichkeit zu generieren. Lesbische Mädchen und Frauen können damit allen Mädchen bereits ab dem Grundschulalter alternative Modelle bieten. Die jeweiligen Weiblichkeitsvorstellungen werden dadurch automatisch differenzierter.

c. Diese Differenziertheit wächst ebenso, wenn verschiedene Kulturen aufeinander treffen. Die Bilder können sich traditionalisieren, sie können sich aber auch vervielfältigen.[187]

Praxisbeispiel

In einer Realschulklasse begegneten uns zwei türkische Mädchen, die sowohl die türkische als auch die deutsche Sprache gut beherrschten. Außerdem stellten sie regelmäßig ihre Fähigkeiten im Kampfsport des Taek Won Do zur Schau. Darüber hinaus entschieden sie sich für das traditionelle Kopftuch aus religiösen Gründen. Mit dieser besonderen Balance zwischen Tradition und Karriere (als Mädchen) gerieten nun die Weiblichkeitsvorstellungen der gesamten Klasse sowie der LehrerInnenschaft durcheinander. Die Mädchen

---

186 Vgl. vertiefend: Rauw 2001
187 Vgl. vertiefend: Schlehe 2001

konnten zuweilen das ganze Klassengeschehen bestimmen. Viele Mädchen sahen in ihnen die Opinionleaderschaft und eiferten ihren Handlungsweisen nach. Viele lernten sogar die türkische Sprache. An anderen Stellen waren diese Mädchen nur allzu gern bereit, sich nicht nur zurückzunehmen, sondern sich ihren deutschen Altersgenossinnen sogar unterzuordnen. Die Frage von Unterdrückung und Emanzipation äußerte sich nun als ein komplexer, sich ständig wechselnder Prozess.

Pädagogisch Handelnde sollten dementsprechend die Chance des Interkulturellen Settings in Schulklassen weniger als Konfliktfeld, denn als neue Chance in der angemessenen Balance des MädchenSeins begreifen (lernen).

d.   Das gleiche gilt für die soziale Herkunft. Alle weiter oben ausgeführten Bedingungen werden je nach regionaler, schichttypischer und bildungsbezogener Herkunft der Mädchen unterschiedlich ausbalanciert. Ein gut erzogenes Bildungsbürgermädchen kann von der „schnodderigen" Tochter eines arbeitslosen Vater einiges an Selbstbehauptung lernen, ebenso wie dieses als benachteiligt zu betrachtende Kind wichtige Schlüsselkompetenzen in der alltäglichen Begegnung mit bildungsnahen Mädchen erfahren kann. Auch die Frage der Emanzipiertheit lässt sich hier nicht absolut beantworten. Wenn es uns gelingt, die unterschiedlichen Fähigkeiten aus der jeweiligen Herkunft herauszuarbeiten, dann stellen wir fest, dass auch den scheinbar etablierten Mädchen bzgl. der inneren Balance zumeist zentrale Kompetenzen fehlen und auf der anderen Seite die scheinbar marginalisierten Mädchen zentrale Fähigkeiten aufzeigen können, die im Alltag wichtig sind. Dennoch dürfen wir dabei nicht vergessen, dass die Mädchen aus bildungsferneren oder armen Familien im deutschen Schulsystem ohne die systematische Unterstützung durch PädagogInnen kaum eine Chance haben.[188]

e.   Eine besondere Chance entsteht für die so genannten Väter-Töchter.[189] Das sind Töchter, denen besonders durch den Vater viele männliche Eigenschaften zugeschrieben und verstärkt werden. Besonders, wenn sich der Vater einen Sohn gewünscht hatte, aber eben eine Tochter erhielt, bekommt dieses Mädchen auch ansonsten eindeutig jungentypische Räume angeboten. Manchmal sollen diese Töchter den versagten Sohn geradezu ersetzen. Die besondere Chance liegt für diese Mädchen darin, dass ihnen weitaus mehr jungentypische Unterstützung zugedacht wird. In der Entwicklung von Fähigkeiten, allerdings auch der Beschränkungen, scheinen diese Mädchen im Grundschulalter ihren männlichen Geschlechtsgenossen geradezu zu glei-

---

188 Vgl.: Kapitel 2
189 Vgl. vertiefend: Beckmann 1996, Leonard 1994

chen. Die Ideologien von Weiblichkeit können bei diesen Mädchen nicht besonders greifen, so dass ihre Balance eindeutig neutraler zwischen männlich-weiblich gestaltet werden kann. Auch wenn diese *geschlechtsneutrale Chance* in der Pubertät zu besonderen Konflikten führt, da „jungenhafte Mädchen" in der Adoleszenz ihre Weiblichkeit gegen äußere Bilder besonders behaupten müssen, scheinen diese Mädchen stärkere Bilder von sich zu entwickeln. Das gilt jedoch nur, wenn sie irgendwann auch als Mädchen akzeptiert werden, denn „verkappte" Jungen möchte niemand sehen, weil sie eine wahrlich „mannhafte Konkurrenz" darstellen. Diesen starken Mädchen ihr MädchenSein abzusprechen, dient hier wiederum ihrer Herabwürdigung.

6.5 Chancen für Mädchen: Was hat die Emanzipation gebracht?

Wenn wir uns die Geschlechterverhältnisse genauer ansehen, dann wird deutlich, dass es sich um die Gleichzeitigkeit von Bestand und Veränderung handelt. Traditionelle Weiblichkeitsbilder scheinen wieder in Mode zu kommen, so dass sich viele Mädchen an klassischen Vorstellungen orientieren. (Die neuerliche Identifikation mit der Herkunftsfamilie seit den 1990er Jahren sei als nur ein Beleg dafür angeführt.[190]) Sie verstehen die Emanzipationsvorträge ihrer Mütter(generation) nicht. Auf der anderen Seite differenzieren sich moderne Weiblichkeitsvorstellungen aus. Für andere Mädchen ist es möglich, sich fast gänzlich von den Familienpflichten abzugrenzen. Sie suchen sich als egoistisch bewertet ihren Weg und schlagen eine ganz eigene Karriere ein, in der die Familienfrage auf die enddreißiger Lebensjahre verschoben wird. Für Mädchen gibt es trotz der immer noch belegten Benachteiligungen von Mädchen[191] in den heutigen Zeiten vielfältigere Möglichkeiten der Selbstentfaltung. Dabei ist es unsere Aufgabe, besonders in der Grundschulzeit sie darin zu unterstützen, sich diese Optionen auch zuzutrauen.

Wenn wir die Schulklassen an Grundschulen, die uns in den letzten fünf Jahren begegneten, mit denjenigen der vorhergehenden Jahren vergleichen, dann fällt auf, dass sich darunter zunehmend mehr befinden, in denen die Mädchen den dominanten Part einnehmen. Während in den früheren Jahren fast ausschließlich einige Jungen das Geschlechterverhältnis dominierten, übernehmen heutzutage immer öfter auch einzelne Mädchen(gruppen) diese Rolle.

---

190 Vgl. z.B. die Ergebnisse der letzten Schell-Jugendstudien!
191 Vgl. z.B.: Kapitel 2

Dennoch bieten Arbeitsmarkt und Geschlechtervorstellungen in den westeuropäischen Gesellschaften nach wie vor reale Begrenzungen, die jedoch in einigen Bereichen auch ähnlich für Jungen gelten. Besonders die Modernisierung des Arbeitsmarkts hat bewirkt, dass klassisch weiblich etikettierte Eigenschaften, wie etwa Empathie, Teamfähigkeit, ganzheitliches Denken usw. eine neue Beachtung erfahren. In bestimmten Berufssparten, wie etwa dem kaufmännischen Bereich wird besonders die „weibliche Ressource" gesucht und gefördert.

So können wir festhalten, dass durch die Zunahme an erfolgreichen Frauenmodellen und den sich diversifizierenden Mädchenkulturen, gepaart mit der Entdeckung dieses Wirtschaftspotential v.a. durch die Medienindustrie neue Emanzipationschancen entstanden sind. Dem steht jedoch die Starrheit des deutschen Schulsystems gegenüber (vgl. z.B. die Ergebnisse der PISA und IGLU Untersuchungen). Wir müssen uns fragen, ob das deutsche Schulsystem nicht den Emanzipationschancen entgegensteht. Das gilt hervorgehoben für die segregierenden weiterführenden Schulen, z.T. aber auch schon für Grundschulen (s.o.). Inwiefern kommen LehrerInnen also von der pädagogischen Seite den neuerlichen Entwicklungen entgegen? Inwieweit berücksichtigen wir die ehemals jungentypischen Interessen, wie etwa die Computernutzung auch im Videospiel? Was trauen wir Mädchen zu und was Jungen? Emanzipation in den ersten Jahren des dritten Jahrtausends hat sich gewandelt. Vieles, was die Mütter der heutigen Generation noch schmerzlich erkämpfen musste, ist für die jetzigen Mädchen bereits zum Normalfall geworden. Dennoch gilt es nach wie vor, und diese Ambivalenz muss systematisch betrachtet werden, die Mädchenbenachteiligungen zu überwinden. Sie scheinen oftmals subtiler geworden zu sein, so dass wir festhalten:

In der heutigen Gesellschaft fällt es zunehmend schwerer, ungleiche Chancen in ihrer Macht wahrzunehmen, weil die formalen Statuten der Gleichberechtigung vielerorts installiert worden sind.

6.6 Weibliche Suchbewegungen

In all diesen Polaritäten und Widersprüchlichkeiten suchen Mädchen ihren Weg. Zwischen Tradition und Karriere balancieren sie Lebensentwürfe, die sich an scheinbar gelungenen Mutterbildern orientieren. Dabei kommen Mädchen genauso wenig wie frühere Kohorten daran vorbei, dass es eine männliche Definitionsmacht gibt, die die als gelungen akzeptierten Weiblichkeitsentwürfe bestimmt. Mädchen müssen immer noch weiblich werden und einem Mutterbild nacheifern, wenngleich die Identitätsanteile des neutralen Kindes aus dem

Grundschulalter wieder aufgenommen werden können, wenn es darum geht, sich in der äußeren Welt zu behaupten. Viele Pole des Mädchen- und Frauseins sind darin als weibliche Suchbewegungen zu verstehen, in denen Mädchen und Frauen versuchen, all die widersprüchlichen Erwartungen zu vereinen. Bei genauerer Betrachtung kann es demzufolge keine stabile Identität geben. Vielmehr entstehen zeitlich befristete Identitätsformationen, die sich beim Wechsel des sozialen wie berufsbezogenen Umfeldes schlagartig ändern können. Es ist also eher der Prozess der Findung lebbarer Balancen, der die Selbstdefinitionen bei Mädchen kennzeichnet. Dies ist weder als krankhaft noch als deviant zu sehen, sondern bedeutet vielmehr eine angemessene Regulation in „spätkapitalistischen Gesellschaften", die anhand neuer Ungleichheitsphänome z.B. durch Hartz IV besonders deutlich zutage treten. *Weibliche Suchbewegungen* stellen oftmals erfolgreiche Schlüsselqualifikation in der „Spätmoderne" dar.[192] Die Starrheit von Geschlechterverhältnissen in der Erwachsenenwelt hat lediglich in der biographischen Retrospektive und der Behauptung geschlechtshierarchisch praktikabler Aufgabenteilung ihren alltagspraktischen Sinn. In der Begegnung mit Mädchen sollten alle Erwachsenen lernen, von Mädchen zu lernen. Sie sind in ihrer *prozeduralen Identitätssuche* möglicherweise lebensfähiger, als wir uns das zunächst vorstellen können.

Auch Jungen können hiervon lernen. Deshalb ist eine Geschlechtsbezogene Pädagogik für alle drei Seiten produktiv und nachhaltig: für Jungen, für die erwachsenen PädagogInnen und für Mädchen, weil sie hierin die angemessene Anerkennung für ihre weiblichen Suchbewegungen erfahren.

Auf der anderen Seite können sich die Suchbewegungen von Mädchen auch verirren. Sie können sich in falsch verstandener Emanzipations- und Selbstfindungssuche auf Dinge konzentrieren, die auf Dauer kontraproduktiv für das soziale Umfeld und für sie ganz persönlich wirken. Zunehmende Schulverweigerung und Gewalthandlungen seien hier nur beispielhaft als neuerliche Mädchenphänomene erwähnt. Deshalb brauchen Mädchen besonders Frauen, die sich ihnen zuwenden, sie angemessen begleiten und ihnen Kriterien für ganz persönliche Entscheidungen liefern. *Dafür ist die Mädchenarbeit der pädagogische Raum erster Wahl.*

Das vorliegende Modell bietet ein Koordinatensystem, durch das es gelingt, Mädchen in ihren widersprüchlichen Seiten zu verstehen. Sie pendeln zwischen den Polen, so dass bei der Betonung der einen Seite die andere völlig verschwunden zu sein scheint. So pendeln manche Jugendliche so starr in die tradi-

---

192 Vgl. vertiefend zum Zusammenhang der späten Ausformung von Moderne, Kapitalismus und Geschlechterkonstruktion: Jantz / Rauw 2001 und Jantz 2001a.

tionelle Seite der „sexy Lady" mit bauchfrei und rosa Lackschühchen, überlassen bestimmten Jungen die völlige Bestimmungsmacht im öffentlichen Raum, obwohl sie jahrelang emanzipatorisch unterstützt worden sind. Jetzt scheinen sämtliche Errungenschaften des früheren „neutralen Kindes" völlig verloren gegangen zu sein. Doch bei genauerer Betrachtung sind diese Aspekte nur nach hinten gestellt und können später wieder aufgenommen zu werden. Ehemals einfühlsame Mädchen handeln auf einmal egoistisch, gar rücksichtslos. Verstehen wir die Identitätslogik in den weiblichen Suchbewegungen, sollte uns das Modell eine gewisse Gelassenheit ermöglichen, da wir darauf vertrauen können, dass die andere Seite wieder wichtig werden wird. Im Prozess können unserer Erfahrung nach selbst in der rigidesten Weiblichkeitsphase die früher erlernten Fähigkeiten aktualisiert werden. Besonders durch Mädchenarbeit lernen Mädchen, dass sie nicht zentrale Eigenschaften leugnen müssen, um vor anderen Mädchen und Jungen bestehen zu können. Eine *Mädchenarbeit zwischen Begegnung und Veränderung* gibt Mädchen den Impuls, dass sie beides balancieren können, z.B. sich schön zu fühlen und gleichzeitig selbstverantwortlich und schulisch erfolgreich zu sein.

Allerdings sollten wir uns nicht durch die vielfältigen Externalisierungen von vielen Mädchen täuschen lassen. Hinter den öffentlich selbstbewussten Selbstdarstellungen können stets auch die klassischen Autoaggressionen mit negativem Selbstbild lauern.

Fallbeispiel

Es berichtete uns eine sehr erfolgreiche und beliebte Grundschülerin, die wir als Opinion-Leaderin ihrer Klasse ansahen, dass sie sich nicht im Spiegel betrachten könne, da sie so „doof" aussähe. Vielmehr noch fühle sie sich so wertlos, dass sie manchmal gerne sterben würde. Die Frage in der Begleitung dieses Mädchen war dann, warum sie die scheinbar gelungene Balance in der Schule und im Dorf (Sport, Feiern, Gesellschaft) innerlich zuweilen so depressiv verarbeitete. Das Modell half insofern dabei, dass wir damit ein Instrument zum Verständnis zur Verfügung hatten, welche (depressive) Seite vorhanden sein kann, obwohl sie zurzeit nicht beobachtbar zu sein scheint. Bei genauerer Betrachtung fiel uns folglich auf, dass dieses Mädchen auch in der Schule ihre Erfolge überhaupt nicht genoss. In ihrem Lächeln schien immer eine Art der Anstrengung zu liegen. Offensichtlich gelang ihr die präsentierbare Balance v.a. durch den immensen Druck, der auf ihr lastete. Wir fanden, dass sie sich überidentifizierte mit dem ihr vorgesetzten Idealbild, wozu das gesamte Umfeld von SchülerInnen, über Lehrerinnen bis hin zu den eigenen Eltern enorm beitrug. Dieses Mädchen versuchte stets in allen Belangen

„das beste Mädchen" zu sein. Erst als es gelang, diesen Druck abzumildern traten die autoaggressiven Anteile besser zu Tage. Von nun an gelang es besser, sie in ihren Ängsten zu verstehen und in ihren Bemühungen zu unterstützen. In der Folgezeit konnte sie sich mehr Zurückgezogenheit gönnen, indem sie „einige Ämter" nicht annahm und erfuhr, dass sie durch diese „Verweigerungen" nicht in der Achtung ihrer MitschülerInnen fiel, vielmehr noch erhielt sie die Anerkennung durch uns und die Lehrerinnen, dass sie damit gut für ihre eigenen Interessen eintrat. Wie wir im späteren Verlauf von den Eltern erfuhren, ließen mit dem Abbau der Externalisierungen auch die autoaggressiven Anteile deutlich nach.

Weibliche Suchbewegungen zeigen sich ebenso widersprüchlich wie die männlichen. Doch die zentralen Punkte, um die herum Mädchen versuchen, ihren Weg und ihre Identität zu finden, gruppieren sich um andere Faktoren als diejenigen bei Jungen. Bei aller Chancengleichheit und sämtlichen gesellschaftlichen Faktoren, die das heutige (Schul-)Leben für die Mehrzahl aller SchülerInnen verschärfen, bietet das Verständnis um diese Unterschiedlichkeiten einen tragfähigen Aufschluss über die unterschiedlichen Verarbeitungsmuster bei Mädchen und Jungen. *Jungen und Mädchen sind sich gleich, sie sind aber auch unterschiedlich.* Das gilt es adäquat pädagogisch zu berücksichtigen.

6.7 Zusammenfassung: Folgen für die Pädagogik an Grundschulen V

Obwohl sich die Modelle von Frauen deutlich vervielfältigt haben, findet die Ausgestaltung dessen, was sich die meisten Mädchen mit beginnender Pubertät noch zugestehen, in einem vergleichsweise eng gesteckten Rahmen statt. Dies begründet sich darin, dass sich Mädchen weniger an den für sie real erfahrbaren und medial beobachtbaren Frauen orientieren, sondern mehr an einer Vorstellung von Weiblichkeit, die gerade dadurch, dass sie nicht eindeutig zu definieren ist, umso machtvoller wirkt.

Ein zentraler Aspekt gelebter Weiblichkeit ist ihre körperliche Ausgestaltung: Weiblich und schön auszusehen scheint für viele Mädchen fast das Wichtigste zu sein. Denn sie erleben täglich, dass erfolgreiche Frauen erfolgreich gedemütigt werden, indem sie als vermännlicht oder hässlich tituliert werden. Folgerichtig interessierte sich die Presse eine lange Zeit mehr für Angela Merkels Frisur als für ihre Meinungen und Fähigkeiten. Kaum ein männlicher Politiker vermag durch eine unvorteilhafte Frisur derartiges Aufsehen zu erregen.

Dementsprechend erleben Mädchen, dass der Vorwurf der „Unweiblichkeit" zum Totschlagargument generiert. Und sie erleben, dass ihre Handlungsspielräume auf der Verhaltensebene sich vergrößern, wenn die körperliche Präsentation „stimmt". Frei nach dem Motto: *Tu was du willst, aber sieh gut dabei aus!*

Ein weiterer zentraler Aspekt von Weiblichkeit ist die (antizipierte) Mutterschaft, und auch hierbei nehmen Mädchen sehr genau wahr, wie mit Frauen umgegangen wird, die sich dieser Normierung entziehen: Mädchen und Frauen, die offensiv formulieren, dass sie sich keine Kinder wünschen, weil sie lieber eine tolle Karriere machen möchten (oder sogar schlicht kein Interesse an Kindern haben) werden ebenfalls als „unweiblich" und „egomanisch" gebranntmarkt. Und Frauen, die Kinder und Karriere zu vereinen versuchen, werden in jeder dritten Talkshow als Rabenmütter abqualifiziert. Mädchen, deren Mütter genau diesen Spagat versuchen, erleben deren Überlastung und Selbstzweifel täglich.

Mädchen spüren sehr genau, dass sie unter Umständen einen sehr hohen Preis dafür bezahlen werden, wenn sie sich den Weiblichkeitsnormierungen widersetzen.

Diese Verengung der vorstellbaren individuellen Möglichkeiten beginnt für die meisten Mädchen am Ende ihrer Grundschulzeit. Mit anderen Worten: *Um die mögliche Vielfalt weiblicher Lebensentwürfe für Mädchen erfahrbar zu gestalten, bietet die Grundschulzeit ideale Voraussetzungen,* da erstens die Mädchen sich aufgrund ihrer kognitiven Fähigkeiten schon damit beschäftigen (können), zweitens noch eine vergleichsweise große Offenheit und eher geringe Sexualisierung im Verhalten der Mädchen besteht.

Die oben entfalteten Aspekte des MädchenSeins sind noch nicht so mächtig, es gibt noch viel „neutrales Kind-Sein", an dem die geschlechtsbezogene Arbeit produktiv ansetzen kann.[193] Der pädagogische Raum der Mädchenarbeit ist hierbei das wirksamste Feld, das jedoch z.T. auch von LehrerInnen geleistet und i.d.R. sinnvoll ergänzt werden. Dafür halten wir drei zentrale Zugänge der Mädchenarbeit für besonders wertvoll:

Vor dem Hintergrund der bisherigen Ausführungen bietet es sich durchaus an, gerade auch in dieser Altersstufe die Thematik der *Lebens- und Berufsorientierung* zu bearbeiten. Diese wurde zwar überwiegend für ältere Mädchen (und Jungen) konzipiert, lässt sich jedoch sehr einfach auch auf Grundschulmädchen übertragen. Denn viele Mädchen haben in diesem Alter sehr genaue Vorstellungen und Träume, an die sie schon bald die Messlatte der „Weiblichkeitskompatibilität" anlegen werden. Und diese wird zu einer drastischen Selbstbeschränkung ihrer

---

193 Bei älteren Mädchen wären es eher die Brüche, die uns gut mit den Mädchen in Kontakt bringen.

Träume führen, und zwar meistens weit vor möglichen, ernüchternden Erfahrungen auf dem Arbeitsmarkt. Damit Mädchen sich nicht bereits in dieser Phase unnötig beschränken, gilt es besonders im Schulalltag, Mädchen den heutigen Möglichkeitsraum für Frauen darzulegen. Anhand ausgewählter Beispiele von gelungen-weiblicher Beruftätigkeit können sich Mädchen schon jetzt daran gewöhnen, dass alle Aufgaben von beiden Geschlechtern bewältigt werden können.

Methodenbeispiel

Eine einfache und altersgemäße Möglichkeit zur Thematisierung verschiedener Berufe bietet die pantomimische Darstellung durch die Pädagogin / den Pädagogen und die Mädchen selbst. Hierfür werden die Mädchen in mindestens drei Gruppen eingeteilt. Auf vorbereiteten Karten stehen viele, sehr unterschiedliche Berufe – frauentypische *und* frauenuntypische – und zwar in der weiblichen Form, z.b.: Busfahrerin, Bäckerin, Friseurin, Boxerin, Lehrerin, Sängerin, Tierärztin, KFZ-Mechatronikerin, Hausfrau, Ingenieurin etc.

Jeweils eine Gruppe zieht eine Karte und stellt den Beruf gemeinsam oder einzeln pantomimisch dar. Die anderen Mädchen sollen nun den Beruf erraten. Manchmal ist es hilfreich, wenn die Gruppen dabei um Punkte spielen. So könnten die ratenden drei Punkte erhalten und die spielende Gruppe einen, wenn ihr Spiel erraten wird. Bei allzu vielen „Spielmuffeln", können die Punkte auch nach Anzahl der spielenden Personen vergeben werden. Im Normalfall erhält nur die gesamte Gruppe die Punkte. Mit dieser Übung denken und fühlen sich die Mädchen in die Vielfalt der heutigen Berufe ein. Manchmal erzeugt dies auch das Interesse, mehr über einen besonders ansprechenden oder ungewöhnlichen Beruf zu erfahren.

Auch für den Themenkomplex der *Selbstbehauptung* erweist sich das Grundschulalter als ideal, da die Mädchen mit viel Freude laut und in Bewegung sind und zum Beispiel so etwas wie Stimmübungen aufregend oder auch lustig, aber nicht peinlich finden. Die Sensibilisierung für Grenzen ist dabei von zentraler Bedeutung, und zwar für eigene und diejenigen der anderen. Die Mädchen sollen so früh wie möglich lernen, dass niemand das Recht hat, ihre körperlichen Grenzen zu überschreiten. In unseren Seminaren begegnen uns immer wieder Mädchen, die erstaunlich offen über Erfahrungen sexualisierter Gewalt sprechen. Wir wollen dies an einem Beispiel verdeutlichen:

Praxisbeispiel

In einer dritten Klasse erzählte ein Mädchen folgendes persönliches Erlebnis:

Im Schwimmbad habe sie sich von einem erwachsenen Mann immer wieder komisch angeguckt gefühlt. Als sie zu schwimmen begann, ging auch der Mann ins Wasser. Als er an ihr vorbei schwamm, berührte der Mann sie wie zufällig am Bein. Mit einem unangenehmen Gefühl schwamm sie weiter, hielt die Berührung aber dennoch zunächst für tatsächlich zufällig. Zwei weitere geschwommene Bahnen führten zu zwei weiteren scheinbar zufälligen Berührungen ihres Beines durch den Mann und zu der Erkenntnis des Mädchens, dass dieser Mann sie absichtlich berührte. Daraufhin verließ sie das Schwimmbecken und flüchtete sich in die Frauendusche. Danach hat sie das Schwimmbad nicht mehr betreten, sondern ist nach Hause gegangen.

Sehr präzise konnte sie auch ihre Gefühle dabei beschreiben: von der anfänglichen Irritation bis hin zu massivem Ekel und Angst: „Was will der Mann von mir?"

Die anderen Mädchen hörten ihr während der gesamten Zeit aufmerksam zu. Sofort entbrannte eine heiße Diskussion: Hätte sie dem Mann gegenüber etwas sagen können oder sollen? Oder hätte sie sich durch eine solche Offensive möglicherweise in Gefahr gebracht?

Auch könne sie dem Mann seinen Übergriff ja gar nicht beweisen.

Die Frage nach einer angemessenen Reaktion gerade auf „diffuse" Angriffe stellen sich Mädchen immer wieder. Wir bestärken die Mädchen darin, ihre Gefühle und Wahrnehmungen hier sehr ernst zu nehmen. Was wäre denn so schlimm, wenn die Einschätzung des Mädchens unzutreffend gewesen wäre? Die klare Aussage: „Ich möchte nicht von Ihnen berührt werden!" hat ungeachtet der Intention des Mannes seine Berechtigung. Und in der Mehrzahl der Übergriffe auf Mädchen und Frauen führt bereits ein klarer Einsatz der Stimme zu einem Abbruch der Tat. Dennoch ist es immer wichtig zu betonen, dass Weggehen / Wegrennen durchaus eine gute Lösung eines solchen Konfliktes ist. Es geht nicht darum, eine Heldin sein zu müssen. Das Problem der Defensivität liegt eher darin, dass sie den Mädchen Räume nimmt und oft eher ungünstig auf ihr Selbstbewusstsein wirkt.

LehrerInnen können Mädchen helfen, ihrer eigenen Wahrnehmung zu trauen. Dabei sollten sie unterstützt werden, diese auch (öffentlich) zu äußern. Dafür haben sich sämtliche Methoden als sinnvoll erwiesen, die ein starkes Körpergefühl mit einer festen Stimme einüben (z.B. so genannte Nein- und Stop-Übungen). Darüber hinaus sollten LehrerInnen sehr genau beobachten, wie Jungen und Mädchen in den Pausenzeiten mit denjenigen Räumen umgehen, die fast schon zu Grenzverletzungen einladen, wie etwa verwinkelte Ecken oder die Toiletten. Wenngleich wir betonen, dass Mädchen wie Jungen auch Rückzugsräume benötigen. Es geht dabei also um einen distanzierten, aber noch einsichtigen Abstand zu den informellen Räumen der Schule. Insgesamt sollte besonders im Sinne der Mädchen überprüft werden, wie sämtliche Räume der Schule gestaltet sind.

Der *Umgang mit Konflikten* ist ein weiteres wichtiges Feld der Mädchenarbeit an Grundschulen. Welche Konflikte erleben die Mädchen? Und wie können sie damit produktiv umgehen? Uns geht es hierbei darum, die Handlungsmöglichkeiten der Mädchen zu erweitern und ihnen zum Beispiel aufzuzeigen, wie man Kritik konstruktiv äußern und annehmen kann oder wie vielschichtig sich verschiedene Konflikte regulieren lassen. Konflikte, die in der Klasse oder in der Mädchengruppe „schwelen", werden den Schülerinnen gespiegelt und dadurch an die Oberfläche geholt. Nur dort, im für alle sichtbaren Raum, werden Konflikte verhandelbar und lösbar. Dies ist insbesondere für Mädchen von zentraler Wichtigkeit, da einerseits viele Mädchen Konflikte eher beschwichtigen oder harmonisieren, andererseits einige Mädchen gerade im „Unsichtbaren" sehr machtvoll ihre Fäden ziehen und damit möglicherweise gewalttätig im Sinne seelischer Gewalt agieren. Deshalb ist Konfliktfreudigkeit in der geschlechtsbewussten Arbeit mit Mädchen (und auch mit Jungen!) unbedingt gefragt.

Praxisbeispiel Klassenvertrag

In einer dritten Klasse in einer Kleinstadt in der Region Hannover waren die Konflikte in der Mädchengruppe derart tief greifend und vielschichtig, dass ein konstruktives Arbeiten nicht möglich war. Immer wieder machten sich einzelne Mädchen gegenseitige Vorhaltungen und beschimpften sich. Klärungsgespräche schienen die Konflikte eher zu verschärfen. Schließlich einigten sich die Mädchen darauf, einen Vertrag miteinander zu schließen. Jede durfte ihre Wünsche an die Gruppe formulieren und zur Diskussion stellen. Teilten die anderen diesen Wunsch? Dann wurde er in den Vertrag aufgenommen, z.B. „Wir wollen keine Lügen übereinander erzählen"; „Wir wollen uns nicht anschreien". Am Ende unterschrieben alle feierlich den Vertrag. Selbstverständlich können sich nicht gleich alle an den Vertrag halten, es wird immer wieder Streit geben. Aber so ein Vertrag, wenn er auf eigenen Wunsch der Mädchen (und ggf. der Jungen) entstand, fördert das Gemeinschaftsgefühl einer Gruppe und die Identifikation mit den Klassenregeln. In schwierigen Situationen kann der / die LehrerIn an den Vertrag erinnern. Die Mädchen halten sich dann i.d.R. bereitwillig an die vereinbarten Regeln.

LehrerInnen können Mädchen in ihren Suchbewegungen verstehen und angemessen unterstützen, wenn sie sich die mädchentypischen Denk- und Handlungsweisen verdeutlichen. Besonders Lehrerinnen können Mädchen adäquate Orientierungen bieten, wenn Mädchen sie annehmen. Dabei ist besonders der Umgang mit Grenzen und deren Verletzungen entscheidend dafür, ob Mädchen sich in der Schule sicher aufgehoben und unterstützt oder aber unsicher und allein gelassen fühlen. Mädchen (wie Jungen) beobachten sehr genau, welche Handlungen gefördert, begrenzt oder einfach zugelassen werden. Sie lernen Regeln und wollen auch, dass diese eingehalten werden. Je mehr eindeutige Struktur LehrerInnen durchhalten, desto sicherer fühlen sich die Mädchen. Je sicherer sie sich fühlen, desto freier können sie sich entfalten. Das nützt dann nicht nur den Mädchen, sondern es hilft auch Jungen, Mädchenräume zu akzeptieren und gleichberechtigte Beziehungen zu Mädchen und Frauen einzugehen.

Übungsaufgabe 7:

Analysieren Sie in einer selbst gewählten Woche (Montag bis Freitag) jeweils fünf Sendungen der beiden Vorabendserien „Marienhof" in der ARD und „GZSZ" auf RTL! (Eine Aufnahme lohnt sich, um ggf. zurückspulen zu können.) Beobachten Sie die angebotenen Mädchen(vor)bilder und vergleichen Sie die Bandbreite in beiden Serien! Welche Erfolgs- und welche Misserfolgsmodelle werden angeboten? Was müssen die Mädchen können? Und was müssen sie zurückstellen, um im privaten und beruflichen Alltag bestehen zu können? Welche Konflikte werden herausgearbeitet? Welche werden verschwiegen?

Was schließen Sie daraus, was Mädchen durch diese Vorbildern lernen (können)?

7 Jungenarbeit, Mädchenarbeit, geschlechtsreflektierte Koedukation an Grundschulen

Aus der bundesdeutschen Geschichte der Geschlechtsbezogenen Pädagogik haben sich drei Felder herausgebildet: Während Mädchen- und Jungenarbeit in der geschlechtshomogenen Gruppe durchgeführt werden (z.t. auch im Zweiersetting der Beratung), ist mit dem übergeordneten Begriff der Geschlechtsbezogenen Pädagogik auch die reflexive Koedukation in gemischtgeschlechtlichen Gruppen gemeint. Jeder dieser drei Säulen hat besondere Qualitäten entwickelt, wie die weiter oben ausgeführten Geschlechtscharakteristika angemessen bearbeitet werden können. Die beste Strategie an Grundschulen offenbart sich genau dann, wenn separate Jungen- und Mädchenräume existieren, um dann wiederum im geschlechtsgemischten Setting zusammenzukommen.[194] Das lässt sich besonders gut durch Projekte von externen PädagogInnen realisieren. Doch auch der alltägliche Unterricht gewinnt enorm an Qualität, wenn Jungen und Mädchen zeitweilig getrennt werden. Geschlechtshomogen lernen beide Gruppen anders, z.t. weitaus besser. Das dann Erlernte kann anschließend auch gegengeschlechtlich demonstriert und behauptet werden. Dafür brauchen LehrerInnen jedoch eine geschlechtsbezogene Kompetenz, die wir nachfolgend zusammenfassen. Vorab sei nochmals betont, dass sich diese Kompetenz *nicht* auf die Methodenkenntnis, sondern auf das Wissen um den Geschlechteralltag bezieht. Verbunden mit der Explizierung der Lernziele entsteht eine professionelle Haltung, die bereits bekannte Methoden zielgenauer werden lässt. Reflexive Koedukation in der Grundschule meint dabei, dass Kinder nicht als neutral gesehen werden, auch wenn das Denken und das Handeln von Mädchen und Jungen bis zur Pubertät sich noch ähneln. Vielmehr gilt es stets zu berücksichtigen, wo typische Chancen und Grenzen von Männlichkeit und Weiblichkeit auftauchen können. Diese Haltung wird dann qualifiziert, indem wir geschlechtsbezogene Kompetenzen sowohl bei den Kindern als auch bei den pädagogisch Arbeitenden als prozesshaft begreifen. Im Verlaufe aktiver Versuche Geschlechtsbezogener Pädagogik wächst auch die Fähigkeit, Mädchen und Jungen angemessen zu erreichen. Dafür möchten wir in diesem abschließenden Kapitel detaillierte Praxisbeispiele zur

Verfügung stellen, die sich einerseits in unserer Praxis als sinnvoll erwiesen haben. Andererseits wird unser Zugang der Geschlechtsbezogenen Pädagogik durch zwei einschlägige Modellprojekte[195] in den 1990er Jahren zur Geschlechterthematik an Grundschulen eindrücklich untermauert, was wir weiter unten noch genauer ausführen. Der Dokumentation der Modellprojekte können Sie auch weitere methodische und konzeptionelle Zugänge entnehmen.

7.1 Was bedeutet geschlechtsbezogene Kompetenz?

Die vorangegangenen Kapitel haben vielfältige Erkenntnisse zusammengefasst, die sich nun übergeordnet bündeln lassen:

Geschlechtsbezogene Kompetenz

beschreibt zunächst die Fähigkeit, angemessen und erfolgreich mit anderen Menschen kommunizieren und eine eigene Position im jeweiligen Geschlechterverhältnis finden zu können. Zur angemessen professionellen Haltung gehört insbesondere der Erwerb von:

- Wissen über geschlechtstypische Rollenanforderungen an „das eigene" und „das andere" Geschlecht, inkl. der möglichen sexuellen Orientierung(en)

- Fähigkeit von Rollenhandeln und Rollendistanz

- Fähigkeit zur (multiplen) Identitätsdarstellung, eigengeschlechtlichen Bewusstheit, Selbstsicherheit, Selbstverantwortung

- und damit der Kompetenz zum Kontakt mit dem eigenen so oder so Geworden-Sein

- gegengeschlechtliche Empathie

- verantwortliches Handeln im Verhältnis von Macht – Ohnmacht und Gewalt

Im Wesentlichen geht es also darum, einen persönlichen und professionellen Standpunkt im höchst widersprüchlichen Geschlechterverhältnis einnehmen zu können.

---

195 Welz / Dussa 1998 und nli-Berichte 65

Um sich von einschränkenden Rollenanforderungen befreien zu können, muss ein Subjekt diese zunächst entlarven. Dazu gehört einerseits das Wissen um die *hegemoniale Geschlechterkonstruktion*, so wie wir sie vorangehend entfaltet haben. Andererseits geht es hervorgehoben darum, das eigene Denken, Fühlen und Handeln einordnen zu lernen. Dafür benötigen die professionellen BegleiterInnen eine persönliche und fachliche Haltung, die sich durch einen *angemessenen Selbstbezug* – gerade auch zum eigenen Geschlecht – äußert. Wir müssen lernen, uns als Männer und Frauen zu begreifen und nicht einfach als angeblich geschlechtsneutrale PädagogInnen. Auch Kinder und Jugendliche lernen durch Kontakt und Auseinandersetzung. Nur wenn wir *erkennbare Standpunkte* beziehen, besteht die Chance für unsere Gegenüber, an den „Reibungspunkten" zu wachsen. Jungen wie Mädchen suchen die Konfrontation mit Erwachsenen. Lassen wir uns selbstbewusst im eigentlichen Sinne darauf ein, dann fördert dies die Entwicklung unserer Gegenüber.

Die zentrale Ebene der professionell-pädagogischen Begegnung in der Mädchen- und Jungenarbeit ist das Aufeinandertreffen von Erwachsenenkultur(en) und Jugendkultur(en). Die Zweite ist die gegengeschlechtliche Begegnung, bei der sich die Frage stellt, was Männer Mädchen anzubieten haben und was Frauen Jungen erlauben können.[196]

Unsere im Folgenden zu konkretisierende Jungen- und Mädchenarbeit sowie insbesondere die Geschlechtsbezogene Pädagogik basiert auf zwei Annahmen:

1. Geschlecht verstehen wir in Anlehnung an Bilden (1991) als eine soziale, nicht als eine biologische Kategorie. Es existieren keine Geschlechtsunterschiede als individuelle Persönlichkeitsunterschiede, aber soziales Handeln ist geschlechtsbezogen sowohl auf das eigene Geschlecht als auch auf das Geschlecht des Gegenübers. „Zentral ist die Annahme, dass wir unsere Wirklichkeit [und damit auch die Kategorie Geschlecht und das Geschlechterverhältnis, Anm. d. Verf.] andauernd in sozialen Praktiken produzieren"[197]. Wir verstehen Mädchen und Jungen in diesem Sinne als „aktive Objekte"[198], d. h. als Handelnde innerhalb eines sozialen Systems, in dessen (eingeschränkten) Spielräumen sie sich bewegen können und welches sie durch ihre eigenen sozialen Handlungen ständig (re)produzieren. „Männlichkeit(en)" und „Weiblichkeit(en)" sind somit Konstrukte, die sich erst in sozialen Handlungen konstituieren. Diese Annahme beinhaltet die zwar eingeschränkte, aber doch prinzipielle Veränderbarkeit sozialer Systeme

---

196 Vgl. vertiefend: Glücks / Ottemeier-Glücks in: Rauw / Jantz et al. 2001
197 Bilden 1991, S.280
198 Ottemeier-Glücks 1996 in: Glücks / Ottemeier-Glücks 1996, S.104f

und ihrer Handlungsspielräume für und auch durch Einzelne.[199] Auch LehrerInnen und GrundschülerInnen besitzen immer Optionen für ihre Entscheidungen, ohne dass ihnen die (geschlechtstypischen) Kriterien für die jeweilige Entscheidung stets bewusst sind.

2. Das gegenwärtige Geschlechterverhältnis ist hierarchisch, genauer gesagt patriarchal strukturiert, d. h. es besteht eine strukturelle Machtungleichheit zu Gunsten von Männern und Jungen[200]. Wie Connell et al. (1995a, 1995b, 1996, 2000) in ihrem Konzept der „Hegemonialen Männlichkeit" darlegen, gibt es allerdings nicht nur eine Hierarchie zwischen den Geschlechtern, sondern ebenfalls zwischen verschiedenen Formen von „Männlichkeiten". Zur Ideologie der allermeisten „Männlichkeiten" in einer patriarchal strukturierten Gesellschaft gehört es, überlegen zu sein. Männliche Identität wird durch eine Abgrenzung und Entwertung Anderer (Frauen, Schwule, „Weichlinge", „Ausländer") konstruiert bzw. stabilisiert. Die meisten Männer, auch wenn sie selber im männlichen Konkurrenzkampf unterliegen, profitieren dabei von der gesellschaftlichen Unterordnung der Frauen. Dafür hat Connell (1995a, S.51) das eindrucksvolle Bild der „patriarchalen Dividende" eingeführt. Diese Ideologien von Männlichkeit reproduzieren sich alltäglich in sexistischem und heterosexistischem Verhalten auch von Jungen und z.T. auch von Mädchen.[201]

Die weibliche Identität wird im Bezug zu den präsentierten Männlichkeiten entwickelt und Anhand der Weiblichkeitskonkurrenzen ausdifferenziert.[202] Das Geschlechterverhältnis in einer Klasse wird durch das Zusammenspiel der Weiblichkeiten und Männlichkeiten bestimmt. Losgelöste Definitionen der eigenen Identität sind weder für Jungen noch für Mädchen möglich.[203]

7.1.1 Jungenarbeit

Jungenarbeit ist die geschlechtshomogene Begegnung von Männern mit Jungen. Doch nicht jede Arbeit, die ein oder mehrere Männer mit Jungen betreiben, ist

---

199 Vgl. ausführlich: Jantz / Rauw 2001

200 Strukturelle Machtungleichheit im hier gebrauchten Sinne wirkt sich nicht nur durch direkte staatliche oder ökonomische Gewaltausübung aus, sondern viel mehr über kulturelle Einfluss-, Einschließungs- und Ausschließungspraxen. Im Sinne einer Dominanzkultur (vgl.: Rommelsbacher 1995) stützt sich das moderne Patriarchat weniger auf Macht als Repression, als vielmehr auf durch soziale Strukturen und internalisierte Normen vermittelte Zustimmung. (Vgl. vertiefend: Robert Connell 2000)

201 Vgl. ausführlich: Jantz / Grote „Mann-Sein ohne Männlichkeit" in: Jantz / Grote 2003, S.8ff

202 Vgl.: Kapitel 6

203 Vgl.: Kapitel 3

eine bewusste Jungenarbeit. Deshalb ist es wichtig, (Qualitäts-)Kriterien auch für diesen wichtigen Bereich der pädagogischen Arbeit mit Kindern und Jugendlichen zu definieren.[204] Wir gehen von folgender Basis aus:

Jungenarbeit
ist die pädagogisch organisierte Begegnung von Männern mit Jungen. Zur bewussten Jungenarbeit wird sie erst dann, wenn auch hinterfragt wird, unter welchen Bedingungen die Begegnung zustande kommt und was dies mit Männlichkeit(en) zu tun hat. Form und Methoden sind dabei offen gestaltbar.

Unter Jungenarbeit verstehen wir darüber hinaus die Begegnung eines erwachsenen Mannes mit einem Jungen, der ein Mann werden will oder muss. Der Ältere soll dem Jüngeren Hilfestellung bei der Mannwerdung sein und geben. Dieses Verständnis von Jungenarbeit beinhaltet zum einen die Vorraussetzung, dass der Erwachsene sich mit seinem eigenen „Mann-sein" kritisch auseinandergesetzt hat und zum anderen, dass Jungen nicht einfach als (geschlechtslose) Kinder und Jugendliche gesehen werden, sondern als heranwachsende Männer, und zwar mit den sich daraus ergebenen spezifischen Problemen. Das wesentliche Kriterium von Jungenarbeit ist demnach nicht ein wie auch immer gearteter methodischer Zugang, eine pädagogisch-psychologische Technik oder ähnliches, sondern die grundsätzliche Bereitschaft und Haltung des Jungenarbeiters, sich selber und den oder die Jungen als (werdende) Männer und nicht als ungeschlechtliche Menschen zu sehen und zu hinterfragen.

Anhand der beiden oben entfalteten Grundannahmen lässt sich das allgemeine Verständnis von Jungenarbeit präzisieren: Jungenarbeit in unserem Sinne hat zum Ziel, Handlungsspielräume von Jungen zu vergrößern (*Dimension der E-manzipation*) und gleichzeitig sexistisches, heterosexistisches, raumgreifendes, verletzendes Verhalten zu begrenzen (*Dimension der Grenzachtung*). Diese Ambivalenz in der Arbeit mit Jungen begegnet Jungenarbeitern immer wieder in unterschiedlicher Form: Jungen sind häufig sowohl Opfer als auch Täter, Jungen haben viele Probleme und sie machen häufig Probleme (für die Gruppe, für die pädagogischen BegleiterInnen und zumeist auch für sich selbst).

7.1.2 Mädchenarbeit

Mädchenarbeit ist die geschlechtshomogene Begegnung von Frauen mit Mädchen. Doch nicht jede frauenbezogene Arbeit ist eine bewusste Mädchenarbeit.

---

204 Vgl. ausführlich: Jantz / Grote 2003

Deshalb ist es wichtig, (Qualitäts-)Kriterien auch für diesen wichtigen Bereich der pädagogischen Arbeit mit Kindern und Jugendlichen zu definieren.[205] Analog zur Definition von Jungenarbeit gehen wir von folgender Basis aus:

Mädchenarbeit

ist die pädagogisch organisierte Begegnung von Frauen mit Mädchen. Zur bewussten Mädchenarbeit wird sie erst dann, wenn auch hinterfragt wird, welche Chancen die teilnehmenden Mädchen zur Partizipation haben. Dabei wird stets berücksichtigt, inwiefern vorhandene Vorstellungen von Weiblichkeit(en) die eigenen Handlungsoptionen erweitern oder eben behindern (Dimension der Emanzipation). Form und Methoden sind dabei offen gestaltbar.

Unter Mädchenarbeit verstehen wir die Begegnung einer erwachsenen Frau mit einem Mädchen, das eine Frau werden will oder muss. Die Ältere soll der Jüngeren Hilfestellung bei der Frauwerdung sein und geben, *ohne jedoch eine Weiblichkeit aufzuzwingen*, auch keine emanzipierte. Dieses Verständnis von Mädchenarbeit beinhaltet zum einen die Vorraussetzung, dass die Erwachsene sich mit ihrem eigenen „Frau-sein" kritisch auseinandergesetzt hat. Zum anderen werden Mädchen in ihrer *potentiellen Benachteiligung* gesehen, *ohne* sie darauf festzuschreiben. Es gelten die gleichen Anmerkungen wie sie weiter oben zur Jungenarbeit ausgeführt wurden. Darüber hinaus gilt nach wie vor der klassische Zugang zur Mädchenarbeit. Darunter versteht man diejenige Pädagogik, die sich spezifisch an den Lebenslagen von weiblichen Kindern und Jugendlichen ausrichtet und sie bei der Entwicklung von *Selbständigkeit* und Selbstbewusstsein unterstützt. Mädchenarbeit wird in reinen Mädchengruppen durchgeführt. Die wichtigsten Prinzipien der Mädchenarbeit sind:

- Parteilichkeit
- Ganzheitlichkeit
- Räume (Ort, Raum und Zeit) bieten, in denen sich Mädchen entfalten können
- Eintreten für Mädcheninteressen und die Belange von Mädchen öffentlich machen
- Konfrontation mit dysfunktionalem Handeln

Die entsprechenden Angebote, Arbeitsgruppen und Projekte, sind speziell auf die weiblichen Kinder und Jugendlichen zugeschnitten. Die Mädchen sollen darin

---

205 Vgl. ausführlich: Nds. Modellprojekt Mädchen in der Jugendarbeit 1999 und weiterentwickelt: Donna Lotta 2/2005 (Hrsg: Vernetzungsstelle des Niedersächsischen Förderprogramms „Lebensweltbezogene Mädchenarbeit")

bestärkt werden, *eigenständige Persönlichkeiten* zu werden und ihr *Selbstbewusstsein* und *Selbstwertgefühl* auch in Abgrenzung zu Jungen rsp. den präsentierten Männlichkeiten und anderen Weiblichkeiten zu entwickeln bzw. zu erhöhen. Durch die Arbeit mit Mädchen werden, unter Berücksichtigung ihrer differenzierten Lebenswelten, Benachteiligungen abgebaut und wird Chancengleichheit gefördert.

7.1.3 Parallelen von Mädchen- und Jungenarbeit

Eine angemessene Jungen- und Mädchenarbeit bietet allen an ihr teilhabenden Jungen und Mädchen Zugänge zu diesen Dimensionen an. Dabei lebt das Wachstum von der Beziehungsqualität zwischen Mann und Junge und zwischen Junge und Junge bzw. zwischen Frau und Mädchen und zwischen den Mädchen untereinander, nicht aber von der Vielzahl an Methoden und Konzepten. Ein breites methodisches Repertoire ist oftmals hilfreich, aber selten wirklich notwendig. Im Gegenteil kann es ebenso wie das scheinbare kulturelle Wissen über „die Anderen" behindern. Nur allzu leicht können wir uns hinter wohl erforschten Methoden verstecken. Der emotional tragfähige Kontakt mit Mädchen und Jungen ist anstrengend und z.T. Kräfte zehrend. Wenn wir sie jedoch in ihren Eigenarten kennen lernen und akzeptieren, dass die pädagogische Qualität von der jeweils aktuellen Beziehung abhängt, dann gewinnt auch unser pädagogisches Bemühen an Leichtigkeit und Effizienz. Es ist gerade so, als lockerten wir die Bremse unseres belastenden Zielerreichungsdenkens. Nehmen wir Fachleute Kontakt auf zu unserem inneren Mädchen bzw. inneren Jungen, das bzw. der wir waren und das bzw. der wir fragmentarisch immer noch sind, dann erblicken wir Brücken, die vorher nicht zu sehen waren.

Praxisbeispiel

Während eines Projekts der Gewaltprävention an einer ostdeutschen Grundschule arbeiteten wir über mehrere Einheiten in geschlechtsgetrennten Gruppen. In der Mädchengruppe berichtete ein Mädchen, dass sie immer wieder von einem Jungen in die Jungentoilette gezogen wurde. Das war ihr peinlich und eklig zugleich. „Und dann stinkt das da immer so!" Gemeinsam mit den Mädchen entwickelte die Mädchenarbeiterin nun Strategien, wie sich dieses Mädchen gegen diesen Jungen schützen kann. Während dieses Prozesses bemerkte die Frau, dass sie immer bestürzter wurde. Während des Gesprächs entstand in ihr geradezu eine Wut auf diesen Jungen. Sie erinnerte sich, wie sie sich früher in der Schule von Jungen beschimpfen lassen musste und dass es ihr gut tat, wenn sie sich zur Wehr setzte. Sie beschloss, den Vorfall an den

Kollegen weiterzugeben, damit dieser mit den Jungen an dem grenzverletzenden Verhalten mit den Jungen arbeiten konnte.

In der Jungengruppe berichteten die Jungen, dass sich nun gerade dieses Mädchen dadurch hervortat, dass sie einzelne Jungen mit Sprüchen beschämte. „Die nennt mich immer Fettwurst!" Zu dem benannten Vorfall betonten vier Jungen einmütig, dass genau dieses Mädchen zufällig in jeder Pause „an der Toilette vorbeistreicht" und immer „so hineinglotzt". Sobald sie diesen einen Jungen erblicke, rufe sie ihm stets etwas Beschimpfendes zu. „Die sucht ja geradezu den Streit!" Sie beteuerten, dass es sich stets um ein Rangeln, aber nicht um Gewalt handele. Der Jungenarbeiter wurde zunächst verunsichert, da diese Geschichten nun gar nicht zu der Version der Mädchenarbeiterin zu passen schienen. Nach und nach glaubte er den Jungen und verspürte, dass er ärgerlich wurde, ärgerlich auf seine Kollegin, die ihn mit dieser unheilvollen Aufgabe betraut hatte und ärgerlich auf das Mädchen, das sich offensichtlich engelhafter darstellte, als sie es wirklich war. Er erinnerte sich, wie einem alten Klassenkameraden auch mal zu unrecht ein Übergriff angedichtet worden ist, wofür er eine für ihn ungerechtfertigt harte Strafe erhielt. Schließlich beschloss er, dass er die Jungen in diesem Konflikt unterstützen möchte.

Nach einem Austausch der beiden PädagogInnen kamen sie überein, den SchülerInnen eine „Klassenkonferenz" vorzuschlagen, in der beide Seiten – durch die PädagogInnen vermittelt – ihre Sichten darlegen, um eine Lösung finden zu können.

In dieser Aussprache war es sehr hilfreich, dass der Jungenarbeiter sich für die Jungen einsetzte und die Mädchenarbeiterin für die Mädchen. Schließlich wurde deutlich, dass beide die Position ihrer Gruppe gut kannten und sich somit gut einfühlen konnten. Es half den SchülerInnen jedoch, dass sie *nicht* an einem Kampf, sondern an der Klärung interessiert waren. Damit begannen beide Seiten ihre Position aufzuweichen. Das Mädchen gab zu, dass sie es auf ein Gerangel gerne mal ankommen lässt, betonte jedoch, dass es für sie schlimm ist, wenn sie in die Toilette herein gezogen wird. Der Junge gab zu, dass er sich gerne rächen wollte, aber sonst nicht wusste, wie er sie treffen könne. Als Lösung bestimmten beide gemeinsam einen Jungen und ein Mädchen, die in Zukunft zwischen ihnen „schiedsrichtern" sollten. Allen ging es darum, dass die Regeln, v.a. Stop-Signale, eingehalten werden, so dass diese anschließend besprochen und vereinbart werden konnten.

Die Unterstützung einer angemessenen Mädchen- und Jungenarbeit erhalten wir im Kern durch die Kehrtwende auf unsere eigenen Möglichkeiten und Grenzen.

Es sind nicht die Kinder, die zu was auch immer erzogen werden müssten. Mädchen und Jungen benötigen vielmehr auch weibliche und männliche BegleiterInnen, die sich entwickeln, die neugierig sind, die Fragen stellen, statt immer mit passenden Antworten zu glänzen. Das stellt gerade für Lehrende eine große Herausforderung dar, da sie doch den Kindern etwas beibringen sollen. Doch gerade die transparente Verunsicherung und die erfahrbare Offenheit seitens weiblicher und hervorgehoben männlicher KollegInnen erlaubt auch Jungen und Mädchen, ihre Lebensentwürfe zu hinterfragen. In der gleichgeschlechtlichen Begegnung geht es um *Selbstvergewisserung* und *Selbstbezogenheit*. Diese sollten wir Männer den Jungen und wir Frauen den Mädchen in ausreichender Qualität anbieten und *ohne neuen moralischen Druck* vorleben. Daran wachsen wir und daran wachsen die Kinder. Und ganz nebenbei gewinnt so manch anstrengender pädagogischer Alltag an Leichtigkeit und tragfähigen Kontakten gerade auch an Grundschulen.

7.1.4 Reflexive Koedukation

Im geschlechtsgemischten Setting der meisten Schulklassen sollten die Kompetenzen aus der Mädchen- und Jungenarbeit gleichermaßen erworben werden. Hier kommt noch hinzu, dass das gegengeschlechtliche Handeln der SchülerInnen eine besondere Berücksichtigung verdient. Beide Geschlechter ändern ihre Orientierungen und damit ihr Handeln, wenn sie den „Schonraum" der geschlechtshomogenen Gruppe verlassen. Besonders brisant ist in diesem Zusammenhang, dass der Unterricht selten durch ein geschlechtsgemischtes Tandem durchgeführt wird. Das bedeutet, dass je nach Geschlecht der Lehrkraft eines besonders betont wird. So ist zu beobachten, dass sich ein und dieselbe Schulklasse deutlich unterscheidet je nach dem, ob sie von einem Lehrer oder einer Lehrerin unterrichtet wird.

Deshalb wird hier eine gegengeschlechtliche Kompetenz wichtig, die es erlaubt, die Kinder des entgegen gesetzten Geschlechts in ihrer besonderen Situation wahrzunehmen. An Grundschulen ist hier problematisch, dass es sich um einen vornehmlich weiblichen Lehrkörper handelt.[206] Die Frage ist also, wie Männlichkeiten präsentiert werden können. Neben der Kenntnis von Zusammenhängen in Geschlechterverhältnissen, so wie sie bereits vorangehend ausführlich entfaltet sind, gehört im Kern dazu, dass sich LehrerInnen verdeutlichen, dass sie von Jungen und Mädchen unterschiedlich angefragt werden. Dazu können wir folgende Elemente in aller Kürze extrahieren:

---

206 Vgl.: Kapitel 2

a. Männer müssen Mädchen gegenüber ihre *Souveränität* beweisen, indem sie sich nicht durch ihre weiblichen Kokettierungen irritieren lassen. Schon kleine Mädchen wissen, dass sie Männer aufgrund ihrer Verunsicherbarkeit im *gegengeschlechtlichen Verhältnis* leichter um den Finger wickeln können, als es ihnen bei Frauen gelingt, wenn sie sich besonders süß verhalten. Die Autorität wird ihnen von allen Kindern zunächst einmal vorab zugeschrieben.[207]

b. Frauen müssen Jungen gegenüber stets beweisen, dass sie *Autorität* besitzen. Aufgrund der Überkreuzhierarchisierung bieten Jungen immer wieder Anfragen und Angriffe auf die Autorität der Lehrerin, so wie sie es gegenüber Lehrern selten wagen: Die Lehrerin steht als Anleitende und Unterrichtende eindeutig über dem Jungen, als werdender Mann jedoch versucht er schon im Grundschulalter die überlegene Position über allem Weiblichen zu erproben.[208]

Diese besonderen Problemfelder gilt es zu berücksichtigen, damit der koedukative Unterricht gelingen kann. Wir können davon ausgehen, dass viele Jungen solch schlechte Schulleistungen aufweisen, weil sie nicht in dem als weiblich empfundenen Unterricht ankommen. Jungen wie Mädchen erleben die Grundschule im Kern als Verlängerung der Mutterwelt aus der Familie. Deshalb hilft es beiden Seiten, wenn Geschlechterverhältnisse gezielt berücksichtigt werden.

7.2 Was kann Geschlechtsbezogene Pädagogik leisten?

Es hilft schon sehr viel weiter, wenn LehrerInnen eine geschlechtsbewusste Planung aller pädagogischen Angebote gewährleisten. Mädchen entdecken neue Möglichkeiten, und Jungen trauen sich auch „Unmännliches" zu. Darüber hinaus zeigt sich, dass sich durch die Geschlechtsbezogene Pädagogik die *Lernkultur* verbessert, auch weil Konflikte angemessener bearbeitet werden können. Gewalthandeln wird weniger alltäglich und das solidarische Handeln nimmt zu. Das berichten immer wieder LehrerInnen, die uns eine spätere Rückmeldung zu den Ergebnissen von Fortbildungen geben. Insofern ist die Fortbildung des gesamten Kollegiums zur Geschlechterthematik als sehr produktiv einzuschätzen.

Auf der anderen Seite sind Seminare, die *externe Mädchenarbeiterinnen* und *externe Jungenarbeiter* durchführen, sehr hilfreich. Hier können sich die Kinder anders zeigen, weil sie wissen, dass die Schweigepflicht besteht und dass die

---

207 Vgl. ausführlich: Glücks / Ottemeier-Glücks in: Rauw / Jantz et. al. 2001
208 Vgl. ausführlich: Jantz / Meister 2005

PädagogInnen später „wieder weg" sind. Besonders erlebte Gewalterfahrungen können hier eher zur Sprache kommen, weil es nicht so bedrohlich ist, als würden sie es z.b. der Lehrerin mitteilen, die sie dann alltäglich immer wieder daran erinnern könnte. Darüber hinaus bringen „freie PädagogInnen" ein anderes Know How mit ein. Der Lernraum externer Projekte in Mädchen- und Jungengruppe kann nachhaltige Impulse setzen, die dann wiederum von den LehrerInnen geschlechtsbewusst aufgegriffen werden können.[209]

Nachfolgend möchten wir Ihnen einige Methodenbeispiele vorstellen, die den vorliegenden Ansatz deutlich machen sollen. Vor diesem Hintergrund, das zeigt die langjährige Erfahrung an Grundschulen, können ganz allgemeine Methodenbände danach durchforstet werden, wie einzelne Methoden auf die Geschlechterthematik umgeformt werden können.[210] Hier seien nur zwei Werke besonders empfohlen, da sie sowohl den theoretischen Bezugsrahmen ausführen als auch vielfältige Praxisbeispiele für LehrerInnen offerieren:

Der niedersächsische Schulversuch „Beispiele für die Arbeit in einer jungen- und mädchengerechten Grundschule", der von Astrid Kaiser wissenschaftlich begleitet wurde[211] und „Mädchen sind besser – Jungen auch. Konfliktbewältigung für Mädchen und Jungen – ein Beitrag zur Förderung sozialer Kompetenzen in der Grundschule. Dokumentation eines Modellversuches", der in zwei Heften die Erfahrungen in der Zusammenarbeit von LehrerInnen mit externen TeamerInnen sehr anschaulich zwischen Konzeption und Methodenpräsentation verdeutlicht.[212]

7.3 Methodenbeispiele Geschlechtsbezogener Pädagogik

Nachfolgend möchten wir beispielhaft einige Zugänge der Geschlechtsbezogenen Pädagogik vorstellen, die auf der Grundlage – und dies sei aufgrund der bisherigen Ausführungen besonders hervorgehoben – einer systematischen Berücksichtigung der eigenen Machtposition als Bewertende und Bewertender auch von LehrerInnen durchgeführt werden können. Sie geben aber auch einen praxisnahen Einblick in die Arbeit externer TeamerInnen der Mädchen- und Jungenarbeit.

---

209 Besonders empfehlenswert für jüngere Mädchen: Seyffert 1997 und für alle Jungen: Drägestein / Christoph 2005
210 Besonders hervorgehoben sei hier der Klassiker sozialpädagogischer Methoden: Baer 1994
211 nli-Berichte 65
212 Welz / Dussa 1998

7.3.1 Zugang Selbstbeobachtung

Unser Handeln bestimmt das mit, was Jungen und Mädchen zeigen, mit. Unsere Haltung und damit alles, was wir fähig sind, wahrzunehmen, ist dafür entscheidend, was wir begrenzen und was wir fördern. Da wir ja selber die geschlechtstypische Sozialisation durchlaufen haben, ist unser Blick stets auch geschlechtstypisch geschult worden. Wollen wir die bisher entfalteten Zusammenhänge adäquat im Alltag berücksichtigen, dann ist es unerlässlich, dass wir uns auf die Suche begeben. Es ist die Suche nach denjenigen Handlungsroutinen, die sich produktiv auf die Geschlechterverhältnisse auswirken. Auf der anderen Seite geht es auch um diejenigen Handlungsweisen, die sich immer wieder einschleichen und unserem eigentlichen Bestreben entgegen wirken. Es lässt sich nicht einfach vom Kopf her entscheiden, Mädchen und Jungen gleich zu behandeln. Die unbewussten Motive aus der eigenen Erfahrung mit dem geschlechtstypischen Leben wirken immer noch nach, auch wenn sich unser Wissenshorizont erweitert hat. Deshalb geht es darum, dass wir uns im Alltag beobachten und wenn möglich sogar beobachten lassen, was wir tun. Hier passt jeder Zugang hinein, der es uns erlaubt, objektivierte Rückmeldungen über unser Handeln und Denken zu erfahren. Dafür haben sich vier Methoden als besonders effektiv erwiesen:

a. Die *Hospitation einer Kollegin oder eines Kollegin im Unterricht* verspricht einen Außenblick auf das eigene Handeln. Mithilfe eines gemeinsam erarbeiteten Rasters kann die außen stehende Person objektive Fakten sammeln, wie etwa wer sich meldet und wer dran genommen wird. Aufgabenverteilungen wie auch Konflikte werden in ihrer Entstehung protokolliert. Im gemeinsamen Auswertungsgespräch können kollegial beobachtete Entscheidungen gemeinsam eingeordnet werden. Besonders hilfreich ist es dabei, wenn es gelingt, die gemeinsamen Wahrnehmungen und die dazugehörigen Schwierigkeiten in Bezug zu setzen. Eine Kollegin kennt auch die Wünsche und die Ängste als Lehrperson in der Grundschule. Die Erkenntnisse können dann sofort in der nächsten Stunde wieder umgesetzt werden. Wird diese Reflexion regelmäßig durchgeführt, dann wächst die eigene Handlungskompetenz im Laufe der Zeit automatisch! Allerdings erfordert dies einen gewissen Aufwand in der Organisation. Das ist bei der Überwindung anfänglicher Zweifel dann aber an jeder Grundschule möglich. Das haben wir in der Begleitung von LehrerInnen immer wieder erfahren. Die LehrerInnen, die am Modellversuch „jungen- und mädchengerechte Grundschule" teilgenommen haben, konnten dies auch eindeutig bestätigen.[213]

---

213 nli-Berichte 65

b. Es sei hier auch ausdrücklich betont, dass es LehrerInnen ebenso wie allen pädagogisch Arbeitenden sehr gut tut, sich eine *Supervision* durch externe BegleiterInnen zu gönnen. Dies hilft, Blockaden abzubauen und Erfolgreiches zu verstärken. Als Zwischenlösung können auch *kollegiale Intervisionsgruppen* dienen, in denen sich LehrerInnen gegenseitig Rückmeldungen zu Fallsituationen geben. Schließlich erleben es die meisten LehrerInnen als hilfreich, wenn ihnen regelmäßige Fortbildungen als Konzeptbegleitung zu teil werden.

c. Für die Selbstreflexion ist es auch immer wieder hilfreich, wenn *Einzelstunden per Video* aufgenommen werden. Hier kann sich die Lehrkraft ein Bild von der eigenen Wirkung machen. Auch wenn es ein gutes Stück Mut kostet, sich dieser objektivierten Darstellung auszusetzen, lernen wir PädagogInnen enorm viel aus den Interaktionen in der Klasse. Auch hier hilft es, wenn LehrerInnen sich Rückmeldung zu den Aufnahmen von KollegInnen einholen.

d. Für das eigene Wachstum kann es aber auch sehr dienlich sein, wenn LehrerInnen sich eine tägliche viertel bis halbe Stunde der Reflexion gönnen. Hier wird dann das so genannte *Prozesstagebuch* geführt. Es werden nach jeder Stunde entscheidende Schlüsselszenen notiert, um, sie am Ende des Schultages kurz auszuformulieren. Mit der Zeit schult sich der Blick auf das eigene Handeln derart, dass es in „Fleisch und Blut" übergeht, inwiefern wir auf Mädchen und Jungen produktiv eingehen (können). Dazu möchten wir eine Lehrerin mit einem Beispiel aus ihrem Tagebuch zu Wort kommen lassen. Das Beispiel verdeutlicht, wie leicht es gelingen kann, auch aus eigenen „Fehlern" zu lernen:

Methodenbeispiel Prozesstagebuch:

„ [...]

Ich habe den Eindruck, es melden sich viel mehr Mädchen als Jungen, so dass ich mit der Quotierung beim Drankommen eigentlich die Mädchen zurückdränge. Es war schwierig, den Sitzkreis abzuschließen, weil immer noch Mädchen etwas sagen wollten. Im Sitzkreis setzten sich die Jungen wieder deutlich von den Mädchen getrennt. In der Jungengruppe gab es um Kevin ein stärkeres Gerangel, so dass ich schließlich einen Tausch Mädchen gegen Junge vorgenommen habe. Genau das, was ich in der Literatur immer kritisiere, ist mir damit zum ersten Mal (oder schon öfter?) unterlaufen. Ich habe Mädchen als „Sozialschmiere' zwischen Jungen gesetzt.

Danach redeten wir kurz über Tiere, deren Feinde und Angst. Die Kinder hatten genug Beispiele, so dass ich gut zum Löwe-Lied überleiten konnte. Ich wählte als erstes Löwe-Kind Corinna aus, das dann auch drei Mädchen als Löwinnen zur Folge hatte. Denn das nächste Löwe-Kind war das, das gefressen wurde. Außer Corinna waren die anderen beiden Löwinnen ausgesprochen freundlich im Gesichtsausdruck. Ich übte mit den dreien, wütender und grimmiger auszusehen. Alle Kinder sollten es nachmachen. Bei den meisten Mädchen klappte es nicht so gut. Dafür haben die Kinder ausgezeichnet Angst gespielt. Sie schrien auf, wenn der Löwe ankam – besser noch als auf der Tonkassette.

Beim ersten Löwe-Spiel versteckte sich Daniel vor Angst hinter dem Schrank. Ich lobte ihn, dass er das so richtig gespielt hat wie beim Märchen vom Wolf und den sieben Geißlein. Zu meinem großen Erstaunen waren das ausschließlich Jungen, die zwar raumexpansiv den Sitzkreis verließen, aber auch tatsächlich öffentlich Angst spielten.

[…]

Heute sind wieder die Puppen aufgetreten. Danach habe ich die Klasse gefragt, wie die Puppen heißen sollen. Es sind Jungen- und Mädchennamen genannt worden, von Jungen Jungennamen und von Mädchen Mädchennamen.

In der Arbeitszeit haben wir das Streitbuch ergänzt. Es ist mittlerweile fast voll. Darin ist auch ein Mädchen-Mädchen-Konflikt zwischen Lona und Jennifer. Lona diktiert: Jennifer hat mich geschubst, und Jennifer antwortete: „Ja".

[…]

Im Wald ist mir aufgefallen, dass bei einem Stapel gefällter Baumstämme viele Jungen sofort hochkletterten. Dann haben wir gefragt, ob noch andere Kinder da 'raufwollen, und es kamen Christina, Birte, Edita, Sandra und viele andere. Wir schickten die Kinder, die schon so lange oben waren, runter, damit für die anderen Platz war. Die Mädchen waren glücklich, als sie oben waren, und balancierten auch gern. Christian war noch oben geblieben und sagte: „Ich bin der Größte"; ich animierte Edita, auch noch eine Stufe höher zu steigen, damit sie auch die Größte ist.

Das freiwillige Sammeln von Zweigen, Blättern, Blumen und Früchten für den Ausstellungstisch wurde vorrangig von den Mädchen erledigt. Jungen sind lieber losgerannt als zu sammeln.

[…] "[214]

Hier wird u.E.n. sehr deutlich, wie differenziert sich die Wahrnehmung der Lehrerin entwickelt. Neben der Selbstkritik leuchten aber auch Paradebeispiele gelungener, geschlechtsbezogener Interaktion auf. Beide Seiten gehören zu einer fachlich fundierten Weiterqualifizierung.

Der vertrauensvolle Austausch mit KollegInnen über die auftretenden Gefühle und die Selbstbeobachtung per Tagebuch haben dabei den entscheidenden Vorteil gegenüber der reinen Handlungsreflexion per Video, per Audio oder per

---

214 Aus: Kaiser in: nli-Berichte 65, S.13

KollegIn darin, dass auch die *Gefühlslagen* und die *Zielmotive des Handelns* zugänglich werden. Ein und dasselbe Handeln erfährt ihre Bewertung je nach Motivation ihres Einsatzes höchst unterschiedlich. So kann es sehr wohl sinnvoll sein, z.b. einen Jungen noch zu fördern, obwohl Mädchen damit zurücktreten müssen, wenn dieser die Zuwendung in dieser Situation besonders braucht. Den Ausgleich für die Mädchen kann man dann bei einer Stabilisierung des Jungen auch an einem späteren Tage noch nachholen.

7.3.2 Zugang Geschlechtergerechtigkeit

Mit diesem Zugang werden sämtliche Methoden zusammengefasst, die Ungleichheiten wahrnehmen, um ihnen entgegenzuwirken. Das kann in expliziten Methoden gestaltet oder aber immer wieder implizit behandelt werden. Implizit kann eine *Geschlechtergerechtigkeit* angestrebt werden, indem wir immer wieder spiegeln, warum wir eine bestimmte Entscheidung treffen. Fühlen sich die Mädchen z.b. benachteiligt, wenn ich den einzigen Jungen, der sich regelmäßig meldet, öfter dran nehme, als die einzelnen Mädchen, dann hilft es zu erklären, dass ich möchte, dass sich auch mehr Jungen am Unterricht beteiligen. Wenn es mir gelingt, dass die Mädchen trotz dieser Jungenförderung noch einen adäquaten Raum für ihre Beiträge erhalten, dann wird beiden Seiten deutlich, dass sie die gleiche Chance zur Beteiligung haben. Die ständige Spiegelung ihrer Beteiligungsgewohnheiten hilft dann Jungen wie Mädchen in ihrer Entscheidung, inwiefern und in welcher Quantität sie Beiträge beisteuern. Dies kann noch durch die explizite Methodisierung unterstützt werden, indem bei einem Unterrichtsgespräch stringent abwechselnd Mädchen und Jungen dran genommen werden. Hält man dieses Verfahren eine Stunde lang durch, dann verändern sich die „Meldegewohnheiten" i.d.R. schlagartig. Allerdings sollte man dieses Verfahren nur gezielt und nicht dauerhaft einsetzen, um der Lebendigkeit nicht entgegenzuwirken.

Für die explizite Behandlung hat es sich als sinnvoll erwiesen, Entscheidungen auch zu visualisieren. Dazu sei ein Beispiel ausgeführt:

Methodenbeispiel Quotierung von Aufgaben:

Gut sichtbare und begehrte Aufgaben werden in einer Tabelle auf einer Wandzeitung festgehalten, um dann mit wechselndem Geschlecht alle „Privilegien" zu verteilen. Das sieht dann z.B. so aus:

	Blumen gießen	Kerze anzünden / auspusten	Klangschale zum Beginn	Aufräum-dienst	Aufsicht	???
Montag	Peter	Hanne	Jens	Hanne/Fritz	Jasmin	...
Dienstag	Gabi	Fritz	Eleonore	Waldemar/ Aice	Paul	...
Mittwoch	Murat	Aice	Johannes	Eleonore/ Johannes	Johanna	...
Donnerstag	Kristina	Hans	Nadine	Jens/Nadine	Franz	...
Freitag	Dabor	Doreen	Stefan	Gabi/Oliver	Sara	...

Tabelle 6:   „Privilegientabelle"

Darüber hinaus sollten auch wichtige Positionen paritätisch besetzt werden, indem es z.B. einen Klassensprecher und eine Klassensprecherin gibt, die das Amt im Tandem ausfüllen, möglicherweise mit wechselnder Hauptzuständigkeit.

Eine weitere Möglichkeit besteht darin, bestimmte Aufgaben und Übungen geschlechtsgetrennt durchführen zu lassen. Danach berichten sich Mädchen und Jungen gegenseitig ihre Ergebnisse und Erfahrungen. Auch hiermit wird einer Geschlechtergerechtigkeit zugearbeitet, da beide Gruppen nun gefragt sind. Ist bei der einen Gruppe ein bestimmtes Defizit vorherrschend, dann beginnt sie dieses auszugleichen. Ist eine bestimmte Kompetenz überentwickelt, lernt die Gruppe, diese auch zurücknehmen zu können. Darüber hinaus lernen die schwächeren von den stärkeren Kindern und kompensieren somit Binnenunterschiede bei Jungen wie Mädchen. So werden z.B. auch Jungen dazu gebracht vorzulesen oder Mädchen dazu, sich machtvoll körperlich in einer Übung zu erproben.

7.3.3   Zugang Geschlechterverhältnisse – traditionelle und moderne Rollen

Das, was sich Mädchen und Jungen zugestehen und sich zu zeigen trauen, hängt entscheidend davon ab, wie sich das Geschlechterverhältnis in der Klasse äußert. Darüber hinaus stellen die Rollenvorstellungen der Kinder einen zentralen Bezugsrahmen für das Handeln dar. Um dieses zu bearbeiten, haben sich aufbauende Methoden als besonders hilfreich erwiesen. In einer ersten Phase werden Vorbilder assoziativ durch die Mädchen und Jungen selbst gewählt. In der zweiten Phase wird gesammelt, wer welche Aufgaben in der Klasse erledigt. Bei einer produktiven Bearbeitung durch die Klasse kann nun noch eine dritte Phase angeschlossen werden, in der bearbeitet wird, wer in der eigenen Familie, welche Tätigkeiten ausübt.

Methodenbeispiele:

1. Phase: Die *HeldInnenwäscheleine* funktioniert so, dass wir im Vorfeld eine große Menge an Bildern über Jungen, Mädchen, Männer und Frauen sammeln. Diese werden nun an einer Leine befestigt. Jetzt soll sich jedes Kind eine Person aussuchen, die sie gut findet, die ihr Held sein könnte. Dabei wählen sowohl Jungen als auch Mädchen i.d.R. das eigene Geschlecht. Aber immer wieder suchen sich Jungen z.B. Lara Croft aus und betonen, dass sie lieber ein Mädchen wären, aber trotzdem die „Jungentugenden" behalten möchten. Oder Mädchen suchen sich den Popstar Justin Timberlake heraus und betonen, dass er so toll sei. Hier kommt es besonders darauf an, dass die Jungen und Mädchen in ihrer Sprache unterstützt werden. Gelingt es, ihre Äußerungen gut zusammenzufassen, dann lernen sie über sich selbst, was sie anstreben, wer ihre HeldInnen sind und eben warum sie es sind. Bemerkung: Hier erfordert die Praxis zuweilen eine enorme Entschlossenheit bei den Anleitenden, da die Sogkraft der Bilder sehr stark sein kann. Insbesondere, wenn sich mehrere Kinder für ein und dasselbe Bild entscheiden, braucht es kreative Lösungen, die wir die Kinder selber finden lassen. In einem Seminar entschieden sich drei Mädchen und ein Junge für Britney Spears. Wir begleiteten sie derart in der Konfliktlösung, dass sie sich zu viert um das eine Foto gesellten mit dem Versprechen, dass wir allen vieren im Anschluss eine Kopie des Bildes aushändigen würden. Das folgende Gespräch über die individuellen Kriterien der Auswahl gestaltete sich dann höchst interessant für die gesamte Klasse. Es wurde deutlich, wie stark traditionelle Rollenvorstellungen vorherrschten: Die Mädchen wollten auch mal so schön im Rampenlicht stehen (die eine mit ihrer Schönheit, die andere mit ihren Gesangsfähigkeiten und die dritte als Schauspielerin), während der Junge „die Spears" dann später gerne heiraten wollte.

2. Phase: *Bewegungsreise mit Rollenscharaden*: Alle SchülerInnen bekommen die Aufgabe, durch den Raum zu gehen mit den Regeln, sich auf keinen Fall gegenseitig zu berühren und genau auf die Anweisung des Anleiters / der Anleiterin zu hören. In einer Einfühlungsphase werden sie aufgefordert, nacheinander in verschiedene Rollen zu schlüpfen und ihrem Gang den entsprechenden Ausdruck zu verleihen. So humpeln sie als verletzter Fußballspieler, eilen als Manager, stolzieren als Modell, kochen als Oma, gehen beschwerlich als alter Opa, maßregeln als LehrerIn und spielen schließlich „die Mutter" und dann „den Vater". An einem Zeitpunkt, zu dem alle im Spiel involviert wir-

ken, setzen wir ein Stopp und teilen die Gruppe zufällig in zwei Teile. Die eine Gruppe bekommt nun die Aufgabe, bestimmte Männer- oder Frauenbilder pantomimisch zu spielen und die andere versucht diese zu erraten. Das können dann Personen sein wie etwa der US-Rapper „50 cent" oder die Pop-Ikone „Madonna" oder aber typische Figuren, wie etwa der Direktor, die Bundeskanzlerin (Politikerin), eine Handballerin, ein Skater, „die Barbie" usw. Nachdem immer wieder durch das Laufen im Raum gemischt wird, teilen wir schließlich in Jungen- und Mädchengruppe. Die Mädchen sollen „Jungen auf dem hiesigen Schulhof" und die Jungen „Mädchen in der bekannten Mädchenecke" spielen. Die Fantasien der jeweils Ratenden geben nun einen schönen Aufschluss, wie sie sich gegenseitig sehen. Nun kann man ergänzen, wie sich Jungen und Mädchen im Unterricht verhalten. Hierbei wechseln sich die Spielphasen, in denen Erklärungen „verboten" sind, mit gesprächsorientierten Auswertungen ab. Hier erkunden beide Geschlechter die Stereotype, so wie sie von den anwesenden Mädchen und Jungen wahrgenommen werden. Nun lässt sich noch an der Tafel sammeln, was für sie typisch für Mädchen im Vergleich zu Jungen ist. Schließlich werden alle noch mal befragt, ob sie gerne mehr sein möchten, als die typische Seite es vorschreibt. Die Entscheidung fällt höchst unterschiedlich aus. Es gibt Jungen, die nur „jungenhaft" sein möchten, aber es gibt auch Jungen, die lieber „weiblich" wären. Sehr viele Äußerungen liegen genau dazwischen. Das gilt besonders für die Mädchen! Abschließend bietet sich noch an, die Kinder aussprechen zu lassen, was sie selber gerne ändern möchten. In einem Schulprojekt sagte dazu z.B. ein Mädchen in der 3. Klasse, dass sie es blöd finde, dass die Mädchen als „Petzen" gelten, obwohl sie das gar nicht täten. Wenn sie etwas zu sagen hätten, dann könnten sie das auch bei den Jungen direkt. Sie wären nicht so feige, wie es die Jungen behaupteten.

3. Phase – *tabellarische Erfassung*: Zunächst wird gesammelt, welche Tätigkeiten in der Familie „an einem typischen Tag" zu verrichten sind. Auch hier entsteht eine Tabelle, in der links Tätigkeiten gesammelt werden. Dann wird darüber abgestimmt, ob die Mutter, der Vater oder beide diese Aufgabe hauptsächlich ausfüllen. Ist dies aufgenommen, werden die Kinder um ein Handzeichen gebeten, wer „ab und zu" bei dieser Tätigkeit hilft und dann, wer hauptsächlich hilft. Das kann dann folgendermaßen aussehen: (Es ist zu bedenken, dass es sich um die Wahrnehmung der Kinder handelt, ungeachtet dessen, ob die Regelmäßigkeit oder Zuordnung der objektiven Beobachtung entsprechen müsste.)

	Mutter	Vater	beide	ab und zu Jungen	sehr oft Jungen	ab und zu Mädchen	sehr oft Mädchen
Kochen	20	1	3	6	2	8	5
Putzen	18	1	5	2	0	3	3
Wäsche machen	24	0	0	4	1	2	2
Mit anderen Männern streiten (z.B. vom Sozialamt)	0	22	2	1	0	0	2
Autopflege	1	23	0	2	10	5	1
Reparieren	0	19	6	1	1	1	0
usw. usf.	...	...	...	...	...	...	...

Tabelle 7:   Tabellarische Erfassung von Tätigkeiten

Die jeweilige Aufteilung gibt ein erstes Bild, welche Rollenvorstellungen Mädchen wie Jungen vor dem Hintergrund der wahrgenommenen Ausführungen in der Familie entwickelt haben. Das Bild ist dabei niemals eindeutig. Immer existieren Abweichungen von der geschlechtstypischen Arbeitsteilung. Für eine Veränderung starrer Bilder ist nun nötig zu sammeln, wer welche Tätigkeit gerne ausfüllt und ausfüllen würde, wenn man sie oder ihn ließe. Dann gilt es zu sammeln, was sie glauben, was auch erledigt werden muss, wenn es keinen Spaß macht. Bereits Kindern ab der 3. Klasse wird sehr deutlich, dass sich alle Menschen gerne vor unbequemen Aufgaben drücken und dass in der Folge die Verteilung zumeist ungerecht verteilt ist. Anschließend kann dieses Thema nachhaltig mit dem so genannten *Haushaltspass* bearbeitet werden. Hier werden verschiedene reproduktive Tätigkeiten vom Müll-wegbringen bis zur Erledigung der Rechenhausaufgabe eingetragen. Wurde eine Aufgabe erledigt, dann gibt es eine Unterschrift im Pass. Dabei sind dann in der Familie Vater oder Mutter und in der Schule die Lehrkraft als Prüfende für das Ergebnis verantwortlich. In einem Punkteschlüssel werden Wertigkeiten bezüglich Schwierigkeitsgrad, Zeitnotwendigkeit und Überwindungsfaktor erstellt. Dies kann im besten Falle mit den Mädchen und Jungen gemeinsam erarbeitet werden. So finden Drittklässler im Allgemeinen, dass „das Klo zu putzen" viel mehr Punkte erhalten muss, als z.B. eine Rechenhausaufgabe, weil man sich so überwinden muss, diese eklige Aufgabe zu erfüllen. Insgesamt lernen die GrundschülerInnen daran, dass auch Aufgaben sehr viel Anerkennung verdienen, die nicht im Rampenlicht stehen. Das alltägliche Kochen ist ebenso produktiv wie die Reparatur der Spieleisenbahn. Darüber hinaus erhalten Jungen und Mädchen auch in den eher schlummernden

Fähigkeiten eine nachhaltige Bestätigung. So berichteten uns SchülerInnen Monate nach einem Projekt, dass sie ihren Pass immer noch hätten und immer wieder auch mal reinschauten.

Diese Methodik kann sehr schön unterstützt werden, wenn wir auch Mädchen und Jungen am so genannten „Girlsday für Mädchen und Jungen" bereits im Grundschulalter teilnehmen lassen. An diesem Tag können Jungen in die unterschiedlichsten Arbeitsfelder ihrer Eltern einen Einblick gewinnen. Zunächst sollten Mädchen den Beruf ihres Vaters kennen lernen. Heutige Konzepte erweitern dies auch auf Jungen. Dabei bleibt jeweils individuell auszuloten, ob der Besuch in der Berufswelt günstiger ist, oder ob ein Training zu sozialen Kompetenzen viel sinnvoller erscheint. Mittlerweile gibt es hierfür vielfältige Vernetzungsstellen, Angebote in Ihrer Nähe sollten sich stets finden lassen.[215]

7.3.4 Zugang Selbstbehauptung (am Besten durch externe TeamerInnen)

Wir können davon ausgehen, dass gerade das schulische Verhalten mit der auftretenden Lernleistung enorm mit der Fähigkeit zur Selbstbehauptung korreliert. Deshalb ist es sehr sinnvoll, wenn die Klasse in geschlechtshomogene Gruppen geteilt wird, um mit einem gleichgeschlechtlichen Teamer bzw. einer gleichgeschlechtlichen Teamerin zu lernen, wie man sich jenseits körperlicher, sexualisierter und seelischer Gewalt wehren kann.

- Ausgangsannahme

Wer mehr Handlungsperspektiven hat, kann adäquater und passender auf die auf ihn zukommenden Situationen reagieren. Selbststärkende Pädagogik will Jungen wie Mädchen befähigen, sich jenseits von bisher angewandten Handlungsmöglichkeiten zu bewegen. Die beteiligten Kinder sollen auch jene als „mädchenhaft" und feige abgewerteten oder als „jungenhaft" und dominant überbetonten Kompetenzen als Handlungsweisen für sich grundsätzlich als sinnvoll erachten können. Damit können sie selbst entscheiden, welche Strategie sie einsetzen möchten. Dabei geht es um die Wahrnehmung eigener Grenzen und diejenigen anderer sowie der Achtung in beiderlei Richtungen. Außerdem geht es um die angemessene Behauptung eigener Interessen.

---

215 vgl. z.B.: www.girls-day.de und www.neue-wege-fuer-jungs.de

---

Methodenbeispiel „High Noon"

Zwei Freiwillige stellen sich einige Meter voneinander entfernt auf; die anderen Jungen bzw. Mädchen beobachten von außen. Beide gehen langsam aufeinander zu und sollen dann stoppen, wenn sie eine angemessene Nähe erreicht haben. Dabei schauen sich beide Mädchen bzw. Jungen kontinuierlich in die Augen, ohne wegzuschauen, ohne zu starren und ohne zu sprechen / lachen. Dann werden beide nacheinander befragt, wo es für sie am Angenehmsten ist. Beide tarieren noch mal aus, indem sie nacheinander einen Schritt vor und dann zwei Schritte zurückgehen. Es entsteht zumeist die Situation, dass beide eine unterschiedliche Distanz als angenehm empfinden und dass sie die Grenzüberschreitung in anderen Körperregionen wahrnehmen: die eine spürt es im Magen, der andere in der Brust. Oftmals überschreiten die Kinder die Grenze des eigenen Wohlempfindens. Auf der anderen Seite wird ein sehr weiter Abstand zumeist als langweilig erlebt. Es geht also um einen ganz persönlichen Abstand, der jedoch mit dem Gegenüber verhandelt werden will. Gar nicht so einfach, Grenzen zu respektieren und sie zu behaupten. GrundschülerInnen lernen hier die Notwendigkeit von Grenzwahrnehmung und Grenzachtung. Sie erfahren, dass alle, also auch wir Männer und Frauen unsere ganz individuellen Grenzen, aber auch „Anziehungen" haben.
Die Methode ist grundsätzlich vom Aufbau her in Jungengruppe und Mädchengruppe gleich. Jedoch können Modifikationen vorgenommen werden, wenn wir wahrnehmen, dass es jemandem eher schwer fällt, Grenzen überhaupt erst wahrzunehmen. Bei anderen Gruppen verändern wir eher dahingehend, dass sich z.B. ein Junge überhaupt erst die Nähe zugesteht oder aber ein Mädchen sich erst einmal eine gewisse Distanz erlaubt. Die Methode ist gleich, doch der Verlauf unterscheidet sich in den meisten Gruppen geschlechtstypisch. Mädchen lernen ihre Grenzen überhaupt erst zu akzeptieren, die Jungen lernen diejenigen der anderen zu respektieren. Dennoch kommen vielfältige Mischformen vor.

- Selbstbehauptung statt Selbstverteidigung

Wir betonen den Unterschied zwischen Selbstbehauptung und Selbstverteidigung. Aus der oben ausgeführten Analyse im fünften Kapitel folgt, dass wir niemals offensive Techniken des Kampfes mit Jungen bearbeiten. Für manche, aber bei weitem nicht für alle Mädchengruppen kann dies schon sinnvoller sein.[216] Es geht nicht darum, mögliche körperliche Machtpotentiale auszubauen. Dafür haben Jungen und Mädchen genügend Möglichkeiten im Sport, wenn sie

---

216 Vgl.: Kapitel 6

dieses möchten. Vielmehr geht es uns um die innere Haltung, die eine Selbstbehauptung jenseits von Gewaltstrategien erlaubt. Wie kann ich mein ganz persönliches NEIN und mein individuelles STOP überhaupt erst wahrnehmen und dann behaupten. Selbstverteidigung im engeren Sinne wird von uns sehr selten gelehrt und wenn, ausschließlich in ihrem defensiven Anteil und nur dann, wenn uns so genannte Opferkinder begegnen.

Methodenbeispiel „Stopp-Übung"

Alle Mädchen bzw. Jungen stellen sich in zwei Reihen gegenüber auf. Die eine Reihe geht nun auf die andere zu. Diese bekommt die Aufgabe, ein kurzes Stopp zu schreien, so dass ihr jeweiliges Gegenüber stehen bleibt (wenn er/sie überzeugt ist!). Die Erfahrung zeigt, dass Jungen wie Mädchen nicht die resolute und damit überzeugende Form finden. Entweder sie helfen sich mithilfe körperlicher Aggression oder aber sie lassen es „über sich ergehen". Also üben wir das angemessene Schreien, indem wir Hand, Fuß und Stopp-Schrei zusammen koordinieren und wirklich nur ein Stopp rufen. Aufgrund der Hand und Fußbewegung ähnelt dies auch einem Karateschlag, der jedoch auf die Absteckung der eigenen Intimsphäre (*persönliche Aura*) nach unten und nicht offensiv gegen den vermeintlichen Gegner gerichtet ist. Jungen sind oft erstaunt, wie leicht es gelingt, den anderen ohne Gewalteskalation zum Stehen zu bewegen. Mädchen sind überrascht, dass sie mit ihrer eigenen Stimme so wirkungsvoll sein können.

- Selbstbehauptung im engeren Sinne:

Es gibt aus der Gestalt- und der Erlebnispädagogik eine breite Methodenvielfalt.[217] Diese beiden Beispiele seien nur exemplarisch ausgeführt. Grundsätzlich können alle Methoden eingesetzt werden, die wirken. Je nach Altersstufe der Mädchen und Jungen werden folgende, unterschiedliche Aspekte eingehend bearbeitet:

- Sensibilisieren für den eigenen Körper und neue Körperwahrnehmungen,
- Wahrnehmen eigener Gefühle, sie benennen können und Entdecken von Ausdrucksformen für die eigenen Gefühle (Gestik und Mimik),
- Entdecken der eigenen Angst als ein konstruktives und produktives Gefühl,
- Wahrnehmen der eigenen und fremden Grenzen und damit Anerkennen der Unversehrtheit des eigenen Körpers als wertvolles Gut (Selbstfürsorge),

---

217 Vgl. zur Selbstbehauptung mit Jungen: Drägestein / Grote 2005 und Jantz 2005, für Mädchen: Seyffert 1997 und Lichthardt 1997 und für das interkulturelle Setting mit Jungen und Mädchen: Jantz / Pecorino mit Brandes 2006

- Erlangen eines Zugangs zu den eigenen Sinnen insbesondere der Intuition,
- Erlernen alternativer Konfliktlösungsmuster jenseits jungentypischer Gewalt,
- Erlernen von Wegen, sich zu vermitteln jenseits des mädchentypischen Rückzugs,
- Erlernen von Techniken, eigene Grenzen deutlicher nach außen sichtbar und vertretbar zu machen,
- Erfahren der eigenen Stärken und Kompetenzen,
- Erarbeiten von Fähigkeiten, Grenzen zu setzen und zu akzeptieren (Nein sagen, Stop-Signale),
- Verständnis für das eigene Geworden-Sein (biographisch, familiengeschichtlich mit dem Fokus auf die eigene soziale, kulturelle, religiöse und ethnische Herkunft).

Sowohl durch die Zunahme an Anfragen als auch durch die Rückmeldung der Jungen und Mädchen selbst können wir festhalten, dass vielen Kinder eine sensibilisierende, begrenzende und zugleich selbstwertstärkende Selbstbehauptungsarbeit gut tut. Sie scheinen viel eher bereit zu sein, für sich und andere Verantwortung zu übernehmen. Auch können einige alltägliche Konflikte leichter und nachhaltiger gelöst werden. Das Schulklima gewinnt deutlich an positiven Aspekten.

7.3.5 Zugang Konfliktbewältigung

Jede Investition seitens von LehrerInnen, Konflikte von der Ursache her zu klären, hilft dem alltäglichen Unterrichtsgeschehen. Auch wenn wir nicht jeden Konflikt komplett auflösen können, so ist es doch möglich, an exemplarischen Stellen die Konfliktlinien herauszuarbeiten. Dabei geht es dann weniger um die Klärung, wer denn nun schuldig sein könnte. Es geht auch nicht um die kognitive Klärung im Sinne eines „Täter-Opfer-Ausgleichs". Vielmehr geht es bei GrundschülerInnen hervorgehoben darum, dass Mädchen wie Jungen erkennen, warum es ihnen so oder so in Situationen ergangen ist. Zentral dabei ist, dass sie ihren Gefühlen einen Ausdruck verleihen können.[218] In der Regel handeln Kinder in diesem Alter impulsiv, ohne die Folgen ihres Handelns einordnen zu können. Viele fühlen sich in ihrer Gefühlswelt gefangen. Wenn es uns gelingt, dass sie Kontakt zu ihren Gefühlen aufnehmen und diese zum Ausdruck bringen, verlieren viele Konflikte an gewalttätigen Dimensionen. Viele Jungen wollen andere gar nicht verletzten, sondern mit ihnen raufen und spielen. Viele Mädchen möch-

---

218 Vgl. Kapitel 3

ten sich mit anderen messen, sie aber gar nicht diffamieren. Viele Verteidigungs-kämpfe lassen nach, wenn Jungen wie Mädchen aufeinander eingehen. Dafür sollten sie lernen, „wie Gefühle funktionieren".

Methodenbeispiel „Gefühlsdarstellung"

Jungen und Mädchen erhalten nacheinander eine Karte mit einer Szene, in der ein Gefühl dargestellt wird. Nun bekommen sie die Aufgabe, dieses Gefühl pantomimisch darzustellen. Vermuten wir große Schamgefühle, dann geben wir den Kindern dafür eine Neutralmaske, damit sie sich trauen, expressiv darzustellen. Dabei fällt es Jungen schwer, Gefühle differenziert zu benennen, gar zu spielen. Mädchen hingegen können sie benennen, aber nicht in der notwendigen Kraft zum Ausdruck bringen. Z.B. werden Liebe und Freund-schaft sehr oft gleich gespielt. Ist der Spielspaß erst einmal geweckt, entwi-ckeln Jungen wie Mädchen den Ehrgeiz, dass das eigene Spielen richtig erra-ten wird. Damit fühlen sich Jungen quasi in ihre eigenen Gefühle ein und Mädchen in ihre eigene Wirksamkeit. In der Auswertung benennen viele, dass sie gar nicht wussten, wie viele Gefühle sie kennen. Diese Übung ist beson-ders gut, wenn sie geschlechtshomogen durchgeführt wird. Wenn sich beson-dere Hemmungen oder andere Schwierigkeiten bei Jungen oder Mädchen bei der pantomimischen Darstellung offenbaren, können die Gefühlsdarstellungen zunächst mit Kuscheltieren eingeübt werden. Denn das Häschen kann so schön ängstlich schauen und der Tiger kann so zornig fauchen. Das fällt den meisten Kindern sehr leicht.

7.3.6   Fazit für Methoden an Grundschulen

Diese Methodenbeispiele sollen verdeutlichen, wie nah die Methodenkompetenz von GrundschullehrerInnen bereits an der Geschlechtsbezogenen Pädagogik zu sehen ist. (Das gilt nicht so sehr für LehrerInnen, die für weiterführende Schulen ausgebildet sind, da hier die Förderung sozialer Kompetenzen kaum Berücksich-tigung erfährt.) Es geht darum, das vorhandene didaktische Know How auf ihren Wert zur Bearbeitung der geschlechtstypischen Konfliktlagen zu transformieren. Sicherlich ist es sehr hilfreich, wenn sich LehrerInnen darüber hinaus in weitere Methoden einarbeiten. Dies geschieht am Schnellsten in Fortbildungen, weil sie dort nicht nur angelesen, sondern selber erfahren werden können.

Es gilt der Leitsatz, dass man niemals eine Methode, die Selbsterfahrungsas-pekte enthält, anleiten sollte, wenn man nicht zumindest eine ähnliche selbst erprobt hat.

Scheinbar leichte Übungen können zuweilen enorm viel auswirken. Auch hier hat es sich als sehr sinnvoll erwiesen, wenn LehrerIn und externe TeamerIn gemeinsame Projekte durchführen. Davon können beide profitieren, ohne dass die Fachkompetenz der LehrerIn oder aber die Notwendigkeit extern durchgeführter Projekte mit Mädchen und Jungen in ihrer besonderen Qualität nachließen. Es ist für das gesamte Lernklima an Grundschulen hilfreich, wenn eine Aufgabenteilung in der Bearbeitung gewährleistet wird. Ziehen alle Gruppierungen an einem Strang, dann lernen Jungen wie Mädchen am Besten – diese Erkenntnis ist gleichermaßen schlicht wie praxiserprobt.

Weitere Felder, die geschlechtsbezogen bearbeitet werden können und i.d.R. auch sollten, sind:

- Lebens- und Berufsorientierung,
- Gewaltprävention (allgemeine Konflikte, die zur Gewalt führen können),
- Prävention sexualisierter Gewalt,
- Erlebnispädagogik.

Auch hierzu steht eine Unmenge an Material zur Verfügung, das wir hier ob des Rahmens nicht weiter kommentieren. Prinzipiell gelten die gleichen Kriterien, wie wir sie in den vorangegangenen Kapiteln ausgeführt haben.

Übungsaufgabe 8:

Wählen Sie eine Methode aus und setzen Sie diese in ihrem Alltag um!

Welche Erfahrung machen Sie damit?

Inwiefern gibt Sie ihnen einen neuen Zugang zu den Mädchen und Jungen?

Was ist schwierig bei der Umsetzung?

8 Zusammenfassende Leitlinien für die geschlechtsbezogene Arbeit an Grundschulen

Abschließend möchten wir den vorgestellten Ansatz anhand von zwölf zentralen Leitlinien bündeln. Bei der Planung Geschlechtsbezogener Pädagogik sollten diese stets berücksichtigt werden.

1. Mädchen und Jungen könnten im Prinzip sämtliche Anforderungen gleichermaßen gut erfüllen. Sie könnten sich besonders im Grundschulalter also gleich verhalten. Wir sollten stets von dieser (potentiellen) Gleichheit ausgehen und uns fragen, warum Mädchen und Jungen dennoch unterschiedliches Denken und Handeln zeigen.

2. Wir fragen uns und die SchülerInnen, inwiefern es den Einzelnen wichtig erscheint, Unterschiede zu betonen. Warum dürfen Mädchen bzw. Jungen das eine Verhalten zeigen und das andere nicht? Warum kommen bestimmte Optionen für Jungen bzw. Mädchen in Betracht und andere nicht? Was halten sie ganz individuell für normal und was gestehen sie sich selber zu?

3. Dabei nutzen wir unser Wissen über die Geschlechtstypik, fragen die SchülerInnen stets jedoch „völlig neu", um sie nicht selbst in die Rigidität von männlich vs. weiblich zu drängen.

4. Hierbei wechselt unser Blick stets von der Unterschiedlichkeit der *gesamten* Mädchengruppe und Jungengruppe zu der Unterschiedlichkeit verschiedener *Jungen untereinander* und verschiedener *Mädchen untereinander*.

5. Der geschlechtsreflektierte, koedukative Alltag wird so oft wie möglich durch geschlechtshomogene Gruppenarbeit in Mädchen- und Jungengruppe bereichert. Dafür sind hervorgehoben die Unterrichtsstunde zur Förderung sozialer Kompetenz o.a. Verfügungsstunden geeignet.

6. Sämtliche Lehrmittel werden daraufhin überprüft, inwiefern sie den Blick der SchülerInnen verengen. Die fehlenden Beispiele werden durch die Lehrerin bzw. den Lehrer ergänzt (z.B. frauenuntypische Berufe, männeruntypische Versorgungsarbeit).

7. Die baulichen Gegebenheiten (Schulhof, Pausenhof- und –halle, Flure, Verfügungsräume, Toiletten, Klassenraum) werden daraufhin überprüft, inwiefern sie Mädchen oder Jungen in besonderem Maße fördern oder begrenzen. Etwaige Missstände werden behoben. Auch dazu helfen Beobachtungen im Alltag und die Befragung der SchülerInnen selbst.

8. Wir prüfen unseren alltäglichen Blick auf „unsere" Mädchen und Jungen mithilfe einer reflexiven Methode eigener Wahl (Tagebuch, Video, ...).

9. Anhand der beiden Modelle verdeutlichen wir uns besonders in Konfliktsituationen, welche Seite z.Z. nicht oder nur rudimentär zu beobachten ist, und versuchen besonders diese anzusprechen.

10. Wir bieten Mädchen und Jungen gleiche Methoden zur Förderung sozialer Kompetenz (Konfliktbewältigung, Selbstbehauptung, Wahrnehmungsübung, Kooperation, ...) an und beobachten, inwiefern sie sie unterschiedlich bewältigen. Besondere Förderbedarfe bei Jungen wie Mädchen können dann gezielt bearbeitet werden, indem dafür Übungen angeboten werden.

11. Es werden immer wieder ergänzend zu den allgemeinen Elternabenden auch Väter- und Mütterabende getrennt veranstaltet, um diese Vorbilder über den z.T. unterschiedlichen Stand der Jungen und Mädchen zu informieren. Außerdem kann damit gewährleistet werden, dass Schule und Familie zu diesem Thema zusammenarbeiten.

12. LehrerInnen sollten sich in diesem Prozess eine Kollegin oder einen Kollegen auswählen, mit der bzw. dem sie gemeinsame Projekte planen können und die eigenen Durchführungen besprechen können (kollegiale Unterstützung und Feed-back).

Bemerkung

Ergänzend zu der eigenen Umsetzung Geschlechtsbezogener Pädagogik durch LehrerInnen sollten einmal jährlich Mädchenarbeit und Jungenarbeit durch externe PädagogInnen durchgeführt werden. Der besondere Schonraum mit Erwachsenen, die sie nach dem vorgestellten Ansatz begleiten, ist so aufgrund der alltäglichen Nähe nicht durch LehrerInnen leistbar. Mädchen wie Jungen vertrauen sich i.d.R. besonders bei schambesetzten Belangen eher Externen an. Das gilt besonders für akute Konflikt- und Gewaltfragen. Hilfsangebote für die betreffenden SchülerInnen können dann gemeinsam durch LehrerIn und externe PädagogInnen unterstützend angegangen werden. Hierfür ist es auch sinnvoll, wenn ab und zu Besuche bei einer Beratungseinrichtung für Kinder durchgeführt werden, weil dadurch etwaige Hemmschwellen deutlich abgebaut werden.

Abschließend möchten wir Mut machen, die Praxis einfach zu beginnen. Geschlechtsbezogene Pädagogik erlernt sich wie die gesamte Grundschulpädagogik im reflektierten Handeln: Sie nehmen Förderbereiche wahr und bieten den SchülerInnen eine Methode an, die Sie für geeignet halten. Dann können Sie beobachten, ob sie gut funktioniert. Etwaige Fehler können Sie nachfolgend in neuen

Methoden beheben, die Erfolge mit sich anschließenden Übungen ausbauen. Im Laufe der Zeit gehen die geschlechtsbezogene Wahrnehmung und die sich daraus ergebende Planung adäquater Angebote „in Fleisch und Blut" über. Insgesamt hilft es v.a. in dem „EinzelkämpferIn-Beruf LehrerIn", wenn Sie sich so viel Austausch wie möglich mit Ihren KollegInnen und externen PädagogInnen organisieren. Und es sei betont:

Geschlechtsbezogene Pädagogik stellt keinen moralischen Anspruch dar, sondern eine Basis zur Reflexion der eigenen Wahrnehmung. Sie bietet damit eine Praxisanleitung, die den Arbeitsalltag bereichert. Wir hoffen, dass für Sie der vorliegende Band eine sinnvolle und praxisnahe Bereicherung darstellt und wünschen Ihnen viel Freude und produktive Zeit mit Ihren Schülerinnen und Schülern.

Übungsaufgabe 9:

Fassen Sie auf einer Seite zusammen, welche Schlüsse Sie selbst für Ihren Alltag aus diesem Lehrbuch ziehen! Beantworten Sie sich anschließend folgende Fragen:

1. Was möchte ich für Jungen erreichen?
2. Was möchte ich für Mädchen erreichen?
3. Was möchte ich für mich erreichen?
4. Was bringe ich dafür bereits mit?
5. Und was brauche ich noch?
6. Wen könnte ich um Unterstützung bitten?

Übungsaufgabe 10:

Wählen Sie sich ein *enges* Thema der entfalteten Bereiche aus und erstellen Sie ein Programm für vier wöchentlich aufeinander folgende *Stunden der Sozialen Kompetenz*. Beobachten Sie die Veränderungen bei Mädchen und Jungen! (Dafür könnte eine bereits eingerichtete wöchentliche Verfügungsstunde hervorragend dienen. An vielen Schulen existiert die Stunde der sozialen Förderung bereits.)

9 Empfohlene Materialien und Internetadressen

Nachfolgend möchten wir Ihnen einige Empfehlungen anbieten. Dies ist eine Auswahl, die wir als Verlängerung des vorgestellten Ansatzes für besonders hilfreich erachten.

Geschlechtsbezogene Pädagogik (Konzeption):

Glücks, Elisabeth / Ottemeier-Glücks, Frans-Gerd (Hrsg.): *Geschlechtsbezogene Pädagogik*. Ein Bildungskonzept zur Qualifizierung koedukativer Praxis durch parteiliche Mädchenarbeit und antisexistische Jungenarbeit. Münster 1996 (Theorie und Praxis: immer noch lesenswert, aber nur noch in Bibliotheken erhältlich)

Rauw, Regina / Jantz, Olaf / Reinert, Ilka / Ottemeier-Glücks, Franz Gerd (Hrsg.): *Perspektiven Geschlechtsbezogener Pädagogik*. Impulse und Reflexionen zwischen Gender, Politik und Bildungsarbeit. Reihe Quersichten Band 1. Opladen 2001 (Theoretisch-konzeptionelle Grundlage: immer noch als Vertiefung lesenswert)

Geschlechtsbezogene Pädagogik an Grundschulen:

Niedersächsisches Landesinstitut für Fortbildung und Weiterbildung im Schulwesen und Medienpädagogik (Hrsg.): nli-Berichte 65, *Beispiele für die Arbeit in einer jungen- und mädchengerechten Grundschule*. Ergebnisse des niedersächsischen Schulversuchs zum Thema „Soziale Integration". Hildesheim 2000 (Praktische Grundlage: immer noch lesenswert besonders für Grundschulen)

Welz, Eberhard / Dussa, Ulla: Mädchen sind besser – Jungen auch. *Konfliktbe-*
wältigung für Mädchen und Jungen – ein Beitrag zur Förderung sozialer Kom-
petenzen in der Grundschule. Dokumentation eines Modellversuches. Band 1+2.
Berlin 1998
(Theoretische und praktische Grundlage: ausgezeichnet für Grundschulen
geeignet)

Jungenarbeit:

Uli Boldt: Jungen stärken. Materialien für die Lebensplanung (nicht nur) für
Jungen. Hohengehren 2005.
(Eher für ältere Jungen, aber Jungenarbeit durch Lehrer)

Jantz, Olaf / Grote, Christoph (Hrsg.): Perspektiven der Jungenarbeit. *Konzepte*
und Impulse aus der Praxis. Reihe Quersichten Band 3. Opladen 2003.
(Theoretische und praktische Grundlage: vielfältige Ansätze der Jungenarbeit in Aufsätzen)

Pech, Detlef / Herschelmann, Michael / Fleßner, Heike (Hrsg.): Jungenarbeit.
Dialog zwischen Praxis und Wissenschaft. Oldenburg 2005.
(Theoretisch wie praktisch aktuell)

Mädchenarbeit:

Bitzan, Maria; Daigler, Claudia: Eigensinn und Einmischung. Einführung in
Grundlagen und Perspektiven parteilicher Mädchenarbeit. Geschlechterforschung 2. Aufl. Weinheim und München 2004.
(Sehr gute und aktuelle Impulse zur Weiterentwicklung von Mädchenarbeit)

Rauw, Regina / Reinert Ilka: *Perspektiven der Mädchenarbeit.* Partizipation,
Vielfalt, Feminismus. Band: Quersichten Band 2. Opladen 2001
(Theoretische und praktische Grundlage: vielfältige Ansätze der Mäd-
chenarbeit in Aufsätzen)

Methoden der Selbstbehauptung:

Seyffert, Sabine: Kleine Mädchen – Starke Mädchen. *Spiele und Phantasiereisen, die mutig und selbstbewusst machen.* München 1997.
(Besonders empfehlenswert für jüngere Mädchen, einer der wenigen Bände)

Drägestein, Bernd / Grote, Christoph (Hrsg.: mannigfaltig e.v. und Landesstelle Jugendschutz Nds.): Halbe Hemden – Ganze Kerle. *Jungenarbeit als Gewaltprävention.* Hannover 1998 überarbeitet 2005.
(Für alle Alterklassen, besonders erprobt im Grundschulalter)

Allgemeine sozialpädagogische Methoden auch für den Unterricht:

Baer, Ulrich: 666 Spiele für jede Gruppe für alle Situationen. Seelze 1994.
(Klassiker sozialpädagogischer Methoden)

Internetseiten (Stand 1.9.2006):

Aufeinander bezogene Jungen- und Mädchenarbeit an Schulen (bundesweit):

www.MEDIUM-eV.de
www.hvhs-frille.de

Jungenarbeit (bundesweit):

www.mannigfaltig.de (auch Zusammenarbeit mit Mädchenarbeiterinnen)

Mädchenpolitik (bundesweit):

www.maedchenpolitik.de

Landesarbeitsgemeinschaften Mädchenarbeit:

www.maedchenwelten.de (leider ausgelaufenes Förderprogramm Niedersachsen)
www.maedchenarbeit-nrw.de (Nordrhein Westfahlen)
http://jissa.de/lagmaedchena (Sachsen-Anhalt)
www.maedchenarbeit-sachsen.de (Sachsen)
www.lag-maedchenpolitik-bw.de (Baden Württemberg)
www.fachforum-maedchenarbeit.de (Mädchenarbeit in Bayern)

Landesarbeitsgemeinschaften Jungenarbeit:

www.LAG-Juni.de (Niedersachsen und Umgebung)
www.jungenarbeiter.de (Nordrhein Westfahlen)
www.lag-jungenarbeit.de (Baden Württemberg)
www.jungenarbeit-online.de (Fachstelle Jungenarbeit Rheinland Pfalz /
Saarland)
www.ak-jungenarbeit.de (AK Jungenarbeit bei INPUT in München)
www.jungentage-Leipzig.de (Leipziger Jungenvernetzung)
www.dissens.de (Jungenarbeit in Berlin)
www.jungenarbeit.info (Dokumentationsstelle in Hamburg)

Übergeordnet:

www.fumanrw.de (Landesstelle Gender)
www.switchboard-online.de (Zeitschrift für Männer und Jungenarbeit)

Girls Day:

www.girls-day.de

Boys Day:

www.neue-wege-fuer-jungs.de

Verlage zum Thema:

www.verlagruhr.de (v.a. Materialien für LehrerInnen)
www.paetec.de (Lehrmaterialien für die Grundschule)
www.vs-verlag.de (viele Materialien zur Geschlechterthematik)

10 Literaturverzeichnis

Akin, Terri u.a.: Selbstvertrauen und soziale Kompetenz. Übungen, Aktivitäten und Spiele für Kids ab 10. Mühlheim a.d. Ruhr 2000

Asendorpf, Jens u.a.: Self-awareness and other-awareness II: Mirror self-recognition, social contingency awareness andsychronic imitation. Developmental Psychology 32, S.313-321

Baer, Ulrich: 666 Spiele für jede Gruppe für alle Situationen. Seelze 1994

Bange, Dirk / Deegener, Günther: Sexueller Missbrauch an Kindern. Ausmaß, Hintergründe, Folgen. Weinheim 1996

Beckmann, Herbert: TöchterVäter. Hamburg 1996

Beisenherz, Heinz Gerhard: Kinderarmut in der Wohlfahrtsgesellschaft. Das Kainsmal der Globalisierung. Opladen 2002

Bilden, Helga: Geschlechtsspezifische Sozialisation. In: Hurrelmann, Ulrich (Hg.): Neues Handbuch der Sozialisationsforschung. Weinheim / Basel 1991, S. 279-301

Bilden, Helga: Die Grenzen von Geschlecht überschreiten: In: Fritsche, Bettina / Hartmann, Jutta / Schmidt, Andrea / Tervooren, Anja (Hrsg.): Dekonstruktive Pädagogik. Opladen 2001

Blos, Peter: Adoleszenz. Eine psychoanalytische Interpretation. Stuttgart 1973

Böhnisch, Lothar: Männer als Opfer – ein paradigmatischer Versuch. In: Lenz, Hans-Joachim (Hg.): Männliche Opfererfahrungen. Problemlagen und Hilfeansätze in der Männerberatung, Weinheim, München 2000, S.70-80

Bois Reymond, Manuela du / Oechsle, Mechthild (Hg.): Neue Jugendbiographie? Zum Strukturwandel der Jugendphase. Opladen 1990

Boldt, Uli: Jungen stärken. Zur Modernisierung der Lebensentwürfe von Jungen. Berlin 2000

Boldt, Uli: Ich bin froh, dass ich ein Junge bin. Materialien zur Jungenarbeit in der Schule. Baltmannsweiler 2001

Brandes, Susanne / Jantz, Olaf: Die objektive Hermeneutik als wissenschaftliches, pädagogisches und politisches Instrumentarium. In: MEDIUM e.V. / Jantz, Olaf (Hrsg.): Seminarunterlagen politische Bildung – Hintergründe für die wissenschaftlich-politische Arbeit in der Erwachsenenbildung. Band 1: Kritische Theorie gesellschaftlicher Strukturen, Geschlechteransatz, Antirassismus und Pädagogik. Göttingen November 1997

Carrigan, Tim / Connell, Robert W. / Lee, John: Ansätze zu einer neuen Soziologie der Männlichkeit. In: BauSteineMänner (Hrsg.): Kritische Männerforschung. Neue Ansätze in der Geschlechtertheorie. Berlin/Hamburg 1996, S. 38-75

Connell, Robert W.: 'The big picture'. Formen der Männlichkeit in der neueren Weltgeschichte. In: Widersprüche (Hrsg.): Zeitschrift für sozialistische Politik im Bildungs-,

Gesundheits- u. Sozialbereich, Heft 56/57: Männlichkeiten. Offenbach a.M. 1995*a*, S. 23ff

Connell, Robert W.: Die Männer und die Frauenbewegung (unveröffentlichtes Referat zu einer Arbeitstagung der Hans-Böckler-Stiftung). In: Arbeitskreis Männer (DGB Bremen/Niedersachsen) (Hrsg.): Reader zu „Männer und Arbeit". Ausgewählte Texte zum Thema „Männer und Arbeit", zusammengestellt von Volker Meyer. Hannover 1995 *b*

Connell, Robert W.: Der gemachte Mann. Konstruktion und Krise von Männlichkeiten. Geschlecht und Gesellschaft, Band 8. Ins Deutsche übersetzt von Christian Stahl, engl. Originaltitel: Masculinities. Für die deutsche Ausgabe bearbeitet von Ursula Müller. 2. Auflage 2000: Opladen

Cornelißen, Waltraud / Stürzer, Monika / Roisch, Henrike / Hunze, Annette: Dreißig Jahre Forschung zu Geschlechterverhältnissen in der Schule – Versuch einer Bilanz. In: Stürzer, Monika / Roisch, Henrike / Hunze, Annette / Cornelißen, Waltraud: Geschlechterverhältnisse in der Schule. Opladen 2003, S.217 ff

Couppis, Annabel / Achatz, Marion: „Pubertät bei Mädchen mit Behinderungen muss nicht therapiert werden!" „Im Dachgeschoß der Tagesstätte in der Bayrischen Landesschule für Körperbehinderte sind die Frauen los!" Mädchen/Frauenarbeit in der Landesschule. In: Kuhne, Tina / Mayer, Anneliese (Hg.): Kissenschlacht und Minigolf. Zur Arbeit mit Mädchen und jungen Frauen mit unterschiedlichen Behinderungen und Fähigkeiten. Kassel 1998, S.79-86

Drägestein, Bernd / Grote, Christoph (mannigfaltig e.V. und Landesstelle Jugendschutz Nds.): Halbe Hemden – Ganze Kerle. Jungenarbeit als Gewaltprävention. Hrsg. von der Landesstelle Jugendschutz Niedersachsen. Hannover 1998 (überarbeitet 2005)

Enders, Ursula / Boehme, Ulfert / Wolters, Dorothee: Lass das – nimm die Finger weg! Ein Comic für Mädchen und Jungen. Weinheim 1997

Ewinkel, Carola / Hermes, Gisela u.a. (Hg.): Geschlecht: behindert. Besonderes Merkmal: Frau. Ein Buch von behinderten Frauen. München 1996

Fast, Irene: Von der Einheit zur Differenz. Psychoanalyse der Geschlechtsidentität.Berlin / Heidelberg 1991

Findeisen, Hans-Volkmar / Kersten, Joachim: Der Kick und die Ehre. Vom Sinn jugendlicher Gewalt. München 1999

Flaake, Karin / King, Vera (Hg.): Weibliche Adoleszenz. Zur Sozialisation junger Frauen. Frankfurt a.M. / New York 1993

Flammer, August: Entwicklungstheorien. Psychologische Theorien der menschlichen Entwicklung. Bern / Stuttgart / Toronto 1988

Glücks, Elisabeth / Ottcmeier-Glücks, Frans-Gerd (Hg.): Geschlechtsbezogene Pädagogik. Ein Bildungskonzept zur Qualifizierung koedukativer Praxis durch parteiliche Mädchenarbeit und antisexistische Jungenarbeit. Münster 1996

Goffman, Erving: Rahmen-Analyse. Frankfurt a.M. 1977

Hagemann-White: Berufsfindung und Lebensperspektive in der weiblichen Adoleszenz. In: Flaake, Karin / King, Vera (Hg.): Weibliche Adoleszenz. Zur Sozialisation junger Frauen. Frankfurt a.M. / New York 1993, S.13-39

Harter, Susan: Self and identity development. In: Feldmann, S.S. / Elliott, G.R.: At the thresh-old: The developing adolescent. Cambridge, MA: Harvard University Press. S.352-387

Harter, Susan: The determinations and mediational role of global self-worth in children. In: Eisenberg, N. (Hg.): Contemporary topics in developmental psychology. New York 1987. S.219-242

Heiliger, Anita / Engelfried, Constance: Sexuelle Gewalt. Männliche Sozialisation und potentielle Täterschaft. Frankfurt a.M. 1995

Heiliger, Anita: Mädchenarbeit im Gendermainstream. München 2002

Heinz, Walter R. / Krüger, Helga: Jugendliche vor den Hürden des Arbeitsmarktes. In: Bois Reymond, Manuela du / Oechsle, Mechthild (Hg.): Neue Jugendbiographie? Zum Strukturwandel der Jugendphase. Opladen 1990, S.79-94

Hempel, Marlies: Die Koedukationsdebatte – eine „nicht – westliche" Perspektive. In GEW-Frauen (Hg.): Koedukation. Texte zur neuen Koedukationsdebatte. Frankfurt a.M. 1994, S.54-63

Humphreys, Peter / Smith, Peter: Rough-and-tumble in preschool and playground. In: Smith, Peter (Hg.): Play in animals and humans. Oxford. 1984. S.241-266

Hunze, Annette: Geschlechtertypisierung in Schulbüchern. In: Stürzer, Monika / Roisch, Henrike / Hunze, Annette / Cornelißen, Waltraud: Geschlechterverhältnisse in der Schule. Opladen 2003, S.53 ff

Jäger, Reinhold S.: Gewaltprävention. In: Schäfer, Mechthild / Frey, Dieter (Hg.): Aggression und Gewalt unter Kindern und Jugendlichen. Göttingen, Bern, Toronto, Seattle 1999. S.203-244

Jantz, Olaf / Pecorino, Ignazio: Methodenhandbuch: Interkulturelles Training – Jungenarbeit – Mädchenarbeit Wiesbaden 2006 (in Vorbereitung)

Jantz, Olaf / Pecorino, Ignazio: Multikulturelle Gruppen – Monokulturelle Jungenarbeit? Pädagogische Antworten auf die bereits bestehende Interkulturalität in der Jungenarbeit. In: Detlef Pech, Michael Herschelmann, Heike Fleßner (Hrsg.): Jungenarbeit. Dialog zwischen Praxis und Wissenschaft. Oldenburg 2005

Jantz, Olaf: Selbstbehauptungskurse für Jungen – ein praktischer Einblick. In: Juventa Verlag / ISA Münster (Hrsg.): Betrifft Mädchen, Heft 1-2005. Thema: Kleine Helden im Boot!? – Jungenarbeit (be-)trifft Mädchenarbeit. Weinheim Januar 2005

Jantz, Olaf / Meister, Sylke: Denkanstöße für die pädagogische Arbeit von Frauen mit Jungen. In: Juventa Verlag / ISA Münster (Hrsg.): Betrifft Mädchen, Heft 1-2005. Thema: Kleine Helden im Boot!? – Jungenarbeit (be-)trifft Mädchenarbeit. Weinheim Januar 2005

Jantz, Olaf: Faszination Kontrolle: Jungen zwischen Macht und Ohnmacht im Computerspiel. In: Aktion Jugendschutz Baden Württemberg (Hrsg.): AJS – Informationen: Alles nur Spiel? Analysen, Materialien, Arbeitshilfen zum Jugendschutz. Stuttgart September 2004

Jantz, Olaf: Wo bleibt die Jungenarbeit im Gender Mainstreaming? In: Evangelischer Erziehungsverband e.V. (Hrsg.): Gender in der Pädagogik. Ansätze einer geschlechterreflektierenden Jugendhilfe. Hannover 2004

Jantz, Olaf: Interkulturelle Jungenarbeit. In: Institut für gesellschaftswissenschaftliche Forschung, Bildung und Information (Hrsg.): Bubenarbeit in Östereich III. Debatte, Information, Lektüre. Innsbruck 2003

Jantz, Olaf / Mühlig-Versen, Sema: Kulturelle und interkulturelle Kompetenz. Interkulturelles Lernen in der Mädchen- und Jungenarbeit als Unterstützung für Jugendarbeit und Schule. In: Aktion Jugendschutz Baden Württemberg (Hrsg.): AJS – Informationen: Analysen, Materialien, Arbeitshilfen zum Jugendschutz. Stuttgart 2 / 2003

Jantz, Olaf / Krischer, Hatice: Sex ohne Grenzen? Praxis einer interkulturellen Sexualpädagogik. Begleitartikel in der Dokumentation zur Jahrestagung der Landesstelle Jugendschutz Niedersachsen 2002. Berlin 2003

Jantz, Olaf / Grote, Christoph: Perspektiven der Jungenarbeit. Konzepte und Impulse aus der Praxis. Reihe Quersichten Band 3. Opladen 2003

Jantz, Olaf / Rauw, Regina: Alles bleibt anders! Standortbestimmung Geschlechtsbezogener Pädagogik.: Rauw, Regina / Jantz, Olaf / Reinert, Ilka / Ottemeier-Glücks, Franz Gerd (Hrsg.): Perspektiven Geschlechtsbezogener Pädagogik. Impulse und Reflexionen zwischen Gender, Politik und Bildungsarbeit. Reihe Quersichten Band 1. Opladen 2001,S.17-42

Jantz, Olaf: Gleich und fremd zugleich. Die produktive Herausforderung dekonstruktivistischer Gedanken für die Geschlechtsbezogene Pädagogik. In: Rauw, Regina / Jantz, Olaf / Reinert, Ilka / Ottemeier-Glücks, Franz Gerd (Hrsg.): Perspektiven Geschlechtsbezogener Pädagogik. Impulse und Reflexionen zwischen Gender, Politik und Bildungsarbeit. Reihe Quersichten Band 1. Opladen 2001a, S.43-66

Jantz, Olaf: Homophobie – Die Angst der Männer vor den Männern. Möglichkeiten und Grenzen der mitmännlichen Begegnung in der Jungenarbeit. In: Rauw, Regina / Jantz, Olaf / Reinert, Ilka / Ottemeier-Glücks, Franz Gerd (Hrsg.): Perspektiven Geschlechtsbezogener Pädagogik. Impulse und Reflexionen zwischen Gender, Politik und Bildungsarbeit. Reihe Quersichten Band 1. Opladen 2001b, S.43-66

Jantz, Olaf: Mannsein ohne Männlichkeit? Ein geschlechtsbezogenes Bildungskonzept vor dem Hintergrund der Kritischen Theorie und Kritischer Männerforschung. Göttingen Februar 1998

Jungwirth, Helga: Mädchen und Buben im Mathematikunterricht. Eine Studie über geschlechtsspezifische Modifikationen der Interaktionsstrukturen. Wien 1990

Kail, Robert: The development of memory in children. New York 1990

Kaiser, Astrid: Die kleine Grundschule als mädchen- und jungengerechte Reformschule. In: Hempel, Marlies (Hg.): Grundschulreform und Koedukation. Beiträge zum Zusammenhang von Grundschulforschung, Frauenforschung und Geschlechtersozialisation. Weinheim / München 1996, S.41-56

Kaiser, Astrid: Methodische Quotierung. In: Niedersächsisches Landcsinstitut für Fortbildung und Weiterbildung im Schulwesen und Medienpädagogik (Hg.): nli-Berichte 65, Beispiele für die Arbeit in einer jungen- und mädchengerechten Grundschule. Ergebnisse des niedersächsischen Schulversuchs zum Thema „Soziale Integration". Hildesheim 2000, S.20-23

Kauke, Marion: Gemeinsamkeiten und Unterschiede sozialer Interaktionsmuster von sieben- bis zwölfjährigen Ostberliner Mädchen und Jungen in ihrer natürlichen Umgebung. Zeitschrift für Sozialisationsforschung und Erziehungssoziologie, 1/1995, S.63-79

Knab, Doris: Koedukationskritik als erster Schritt zur Koedukation. In: Universitas 9, S.817-820

Knapp, Gudrun-Axeli, Wetterer, Angelika (Hg.): Traditionen Brüche. Entwicklungen feministischer Theorie. Freiburg i.Br. 1995

Koch-Priewe, Barbara (Hg.): Schulprogramme zur Mädchen- und Jungenförderung. Die geschlechterbewusste Schule. Weinheim 2002

Kohlberg, Lawrence: Zur kognitiven Entwicklung des Kindes. Frankfurt a.M. 1974

Kolk, Sylvia: Von der Selbsterfahrung über die Selbsterkenntnis zur Einsicht. Ein befreiungsweg im Kontext feministischer Bildungsarbeit. Bielefeld 1994

Krappmann, Lothar: Kinder und ihre Freunde. In: LBS-Initiative junge Familie (Hg.): Kinder 2001 – Das LBS Kinder-Barometer. Opladen 2002, S.257-274

Krappmann, Lothar / Oswald, Hans: Phänomenologische und funktionale Vielfalt von Gewalt unter Kindern. Praxis der Kinderpsychologie und Kinderpsychatrie 49 (19), 2000, S.3-15

Kuhne, Tina: „Arbeit mit Mädchen und jungen Frauen mit unterschiedlichen Behinderungen" – ein Arbeitskreis der Kontakt- und Informationsstelle für Mädchenarbeit /IMMA e.V.. In: Kuhne, Tina / Mayer, Anneliese (Hg.): Kissenschlacht und Minigolf. Zur Arbeit mit Mädchen und jungen Frauen mit unterschiedlichen Behinderungen und Fähigkeiten. Kassel 1998, S.161-166

Kuhne, Tina / Mayer, Anneliese (Hg.): Kissenschlacht und Minigolf. Zur Arbeit mit Mädchen und jungen Frauen mit unterschiedlichen Behinderungen und Fähigkeiten. Kassel 1998

Lenz, Hans-Joachim (Hg.): Männliche Opfererfahrungen. Problemlagen und Hilfeansätze in der Männerberatung, Weinheim, München 2000

Lenz, Hans-Joachim: „...und wo bleibt die solidarische Kraft für die gedemütigten Geschlechtsgenossen?" Männer als Opfer von Gewalt – Hinführung zu einer (noch) verborgenen Problemstellung. In: Lenz, Hans-Joachim (Hg.): Männliche Opfererfahrungen. Problemlagen und Hilfeansätze in der Männerberatung, Weinheim, München 2000 (b), S. 19-69

Leonard, Linda: Töchter und Väter. Heilung einer verletzten Beziehung. Frankfurt a.M. 1994

Lichthardt, Christiane: Laut(er) Starke Mädchen. Selbstverteidigung und Selbstbehauptung an Schulen. Münster 1997

Meuser, Michael / Behnke, Cornelia: Tausendundeine Männlichkeit? Männlichkeitsmuster und sozialstrukturelle Einbindungen. In: Widersprüche: Zeitschrift für sozialistische Politik im Bildungs-, Gesundheits- und Sozialbereich / hrsg. vom Sozialistischen Büro Offenbach. Heft 67: Multioptionale Männlichkeiten? Bielefeld 1998, S.7-26

Mickler, Bärbel: Geschlecht: behindert; Besonderes Merkmal: Mädchen ...??? Die Arbeit für und mit Mädchen und jungen Frauen mit Behinderung in der Beratungsstelle für behinderte Menschen von Autonom Leben. In: Kuhne, Tina / Mayer, Anneliese (Hg.): Kissenschlacht und Minigolf. Zur Arbeit mit Mädchen und jungen Frauen mit unterschiedlichen Behinderungen und Fähigkeiten. Kassel 1998, S.47-53

Mietzel, Gerd: Wege in die Entwicklungspsychologie. Kindheit und Jugend, Weinheim 2002

Müller, Heike: Wenn die Körper sprechen lernen. Geschlechterrollen in Bewegung. Offenbach a.M. 1994

Niedersächsisches Modellprojekt „Mädchen in der Jugendarbeit" Koordinationsstelle (Hg.):Qualitätsentwicklung in der Mädchenarbeit. Dokumentation der Fachtagung „Qualitätsentwicklung in der Mädchenarbeit" am 30.11.1998 in Hannover. Hannover 1999

Niedersächsisches Landesinstitut für Fortbildung und Weiterbildung im Schulwesen und Medienpädagogik (Hg.): nli-Berichte 65, Beispiele für die Arbeit in einer jungen- und mädchengerechten Grundschule. Ergebnisse des niedersächsischen Schulversuchs zum Thema „Soziale Integration". Hildesheim 2000

Nitsch, Matthias: Psychotrauma – Die Komplexität des Unvorstellbaren: Auswirkungen sexueller Traumatisierungen. In: DGVT (Hrsg.): Verhaltenstherapie und psychosoziale Praxis 11-17 2005 (Sonderdruck 1)

Oswald, Hans u a.: Miteinander – Gegeneinander. Eine Beobachtungsstudie über Mädchen und Jungen im Grundschulalter. In: Pfister, G.: (Hg.): Zurück zur Mädchenschule? Pfaffenweiler 1988, S.173-192

Oswald, Hans u. a.: Grenzen und Brücken. In: Kölner Zeitschrift für Soziologie und Sozialpsychologie 38. 1986. S.560-580

Oswald, Hans: Jenseits der Grenze zur Gewalt: Sanktionen und raue Spiele. In: Schäfer, Mechthild / Frey, Dieter (Hg.): Aggression und Gewalt unter Kindern und Jugendlichen. Göttingen, Bern, Toronto, Seattle 1999, S.179-199

Palmowski, Winfried / Heuwinkel, Matthias: Normal bin ich nicht behindert! Wirklichkeitskonstruktionen bei Menschen, die behindert werden – Unterschiede, die Welten machen

Pankofer, Sabine: „Ich hau' dir eine in die Fresse, sagte Vanessa drohend... Aggression als Überlebensstrategie – am Beispiel geschlossener Heimerziehung". In: Miller, Tilly / Tatschmurat, Carmen (Hg.): Soziale Arbeit mit Mädchen und Frauen. Stuttgart 1996, S.157-171

Piaget, Jean: Das Erwachen der Intelligenz beim Kinde. Stuttgart 1973

Piaget, Jean: Psychologie der Intelligenz. Zürich 1966

PISA-Konsortium Deutschland: PISA 2003. Der zweite Vergleich der Länder in Deutschland – Was wissen und können Jugendliche? Münster 2005

Preuss-Lausitz, Ulf: Schule als Schnittstelle moderner Kinderfreundschaften – Jungen und Mädchen im Austausch von Nähe und Distanz. Zeitschrift für Soziologie der Erziehung und Sozialisation, 19 (2), 1999, S.163-187

Rauw, Regina / Reinert Ilka: Perspektiven der Mädchenarbeit. Partizipation, Vielfalt, Feminismus. Band: Quersichten Band 2. Opladen 2001

Rauw, Regina / Jantz, Olaf / Reinert, Ilka / Ottemeier-Glücks, Franz Gerd (Hrsg.): Perspektiven Geschlechtsbezogener Pädagogik. Impulse und Reflexionen zwischen Gender, Politik und Bildungsarbeit. Reihe Quersichten Band 1. Opladen 2001

Regina Rauw: Die Angst der Frauen vor der Autonomie. Wie`s losgeht, wenn Frauen von sich selbst ausgehen. In: Rauw, Regina / Jantz, Olaf / Reinert, Ilka / Ottemeier-Glücks, Franz Gerd (Hrsg.): Perspektiven Geschlechtsbezogener Pädagogik. Impulse und Reflexionen zwischen Gender, Politik und Bildungsarbeit. Reihe Quersichten Band 1. Opladen 2001

Reinert, Ilka: Und plötzlich heißen sie Monster! Umgangsweisen mit Aggressionen von Mädchen. In: Rauw, Regina / Reinert Ilka: Perspektiven der Mädchenarbeit. Partizipation, Vielfalt, Feminismus. Band: Quersichten Band 2. Opladen 2001

Reinert, Ilka / Jantz, Olaf: Inter, Multi oder Kulti? Inwiefern die Geschlechtsbezogene Pädagogik die interkulturelle Perspektive benötigt: In: Rauw, Regina / Jantz, Olaf / Reinert, Ilka / Ottemeier-Glücks, Franz Gerd (Hrsg.): Perspektiven Geschlechtsbezogener Pädagogik. Impulse und Reflexionen zwischen Gender, Politik und Bildungsarbeit. Reihe Quersichten Band 1. Opladen 2001, S.89-110

Rohrmann, Tim: Echte Kerle. Jungen und ihre Helden. Reinbek bei Hamburg 2001

Rohrmann, Tim: Junge, Junge –Mann, o Mann. Die Entwicklung zur Männlichkeit. Reinbek 1994

Rohrmann, Tim: Zwei Welten, viele Möglichkeiten. Zum Ausmaß und zur Bedeutung der Geschlechtertrennung in der Kindheit. Diskussionsfassung. Braunschweig 2004

Rohrmann, Tim: Geschlechtertrennung in der Kindheit: Empirische Forschung und pädagogische Praxis im Dialog. Abschlussbericht des Projekts: „Identität und Geschlecht in der Kindheit" In: Braunschweiger Zentrum für Gender Studies / Institut für Pädagogische Psychologie der TU Braunschweig (Hg) 2005

Roisch, Henrike: Die horizontale und vertikale Geschlechterverteilung in der Schule. In: Stürzer, Monika / Roisch, Henrike / Hunze, Annette / Cornelißen, Waltraud: Geschlechterverhältnisse in der Schule. Opladen 2003, S.21 ff

Roisch, Henrike: Geschlechtsspezifische Interessengebiete und Interessenpräferenzen. In: Stürzer, Monika / Roisch, Henrike / Hunze, Annette / Cornelißen, Waltraud: Geschlechterverhältnisse in der Schule. Opladen 2003, S.123 ff

Rommelspacher, Birgit: Dominanzkultur. Texte zu Fremdheit und Macht. Berlin 1995

Schäfer, Mechthild / Frey, Dieter (Hg.): Aggression und Gewalt unter Kindern und Jugendlichen. Göttingen, Bern, Toronto, Seattle 1999

Schenk, Michael: Die Funktionen der "Schwulenfeindschaft" bei männlichen Jugendlichen. In: deutsche jugend, Heft 10/1994; 42. Jg.; S. 446-454

Schlehe, Judith (Hg.): Interkulturelle Geschlechterforschung. Identitäten – Imaginationen Repräsentationen. Frankfurt a.M. 2001

Schnack, Dieter / Neutzling, Reiner: Kleine Helden in Not. Jungen auf der Suche nach Männlichkeit. Reinbek 1992

Schulz von Thun, Friedemann: Miteinander reden 1. Störungen und Klärungen. Reinbek bei Hamburg 2001 (1)

Schulz von Thun, Friedemann: Miteinander reden 2. Stile, Werte und Persönlichkeitsentwicklung. Reinbek bei Hamburg 2001 (2)

Schulz von Thun, Friedemann: Miteinander reden 3. Das „innere Team" und situationsgerechte Kommunikation. Reinbek bei Hamburg 2001 (3)

Selman, Robert: The child as a friendship philosopher. In: Asher, S.r. / Gottman, M. The development of children's friendship. London 1981. S.242-272

Seyffert, Sabine: Kleine Mädchen – Starke Mädchen. Spiele und Phantasiereisen, die mutig und selbstbewusst machen. München 1997

Sielert, Uwe: Praxishandbuch für die Jugendarbeit 2. Jungenarbeit. Weinheim und München 2002

Smith, Peter : Aggression und Bullying in Schulen. In: Schäfer, Mechthild / Frey, Dieter (Hg.): Aggression und Gewalt unter Kindern und Jugendlichen. Göttingen, Bern, Toronto, Seattle 1999. S.19-42

Stahlberg, Dagmar / Gothe, Linda / Frey, Dieter: Selbstkonzept. In: Asanger, Roland / Wenninger, Gerd (Hg.): Handbuch Psychologie, 5. Auflage. Weinheim 1994. S.680-684

Stipek, Deborah / Hoffmann, J.: Development of children's performance-related judgments. Child Development, 51. 1980. S.912-914

Stürzer, Monika: Geschlechtsspezifische Schulleistungen. In: Stürzer, Monika / Roisch, Henrike / Hunze, Annette / Cornelißen, Waltraud: Geschlechterverhältnisse in der Schule. Opladen 2003, S.83 ff

Stürzer, Monika: Mädchen, Jungen und Computer In: Stürzer, Monika / Roisch, Henrike / Hunze, Annette / Cornelißen, Waltraud: Geschlechterverhältnisse in der Schule. Opladen 2003, S.187 ff

Stürzer, Monika: Unterrichtsformen und die Interaktion der Geschlechter in der Schule. In: Stürzer, Monika / Roisch, Henrike / Hunze, Annette / Cornelißen, Waltraud: Geschlechterverhältnisse in der Schule. Opladen 2003, S.151 ff

Stürzer, Monika: Zur Debatte um Koedukation, Monoedukation und reflexive Koedukation. In: Stürzer, Monika / Roisch, Henrike / Hunze, Annette / Cornelißen, Waltraud: Geschlechterverhältnisse in der Schule. Opladen 2003, S.171 ff

Swars, Franziska: Arbeit mit Mädchen/jungen Frauen mit unterschiedlichen Behinderungen etwa auch in der Schule??? In: Kuhne, Tina / Mayer, Anneliese (Hg.): Kissenschlacht und Minigolf. Zur Arbeit mit Mädchen und jungen Frauen mit unterschiedlichen Behinderungen und Fähigkeiten. Kassel 1998, S.91-96

Thies, Wiltrud / Röhner, Charlotte: Erziehungsziel Geschlechterdemokratie. Interaktionsstudie über Reformansätze im Unterricht. Weinheim / München 2000

Thorne, Barrie: Gender Play: Girls and Boys in School. New Brunswick, NJ: Rutgers University Press. 1993

Thorne, Barrie: Girls and Boys together; but mostly apart: Gender arrangements in elementary schools. Hartup, W.W. / Rubin, Z. (Eds.). Relationships and development. Hillsdale, N.J.: Lawrence Erlbaum Publishers. 1986. S.167-184

Tiedemann, Joachim / Faber, Günter: Mädchen und Grundschulmathematik. Ergebnisse einer vierjährigen Längsschnittuntersuchung zu ausgewählten geschlechtsbezogenen Unterschieden in der Leistungsentwicklung. In: Zeitschrift für Erziehungspsychologie und pädagogische Psychologie 26/2 1994, S.101-111

Tillmann, Klaus-Jürgen / Holler-Nowitzki / Birgit, Holtappels, Heinz Günther / Meier, Ullrich / Popp, Ulrike: Schülergewalt als Schulproblem. Verursachende Bedingungen, Erscheinungsformen und pädagogische Handlungsperspektiven. Weinheim und München 1999

Tillmann, Klaus-Jürgen: Sozialisationstheorien. Eine Einführung in den Zusammenhang von Gesellschaft, Institution und Subjektwerdung. Reinbek bei Hamburg 1993

Toprak, Ahmet: "Wer sein Kind nicht schlägt, hat später das Nachsehen". Elterliche Gewaltanwendung in türkischen Migrantenfamilien und Konsequenzen für die Elternarbeit. Herbolzheim 2004

Vernetzungsstelle des Niedersächsischen Förderprogramms „Lebensweltbezogene Mädchenarbeit" (Hg.): Donna Lotta. Mädchenarbeit und Mädchenpolitik in Niedersachsen, spezial-edition, Abschlussdokumentation, Heft 24, Hannover 2005

Wegener-Spöhring, Gisela: Aggressivität im kindlichen Spiel. Grundlegung in den Theorien des Spiels und Erforschung ihrer Erscheinungsformen. Weinheim 1993

Wegner, Lothar: Wer sagt Jungenarbeit sei einfach? In:, Widersprüche. Zeitschrift für sozialistische Politik im Bildungs-, Gesundheits- u. Sozialbereich, 1995, Heft 56/57, S. 161ff

Welz, Eberhard / Dussa, Ulla: Mädchen sind besser – Jungen auch. Konfliktbewältigung für Mädchen und Jungen – ein Beitrag zur Förderung sozialer Kompetenzen in der Grundschule. Dokumentation eines Modellversuches. Band 1. Berlin 1998

Werner, Nicole E. / Bigbee, Mareen A., Crick, Nicki R.: Aggression und Viktimisierung in Schulen: "Chancengleichheit" für aggressive Mädchen. In: Schäfer, Mechthild / Frey, Dieter (Hg.): Aggression und Gewalt unter Kindern und Jugendlichen. Göttingen, Bern, Toronto, Seattle 1999. S. 153-178

Wetzel, Peter: Gewalterfahrungen in der Kindheit. Sexueller Missbrauch, körperliche Misshandlung und deren langfristige Konsequenz. Baden-Baden 1997

Wigger, Maria: „Da sind wir mal ganz unter uns!" Mädchenarbeit in der Grundschule. In: Niedersächsisches Landesinstitut für Fortbildung und Weiterbildung im Schulwesen und Medienpädagogik (Hg.): nli-Berichte 65, Beispiele für die Arbeit in einer jungen- und mädchengerechten Grundschule. Ergebnisse des niedersächsischen Schulversuchs zum Thema „Soziale Integration". Hildesheim 2000, S.76-90

Wigger, Maria / Janssen, Margit: Lasst uns reden – Tipps für die Elternarbeit. In: Niedersächsisches Landesinstitut für Fortbildung und Weiterbildung im Schulwesen und Medienpädagogik (Hg.): nli-Berichte 65, Beispiele für die Arbeit in einer jungen- und mädchengerechten Grundschule. Ergebnisse des niedersächsischen Schulversuchs zum Thema „Soziale Integration". Hildesheim 2000, S.125-130

Zeller, Wilfried: Konstitution und Entwicklung. Göttingen 1952

Ziese, Kathrin: Mädchenarbeit bei mixed pickles e.V., Verein für Mädchen und Frauen mit und ohne Behinderungen. In: Kuhne, Tina / Mayer, Anneliese (Hg.): Kissenschlacht und Minigolf. Zur Arbeit mit Mädchen und jungen Frauen mit unterschiedlichen Behinderungen und Fähigkeiten. Kassel 1998, S.167-172

Lehrbücher Soziale Arbeit

Bernd Dollinger / Jürgen Raithel (Hrsg.)
Aktivierende Sozialpädagogik
Ein kritisches Glossar
2006. ca. 250 S. Br. ca. EUR 16,90
ISBN 3-531-14973-3

Katharina Gröning
Pädagogische Beratung
Konzepte und Perspektiven
2006. 166 S. Br. EUR 16,90
ISBN 3-531-14874-5

Franz Herrmann
Konfliktarbeit
Theorie und Methodik Sozialer Arbeit
in Konflikten
2006. 211 S. Br. EUR 19,90
ISBN 3-531-15067-7

Hans J. Nicolini
Finanzierung für Sozialberufe
Grundlagen – Beispiele – Übungen
2006. ca. 200 S. Br. EUR 19,90
ISBN 3-531-15012-X

Hans J. Nicolini
**Kostenrechnung
für Sozialberufe**
Grundlagen – Beispiele – Übungen
2005. 155 S. Br. EUR 19,90
ISBN 3-531-14600-9

Herbert Schubert (Hrsg.)
Sozialmanagement
Zwischen Wirtschaftlichkeit
und fachlichen Zielen
2., überarb. und erw. Aufl. 2005. 352 S.
Br. EUR 22,90
ISBN 3-531-14613-0

Erhältlich im Buchhandel oder beim Verlag.
Änderungen vorbehalten. Stand: Juli 2006.

www.vs-verlag.de

VS VERLAG FÜR SOZIALWISSENSCHAFTEN

Abraham-Lincoln-Straße 46
65189 Wiesbaden
Tel. 0611.7878-722
Fax 0611.7878-400